EMPOWER MARKETING

姜桐 著

2021年·北京

图书在版编目(CIP)数据

赋能营销 / 姜桐著. --北京：当代中国出版社，2021.3
ISBN 978-7-5154-1105-7

Ⅰ.①赋… Ⅱ.①姜… Ⅲ.①企业管理—营销管理 Ⅳ.①F274

中国版本图书馆CIP数据核字（2021）第003441号

出 版 人	曹宏举
责任编辑	陈　莎　吴　婕
策划支持	华夏智库·张　杰
责任校对	康　莹
出版统筹	周海霞
封面设计	回归线视觉传达
出版发行	当代中国出版社
地　　址	北京市地安门西大街旌勇里8号
网　　址	http://www.ddzg.net　邮箱：ddzgcbs@sina.com
邮政编码	100009
编 辑 部	(010) 66572264　66572154　66572132　66572180
市 场 部	(010) 66572281　66572161　66572157　83221785
印　　刷	天津丰富彩艺印刷有限公司
开　　本	710毫米×1000毫米　1/16
印　　张	18.5印张　220千字
版　　次	2021年3月第1版
印　　次	2021年3月第1次印刷
定　　价	68.00元

版权所有，翻版必究；如有印装质量问题，请拨打（010）66572159转出版部。

前　言

让天下没有难做的营销

随着移动互联网、大数据、云计算、人工智能、区块链等诸多创新科技的不断涌现和广泛应用，商业社会迎来了前所未有的新机遇和新挑战，客户和市场的易变性（Volatility）、不确定性（Uncertainty）、复杂性（Complexity）以及模糊性（Ambiguity）呈现急速上升的趋势，我们迎来了乌卡（VUCA）时代。为了应对这个时代的各种特征，拥抱变化、应对复杂、迭代进化、快速交付成为企业发展的必然要求，而这些恰好是赋能营销所倡导和推进的。

可以说，今天我们所处的时代是一个新名词、新概念不断涌现的时代。与此相对应的是，营销业态也受到各种新名词、新概念的剧烈冲击。

在以"秒"计算更迭的当下，上一秒或许还是热门爆款的东西，下一秒就会被新鲜出炉的新概念所替代。在新技术的冲击下，消费者的决策链条越来越难以把控，不少品牌都陷入了"低效营销"的困境，过去"酒香不怕巷子深"的市场逻辑已不再灵验，单打独斗式的"能人"营销也越来越难以支撑企业持续稳定地发展。

企业要想实现持续发展，在我看来，关键并不在于那些名词与概念，而在于如何打造赋能型的营销组织，以确定性的组织能力应对充满不确定性的未来。

如今，随着各大企业纷纷亮出打造赋能型组织的大旗，赋能已经成为现象级热词。连谷歌创始人之一拉里·佩奇也表示：未来组织中最重要的功能不再是管理或激励，而是赋能。那么，对于一家希望基业长青的企业来说，究竟应如何把握战略原点，用战略指导营销，实现持续增长呢？又如何建立不依赖于"能人"的营销系统，让平凡的人也能做出不平凡的业绩呢？如何打造人才复制流水线，让企业营销人才层出不穷呢？我的答案是：赋能营销。

《赋能营销》共分为三篇八章，书中摒弃了枯燥的理论，结合大量鲜明的观点、成功的案例和实用的方法，以期能够给读者呈现一个完整的"赋能营销"体系：从战略赋能营销及赋能营销工业化说起，讲述了企业如何通过战略赋能营销，实现持续盈利；如何构建营销工业化体系，通过营销工业化体系赋能于人，实现"人能"营销；如何赋能组织成员从线性成长变成指数级成长；如何打造人才流水线，批量化复制营销人才。

很多学员在听了赋能营销课程后，把这套体系引入企业，很多人对我说："这套体系非常实用，非常科学！"这让我深受鼓舞，毕竟赋能营销的应用体系源于我长期的营销从业经历以及15年专注成长型企业管理咨询与培训的研究总结。一如课堂上的实战风格，笔者的书中没有毫无意义的"正确的废话"，力求每一章每一节都是"干货"，都是基于自己对赋能营销的实践、理解、梳理与总结。它既能帮助企业的高层领导者全面了解基于企业战略的赋能营销体系该如何建设，又能为想成为营销高手的营销同人提供操作方法。

"让天下没有难做的营销"，这是我写作本书的初衷和目的。希望企业家和营销同仁了解赋能营销体系，掌握科学的营销方法。如果能够进一步把赋能营销体系导入企业、落到实处，我相信会有持续的效果，能让企业家们看到业绩的增长、营销组织能力的提升。

需要特别说明的是，本书内容受我个人经历、视野和能力等局限，关于"赋能营销"的探索和思考结论，我虽自信有独到价值，但错误和偏颇之处在所难免。在此提前致歉，请读者独立思考和在实践中验证。我的想法是，作为赋能营销这套体系的首倡者，不论观点对错，写出来后，希望能给后来者一点

启发!

  我将用毕生的精力实践和讲授赋能营销体系。通过这套体系,我希望能够帮助中国的成长型企业掌握科学的营销方法,建立科学的营销体系,让营销旗开得胜,让业绩蒸蒸日上,让天下没有难做的营销!

神州英才集团总裁、首席管理顾问 姜 桐

目 录

Part 1　开篇
赋能，让平凡人做非凡事

我们正处于一个充满VUCA（易变性、不确定性、复杂性、模糊性）的时代，企业运营和组织管理方式面临着巨大的挑战。过去，很多企业追求"能人"的制衡管理，喜欢依靠一个或几个"能人"来运作一家企业。但是，随着企业的发展壮大，依赖"能人"的运营模式风险也就越大。对于初创期企业来说，单打独斗的"英雄主义"似乎是引领团队的精神食粮。然而，支撑一家成功企业高效、有序运营的，绝不仅仅是依赖一个无所不能的"能人"，而是应该建立一个赋能型的组织实现"人能"。

VUCA时代下的组织赋能之道

1. 从依赖"能人"到实现"人能" / 2
2. 构建赋能型平台，打造赋能型组织 / 5
3. 建立人才复制体系，赋能人才加速成长 / 10

Part 2　谋略篇
战略赋能营销，持续增长才是王道

战略决定企业未来发展的方向。但是，并不为大多数人所知的是，制定企业战略并不在于其看起来有多"高大上"，而在于是否符合科学规律，因为只有符合科学规律，才能实现企业的可持续性增长。对于一家追求基业长青的企业来讲，是要打造能人的体系，培养一群各行其是、未来有可能"另起炉灶"的能人，还是要打造一套能够赋能于人的营销工业化体系，让平凡人做出不平凡的事，成就一家受人尊重的伟大公司？我想说，你选择什么，你的未来就是什么！

回归战略原点，实现持续增长

1. 持续增长的奥秘 / 16
2. 不符合科学的战略，何谈持续增长 / 17
3. 走出荒谬的成功逻辑，建立真正的科学原点 / 20

4C战略赋能营销，构建不战而胜的营销体系

1. C1 凝聚人心（Convergence）：如何用战略赋能组织实现人心凝聚 / 23
2. C2 整合业务链（Coordination）：如何用战略赋能组织实现持续盈利 / 25
3. C3 核心业务（Core business）：如何用战略赋能组织打败竞争对手 / 28
4. C4 核心竞争力（Core competence）：如何用战略赋能组织建立持续竞争优势 / 30
5. 战略赋能营销，让企业不战而胜 / 33
6. 营销与销售：产品好卖，卖好产品 / 40

赋能营销工业化，让业绩裂变式增长

1. "工业化"赋能的力量，你真的了解吗 / 43
2. 赋能营销工业化，让业绩增长不再依赖能人 / 46
3. 5F赋能营销工业化系统：从1到N，让业绩裂变式增长 / 51

Part3 落地篇

插上"工业化"腾飞翅膀，打造人才复制"流水线"

神州英才过去在为大量企业提供营销咨询服务的过程中，总结了许多优秀企业培养营销人才的成功经验，同时，结合自身10余年的营销人才培养实践，加以提炼、萃取，最后形成了一套企业赋能营销人才、复制营销人才的系统，我们将这套体系称为"5F赋能营销工业化系统"。通过5F赋能营销工业化系统的建立，最终赋能个体成长，激发组织成员为客户创造价值的智慧和潜能！

F1 接触（Face to Face）

无限地接触客户，就没有竞争对手

1. 接触是创造客户价值的起点，没有接触就没有成交 / 58
2. 接触的专业水平越高，营销水平就越高 / 64
3. 一定是团队专业化接触而非个人接触 / 69
4. 落地销售漏斗工具，赋能团队提升赢单率 / 70
5. 凡事预则立，赋能团队为成功而准备 / 78

  6. 赋能"四人心态",让问题客户不再是问题 / 87

  7. 目标客户开发五大实战技法,让业绩倍增不是梦 / 102

  8. 想要提升接触效率,先要学会赢得客户信任 / 112

F2 投资（Future Investment）

卖产品不如"卖自己","卖自己"不如卖未来

  1. 顾问式营销九大法则,让客户从"消费"变成"投资" / 122

  2. "攻心四问",让客户从"要我买"变成"我要买" / 129

  3. "攻心四述",让客户从"太贵了"变成"太值了" / 139

  4. 四大策略化解客户异议,让"拒绝"变为"成交"的开始 / 150

  5. 十八式绝对成交法,让临门一脚弹无虚发 / 166

F3 感恩回馈（Feedback）

客户不是用来搞定的,客户是用来感动的

  1. 从"流量思维"到"超级用户思维" / 187

  2. 七大策略赢得客户忠诚,让客户不止于满意 / 191

  3. "感恩回馈"赋能营销服务,让品牌值得客户忠诚 / 198

  4. 客户关系管理四步法,让"头回客"变成"回头客" / 202

  5. 客户期望值管理六大原则,让超越客户预期落地 / 210

  6. 超越客户预期四大策略,让品牌有口皆碑 / 215

  7. 完美服务弥补六步法,让"摇头客"也能变成"回头客" / 220

  8. 客户转介绍八步法,让"回头客"变成"带头客" / 226

F4 分享与共享（Fun Share）

分享彼此成长智慧,共享你我成功方法

  1. 分享与共享,让知识管理赋能组织创新发展 / 233

  2. "分享与共享"六大落地措施,让知识管理不再是空谈 / 237

  3. "成长分享会"四步法,赋能组织成员从线性成长变成指数级成长 / 245

F5 一定要成功（Forced to Success）

员工能成才,企业才成功

  1. "导师制落地"四步法,打造企业内部人才"造血"机制 / 249

  2. 工业化赋能训练,四阶打造人才流水线 / 257

  3. 赋能式激励"四大法则,让员工从"要我干"变成"我要干" / 264

评价与体验　/275

EMPOWER MARKETING

PART 1

开篇

赋能,让平凡人做非凡事

> 我们正处于一个充满 VUCA(易变性、不确定性、复杂性、模糊性)的时代,企业运营和组织管理方式面临着巨大的挑战。过去,很多企业追求"能人"的制衡管理,喜欢依靠一个或几个"能人"来运作一家企业。但是,随着企业的发展壮大,依赖"能人"的运营模式风险也就越大。对于初创期企业来说,单打独斗的"英雄主义"似乎是引领团队的精神食粮,然而,支撑一家成功企业高效、有序运营的,绝不仅仅是依赖一个无所不能的"能人",而是应该建立一个赋能型的组织实现"人能"。

VUCA 时代下的组织赋能之道

1. 从依赖"能人"到实现"人能"

我们正处于一个充满 VUCA（易变性、不确定性、复杂性、模糊性）的时代，企业运营和组织管理方式面临着巨大的挑战。复杂的外部环境意味着企业赢得竞争、获得成功的各种影响因素彼此更加相关，环境因素的微小变化都有可能导致结果的改变。

这些环境变化意味着"高高在上"的管理者们不太可能立刻、全面地感受到各种市场要素的变化，从而快速作出正确决策。这就要求组织必须有超越传统的运作方式，对外必须能够对复杂多变的外部环境做出更快速的反应；对内又必须能够持续激发员工的内在动力和潜能，才能及时、有效地以最新、最佳的方式满足客户需求，创造客户价值。在这样的背景下，要想走得更远、更好，组织必须进行赋能。

"赋能"，顾名思义，就是赋予某人或某物某种能力和能量，通俗来讲就是，你本身不能，但我使你能。"赋能"这个词用在管理学中，是指企业由上而下地释放权利,尤其是员工们自主工作的权利,从而通过去中心化的方式驱动企业组织扁平化,最大限度地发挥个人智慧和潜能。

我们应该明白,企业的发展是一个群策群力的过程,单单依靠某个"大拿"或者"能人"是远远不够的,因为个体的智慧总是有局限性的。只有激发团队的智慧,才是推动企业组织创新变革、业务快速迭代、全面提升企业竞争力的重要途径。过去,很多企业追求"能人"的制衡管理,喜欢依靠一个或几个"能人"来运作一家企业。但是,随着企业的发展壮大,依赖"能人"运营模式的风险也会增大。对于初创期企业来说,单打独斗的"英雄主义"似乎是引领团队的精神食粮,然而,支撑一家成功企业高效、有序运营的,绝不仅仅是依赖一个无所不能的"能人",而是应该建立一个赋能型的组织,实现"人能"。

华为是全球通信产业的龙头企业,也是中国最成功的公司之一,在强大的创新技术背后,华为的营销能力同样令人惊叹。

其实华为早期的基础很薄弱,当时客户对华为的评价是:华为有一流的市场能力、三流的产品。任正非也自嘲说:"华为的产品不是最好的。那又怎么样呢?我能让客户选我而不选你,就是我的核心竞争力。"

早在1995年,任正非就提出,华为的市场部要转变销售思想,树立战略营销思想,贯彻全面客户服务意识,营销能力建设要实现从观念到组织的五个转变:公关到策划的转变、推销到营销的转变、孤军作战到团队作战的转变、小市场到大市场的转变、产品营销到战略营销的转变。可见,华为在那时便已经意识到营销体系建设的战略意义。

华为营销体系的能力究竟强在哪里?

华为营销能力的强大之处在于,它是一个系统性的能力,而非个体能力。这是很多公司想学习和模仿的,他们也尝试过很多方法,比如猎头挖走华为的销售精英、学习华为的销售管理工具与方法,但大多都不成功。很多人离开华为的土壤之后，就好像失去了神话的光环，发挥不出想象当中那么强悍的战斗力了。

中国俗话讲："铁打的营盘，流水的兵。"任何员工都可能会离开，一个企业长期可持续发展的营盘是什么呢？那就是构建不依赖于"能人"的可持续运转的管理体系，通过打造赋能型组织，构建赋能型平台，用确定的管理规则来驾驭未来不确定的市场。

另外，华为自成立起，就开始提倡群体奋斗和集体英雄主义精神。在华为的发展过程中，尽管出现过不少英雄式"能人"，但最终靠的还是所有华为人的共同奋斗。在这一点上，华为从来未改变过。在任正非看来，华为只有坚持走群体奋斗的道路，才能让华为持续发展下去。可以说，群体奋斗如今已经是华为文化中非常重要的一部分。

华为的群狼战术就是群体奋斗的一种体现。从寻找机会、发现目标到战术策略制定、行动方案部署，再到最后实际执行，无一不体现了群体奋斗的特点。曾经有友商感慨，华为员工的个人素质并不突出，甚至有的员工不一定能进他们公司，但华为通过赋能训练把他们打造得很好，形成了一个强有力的整体。

建立赋能型组织的根本思想是不依赖于"能人"，不苛求个体的素质，从整体上保证公司战略目标的达成，实现《孙子兵法》所期望达到的境界——故善战者，求之于势，不责于人！

现代管理学之父彼得·德鲁克曾说："组织的目的是使平凡的人做不平凡的事。"正如大师所讲，组织最重要的一个特性，就是用人所长，而所谓用人所长，并不单单是用某个人的优势、长处，而是建立一种机制，让平凡的人也能做出不平凡的事。华为销售团队这种人人都能、而非"能人"的模式，恰恰印证了德鲁克的观点。

在我们身边，有些企业似乎总也做不大，有些企业则长期无法摆脱"瓶颈期"，这种要么毫无前景、要么停滞不前的公司，往往都有一个或几个过分能干的领导者、管理者。也正是因为有了这些非常能干的人，企业才会以他们为标杆去要求其他人。但是到最后，你会发现，管理者要求的人才其实都是自己的"影子"，而在"能人"的阴影下，无所适从的团队成员根本无法施展自己的能力。所以说，"大树底下不长草"，个人英雄主义的"能人"，根本无法成就伟大的企业。

如今，随着华为、腾讯、京东、小米、联想等纷纷亮出打造赋能型组织的大旗之后，赋能已经成为现象级热词。那么，对于一家追求基业长青的企业来说，究竟如何把握战略原点，用战略赋能营销，实现持续增长？如何建立不依赖于"能人"的营销系统，让平凡人做出不平凡的业绩？如何打造能复制营销人才的"流水线"，让企业营销人才层出不穷？我给出的答案是：赋能营销。

2. 构建赋能型平台，打造赋能型组织

管理学大师彼得·德鲁克把过去200年时间里的组织创新总结为三次革命：第一次是工业革命，核心是机器取代了体力，技术超越了技能；第二次是生产力革命，核心是以泰勒制为代表的科学管理的普及，工作被知识化，强调的是标准、可度量等概念，公司这种新组织正是随着科学管理思想的发展而兴起；第三次是管理革命，知识成为超越资本和劳动力的最重要的生产要素。与体力劳动相比，知识工作者是否努力工作很难被直接观察和测量，管理的中心转向激励，特别是动机的匹配，期权激励是这20年高科技企业大发展最主要的组织创新。

沿着这个思路，德鲁克把我们正在面临的时代大变更称为第四次工业革

命,即创意革命。从互联网到移动互联网,再到物联网,从云计算到大数据,未来商业的一个基本特征已经非常清楚,那就是基于机器学习的人工智能将成为未来商业的基础。虽然对于人工智能的未来目前仍有着巨大的争议,特别是对于机器能否超越人脑,甚至是否会反人类等的担忧还未有明确形成共识的答案。但一个基本的共识是,在可见的未来,机械性、可重复的脑力劳动,甚至较为复杂的分析任务,都会被人工智能取代,这就是德鲁克所说的知识经济的进一步发展。但人类的直觉对知识的综合升华能力,是机器暂时难以超越的。相应地,未来社会最有价值的人,是以创造力、洞察力、对客户的感知力为核心特征的,他们就是"创意精英"。

未来的组织必须要有超越传统的公司运作方式。在创意革命时代,创意者最主要的驱动力是创造带来的成就感和社会价值,自我激励是他们的特征,因此,这个时候他们需要的不是激励,而是赋能,也就是提供令他们能更高效创造的环境和工具。以科层制为特征、以管理为核心职能的公司,面临着前所未有的挑战。

那么,赋能的原则如何体现?激励偏向的是事成之后的利益分享,赋能强调的是激起创意人的兴趣与动力,给予挑战;赋能比激励更依赖文化,只有文化才能让志同道合的人走到一起,公司的文化氛围本身就是奖励,能够和志同道合的人一起创造,对他们而言就是最好的奖励;激励聚焦在个人,而赋能特别强调组织本身的设计以及人和人的互动。

谷歌创始人之一拉里·佩奇在谈到谷歌的成功秘诀时,其经营管理的主导思想也同样体现了这一点。拉里·佩奇认为,谷歌的与众不同源于公司上下对自主思维方式的推崇。这种思维方式虽然让公司遭受过一些惨痛失败,但最终却成就了谷歌最伟大的成功。从在线搜索引擎,到电子邮箱 E-mail,再到开源操作系统,谷歌都坚持从基本原理原则出发,探索任何可能性,即使遭受了他人多次"不可能""痴人说梦"的嘲笑,也不放弃,反而快速成长起来。

拥有自主思维方式是优秀企业创始人的共性,谷歌的不同之处到底在哪里呢?谷歌没有将自主思维模式局限于公司的创始人或少数几个高层管理者,而是不惜花费大量精力招揽善于独立思考的一流人才,让自主思维方式遍布公司的每个角落,实现了这一思维方式价值的最大化。

谷歌相信,招揽足够多的一流人才,赋予他们足够大的梦想,让他们的思想碰撞整合,必然可以激发出伟大的创意和成果。即使跌倒,也能从中得到宝贵的教训。为了实现更多的"不可思议",谷歌把领导者的首要职责定义为:重设管理原则,创造并维持一种工作环境,为创意精英提供茁壮成长的沃土。简而言之,就是赋能,为创意精英赋能!

谷歌的赋能原则没有停留在制度文件里,而是淋漓尽致地体现在公司的方方面面:营造根基扎实、深入人心的企业文化,制定面向未来、拥有坚强支撑的战略构想,把招聘人才作为管理者最重要的工作……所有一切,都是为了吸引更多的一流人才进入公司;杜绝金字塔式的组织结构,舍弃八股文式的战略计划……所有一切,都是为了让一流人才绽放出最美的创意之花,创造创意无处不在的工作环境,构建畅通无阻的沟通渠道,给予一流人才超出常规的回报,让一流人才给出丰硕的创意成果。

今天,一个无法回避的事实是,基于亚当·斯密、泰勒等管理理论的组织管理模式在新的市场环境下正失去效力。传统管理理论认为:由于一线员工既没有主动工作的责任心和能力,也无法获取用于决策的足够信息,因此需要专门的管理者对他们进行监督、管理和协调,以便更有效地完成组织目标。

只是,随着企业规模的不断扩张,科层制的管理层级也逐渐变得臃肿、庞大,导致管理层与一线执行层的距离更加遥远,从而带来了明显的弊端。具体表现在:一方面使得最贴近市场和客户的一线员工的意见得不到足够的重视和采纳，反而要执行上层管理者可能并不合理的判断与指令；另一方面也使得管理者和领导层越来越远离市场和客户，基于逐层上报而获得的用于管理决策的信息也逐渐变得滞后、不准确甚至完全错误。

结果，组织就如同一个高位瘫痪的病人，大脑无法获得真实准确的身体反馈信息，肢体也无法根据大脑的指令做出反应。如此情况下，组织和员工的执行力更无从谈起。

管理决策与一线执行完全脱离的传统模式，显然无法适应瞬息万变的互联网商业环境。因此，对各个企业而言，需要结合关于复杂系统的新管理思想，探索战略与执行有效融合的具体模式和方法，构建赋能型组织管理系统：对员工充分授权，给予他们极大的自主性和创新创造空间，让员工自我管理、自我约束、自我激励，使每个人都将组织的事情当成自己的事情，从而极大地增强员工的执行力和工作热情，为组织创造出更多的价值，进而提升企业的市场竞争力与可持续发展能力。

那么，作为采用传统组织管理方式的企业该如何打造赋能型组织、构建赋能型平台呢？在企业向赋能型组织发展的转型实践中，企业可从以下几个方面努力：

（1）分权与自主管理

在组织内部建立起一种高效灵活、存在多种组合的组织氛围，赋予员工更大的权力，鼓励员工进行自主管理，明确每个员工与团队的权责边界，使他们各自相对独立地朝着自己的最终目标不断前进。

具体来说，就是将组织划分为一个个项目小组。以谷歌为例，谷歌目前研发的项目绝大多数来自一线员工及业务部门的创意。当一名员工发现存在市场前景的创意后，他们可以自发组成项目小组，并由团队成员一起决定如何分配资源及怎样实现目标。

（2）打造平台，为赋能型组织提供支撑

在这种自由组合、多点驱动的管理模式下，企业的精力应该放在平台的搭建方面。虽然平台的形式并不固定，既有资源共享平台，也有共同遵守某种制度的规则平台，但我们需要明确的是将企业的资源共享平台、制度规则平台打造出来，因为平台建设是实现赋能型组织的重要基础。

此外，平台还将有利于企业整合资源、统一管理。组织扁平化、去中心的特征并不意味着组织要处于四分五裂的混乱状态，同样需要企业进行整合管理。当企业将一个大项目分成多个小项目时，必须对细分出的多个封闭模块进行有效的整合，通过制定连接规则，使这些模块最终能够匹配、组合，最终实现赋能企业战略目标。

（3）企业文化——赋能型组织的基石

对企业组织能力的打造与凝聚，很重要的一个赋能源头来自企业家的精神与企业的文化价值观，企业家的自我超越与文化变革决定了组织的凝聚力与战略执行力，也影响着企业组织的文化价值观。可以说，企业家的高度决定了一个企业发展的高度，而企业家的价值观则引领着企业对发展方向的选择。

企业的组织变革从本质上来讲是文化变革。很多企业不断进行所谓组织变革，但唯一没变的是员工的行为方式和思维方式。由于组织变革缺乏深层次的文化支持，导致员工在变革过程中迷茫、迟疑而执行不力，最终导致变革成效不佳。因此，赋能型组织的建设和打造，一定是全体员工共同参与的过程。一个好的组织管理体系，最终是否能够得以很好地落地执行，前提在于是否能够形成上下一致的思想认同。

3. 建立人才复制体系，赋能人才加速成长

20世纪90年代，管理学大师彼得·德鲁克在《21世纪的管理挑战》一书中写道："企业要在同行业中居于领先地位，就要具备同行业其他企业根本无法效仿，或是远不能及的优势。这种优势能将生产商或供应商的特别能力，与客户所重视的价值有效地融合在一起。"他在《非营利组织的管理》一书中又提道："人事决策是组织里根本的，或者说是唯一重要的管理。人决定了组织的绩效能力。"

人才如此重要，以至于人们惊叹汉字"企"所蕴藏的奥秘：无"人"，企业就只能"止"步于此；有了人，企业才有了生存发展、创造辉煌的可能。过去我们常常讲，企业与企业之间的竞争，是人才的竞争，在我看来，归根结底，比拼的就是培养人才、复制人才的规模与速度。

企业家们如果不重视人才培养与复制，势必会遭遇各种各样的人才困境。

（1）人才缺失：招不到、选不出

企业人才的缺失之痛表现在：有好的机会或者岗位对外放开招聘，却招不到适合的人；想要从内部选拔，也少有员工可担此任。

可以说，机会常有，人才不常有。从外部招聘有难度，从内部选拔选不出，内外交困，找不到合适的人来做事。

（2）人才流失：留不住、淘汰高

离职率、淘汰率居高不下，是企业人才流失的主要表现。而人员流失必然会给企业带来成本的增长，这些成本不仅包括招聘费用、在职培训等明显的支出，也包含失去对接客户的损失、岗位空缺的时间成本、对生产效率的影响、业务出现延误差错等的隐形成本。《财富》杂志调查发现，一名技术人员离职后，找新人来取代的成本可能高达离职员工年薪的150%，如果是管理人员离职，成本会更高。

（3）人才迷失：干不好、跟不上

企业人才的迷失之痛，主要表现在企业大步向前，员工却原地踏步，尤其是企业的创始团队中担任核心管理岗位的人员，无法胜任岗位工作，干不好，还跟不上；留下吧，力不从心；离开吧，心有不舍。该何去何从？没有持续的培养、学习机制，员工缺乏创新活力，有心做事，无力做好。

以上问题可以说是中国成长型企业普遍遇到的问题，通过对这些问题的总结和分析，我们不难得出结论：人才，是决定一家公司发展的根本问题，而解决人才问题光靠招聘是远远不够的，企业需要建立起一套能够批量复制人才和赋能人才成长的体系，形成内部的人才生产线。只有在企业内部建立了科学实效的人才生产线，才能使赋能人才加速成长，把7分的人才培养成10分，把一个10分的人才复制出十个、百个10分的人才，企业才不会为缺乏人才、无将可用的问题而发愁。

麦当劳从1955年创立第一家店起，发展至今，已经在全球六大洲119个国家和地区开设了30000多家店。高峰时期麦当劳平均每3小时就开1家分店，这种扩张的速度是其他企业难以望其项背的，而这种扩张的能力也让麦当劳获得了"最有价值品牌"的荣誉。

人们惊叹于麦当劳的成功，以之为标杆，研究它、学习它，试图找出它的经营诀窍。其中最广为人知、被人深入研究的是麦当劳的经营方针，它被总结为"品质、服务、清洁和物有所值（QSC&V）"，表现在实际操作中，就是麦当劳从店面选址、装修、人员招募、产品烹制、餐厅布置、服务工作等，全部标准化、流程化并辅以系统化、专业化的赋能训练。

为什么麦当劳能够这么成功呢？其实产品的标准化生产只是麦当劳辉煌业绩的表面现象，更深层次的原因，在于它能够实现人才的标准化"复制"，进而成功复制盈利的管理模式。

麦当劳的创始人雷·克洛克说过这样一句话："若想走遍天下，必须人才为先。我要把钱花在人才上。"麦当劳也一贯信奉"人员是我们最大的资产"。正因如此，在麦当劳规模还很小的时候，它就已经开始花重金对人员进行赋能打造了。

麦当劳的每个员工从加入企业的第一天起，就踏上了麦当劳为之设计的"成功之路"。每个人都将遵循麦当劳"员工发展手册"，接受基本的岗位赋能训练。这本手册包括了所有与岗位相关的赋能训练资料。即使新员工没有餐饮工作，也能根据手册的指引，在员工训练员的赋能下，按部就班地熟悉并掌握岗位标准，而这只是第一步。

第二步，这些普通的员工在适应了岗位以后，如果晋升为员工训练员，还要遵循"员工训练员手册"，完成进一步的训练员训练计划。

第三步，训练员升迁为员工组长以后，将开始成为麦当劳餐厅管理人员的发展旅程，学习、实践"经理发展手册"。

这些受训的员工组长都将是未来麦当劳各阶层的管理人才，他们在完成规定的学习内容后，第四步是被送到各区域的训练中心完成"基本值班管理课程"的学习。两个月后，继续接受"高级值班管理课程"的赋能训练。

在经历了这一系列复杂而有序的培训学习之后，员工组长中绩效评估高的人，会被升为第二副理，承担更多的工作职责，接受更多的培训。表现优秀的人才将会晋升为第一副理，并有机会到麦当劳汉堡大学学习。

在麦当劳，学习、培训是没有止境的，它为全世界不同级别的员工拟订学习计划，提供给员工终身学习的机会。

曾经有过调查，麦当劳是一家员工忠诚度高达70%～80%的公司。很多人进入麦当劳工作以后，发现这里的职业成长道路非常完善，有人原本只是为了距离近而选择在麦当劳工作，结果尽职尽责地干了数十年，这样的例子有很多。

从企业的角度来看，麦当劳通过建立完善的员工成长赋能体系，培养世界各地的员工，使得各种管理规范和标准都能够在全球范围内得到推广实施，从而把成功的管理模式复制到了全世界，开出了一家又一家连锁店，最后成长为餐饮行业的巨头。

麦当劳成功的终极秘密：系统赋能人才，复制盈利模式；人才成就企业，助力企业发展，最终创造的是一种企业与人才双赢的局面。

EMPOWER MARKETING

PART 2

谋略篇

战略赋能营销,持续增长才是王道

> 战略决定企业未来发展的方向。但是,并不为大多数人所知的是,制定企业战略并不在于其看起来有多"高大上",而在于是否符合科学规律,因为只有符合科学规律,才能实现企业的可持续性增长。对于一家追求基业长青的企业来讲,是要打造能人的体系,培养一群各行其是、未来有可能"另起炉灶"的能人,还是要打造一套能够赋能于人的营销工业化体系,让平凡人做出不平凡的事,成就一家受人尊重的伟大公司?我想说,你选择什么,你的未来就是什么!

回归战略原点，实现持续增长

1. 持续增长的奥秘

回首中国企业这些年的发展历程，不难发现，当年那些曾辉煌一时的品牌，有不少已淡出人们的视线。

当我们习惯了太多昙花一现的明星公司之后，我们异常渴望中国能够有一批持续增长且呈现强大竞争力的公司。但我们也很清楚，如果我们的企业做大做强不是建立在核心竞争力的基础上，那么，持续增长的梦想终究只是个梦想而已。

为什么中国企业热衷于做"大"，却无法基于核心竞争力做"长"？为什么中国相当多的明星公司都缺少核心竞争力？要回答这些问题，首先我们要明确一下什么是核心竞争力。

核心竞争力是两种因素的组合：一种是为客户创造价值的能力，另一种是组织的执行力和学习力。

商业巨头李嘉诚说过："面对机会，企业经营者不能光靠信心就认为能够抓住成功的机会，这无疑是幻想凭借一双蜡做的翅膀展翅翱翔，最终的结果只能是悲惨地坠地。"企业想要经久不衰地持续发展，就要找到撬动企业向前的支点。根据我多年的咨询工作经验来看，这个支点的力量一方面来自企业的战略，也就是如何为客户创造独特的价值；另一方面则来自组织的效能，也就是组织的执行力与学习力。

核心竞争力有什么用？为什么如此多的企业强调和重视核心竞争能力？

其实，核心竞争力之所以重要，是因为它回答了企业持续增长的秘密。

企业为什么能够增长？因为核心竞争力能够为客户创造独特的价值，比如"大规模"能够让你具备比较竞争优势，但"大规模"却不是核心竞争力，很简单，因为"大规模"虽然为客户创造了价值，但更多的是一种很容易被对手模仿的"成本"价值，而不是"独特的价值"。

企业为什么能够持续？因为核心竞争力的发挥能够使竞争对手逐渐地丧失竞争优势，核心竞争力是一种基于创造独特价值的组织执行力和学习力，只要长期坚持下去，不断地提升能力就能够为客户价值提供不断的动力源泉。这是"独特"之所以能够长期"独特"的原因，这种能力发挥的结果，就是"不战而屈人之兵"。所以，从战略的角度来讲，企业不应该把太多的时间和精力放在如何打败竞争对手上，因为即便你打败了竞争对手，也不能保证你的公司能够持续盈利。因为，把钱给你的是你的客户，而不是你的竞争对手，你只有比你的竞争对手更好地去服务你的客户，你的企业才能实现基业长青。

2. 不符合科学的战略，何谈持续增长

在管理大师彼得·德鲁克看来，"战略是依据组织所拥有的资源勾画出组织的未来发展方向"。简单来讲，战略就是方向，是企业未来5年、10年，甚至更长时间内所要达到的目标与方向。

企业制定战略要考虑的是通过何种方式，做出何种选择能让自身获得更长远发展。就笔者看来，任何一家想要走得更远的企业，都必须坚持做符合科学规律的事。时代的发展是科学进步所推动的，制定商业战略同样要以科学的发展观看待企业的经营与发展。事实上，当国家战略都在提倡"以人为本，科学发展"的方针时，就意味着，在这之前我们的成功是不够"科学"的。这同时意味着，我们需要"科学补课"。

在科学的发展史上，有两个非常重要的阶段。第一个阶段，是古希腊文明的亚里士多德阶段，他提出了一个著名的逻辑，叫作三段论。

三段论的结构是：A—B—C

A：大前提

B：小前提

C：结论

比如，是人都要吃饭，你是人，你就要吃饭，这就是经典的三段论。三段论在科学史上是一个很大的突破，因为它使得人们可以通过间接经验进行推理。前人都是直接经验，从 A 到 B 就是直接经验，但现在，我们可以通过 B 到 C 获得间接经验。

三段论是科学史上的第一次革命，不要小看这一简单的逻辑推论，因为有了三段论这样的逻辑推理，人们就可以建立起预测能力。众所周知，科学摆脱"算命式的伪科学"，就是因为科学能够通过推理去预测未来。

但是，三段论有个很大的缺陷，那就是大前提 A 是假定的。比如"是人就要吃饭"，是建立在"人都要吃饭"这样一个前提之下的。这就意味着，大前提必须是公理，比如"人都要吃饭"这样的公理。

公理又是如何来的呢？事实上，大多数情况下，人们会因为"现实存在的，就是合理的"的观念，而把"现实的合理"当成公理，比如太阳每天从东方升起，这是每天我们都看得到的事实。这种事实，在亚里士多德时代，就被当成公理，从而推出"太阳围绕着地球转"这样的结论。

我们可以试想一下，当一家企业在荒谬的大前提下，盲目地制定战略，那么，它将面对什么样的未来呢？

1995年，原本寂寂无闻的秦池酒，以6666万元的高价击败众多对手，勇夺CCTV标王。自此，登上央视这个耀眼舞台的秦池，迅速成为中国白酒最为显赫的新贵品牌。1996年，根据秦池对外公布的数据显示，当年企业实际销售收入9.8亿元，利税2.2亿元，收入增长了5~6倍。

1996年，品尝到"标王"甜头的秦池再度出手。这一次竞标在一开始就如脱缰之马，让人无法驾驭。在一次又一次的竞拍中，秦池酒最终以3.2亿元的天价卫冕"标王"。然而，这一次与首夺"标王"的反应截然不同，舆论纷纷质疑秦池要如何消化掉3.2亿元的广告成本？秦池如何在不亏损的前提下，完成15亿元的销售额？秦池的生产能力到底有多大？

当年度，秦池完成的销售额不是预期的15亿元，而是6.5亿元，再一年，更是下滑到3亿元。最终，"标王"秦池在短暂的灿烂之后，从此一蹶不振。

关于秦池的案例，此后一直是商业人士和业内学者关注的重点。在笔者看来，"一代标王"的陨落，也代表着我们中国一批企业荒谬的"成功"三段论：

A. 中国一批优秀的企业，做大做强，选择了做品牌、抢标王、打广告、懂炒作。

B. 秦池是中国企业，秦池要做大做强。

C. 所以，秦池要做品牌、抢标王、打广告、懂炒作。

当我们把"抢标王、打广告、懂炒作"假定为企业"做大做强"的大前提时,这个大前提能够支撑秦池实现持续的增长吗?市场和时间已给出了答案。

众所周知,战略决定企业未来发展的方向。但是,并不为大多数人所知的是,制定企业战略并不在于看起来有多"高大上",而在于是否符合科学规律,因为,只有符合科学规律,才能实现企业的可持续性增长。

3. 走出荒谬的成功逻辑,建立真正的科学原点

科学发展史上第二个阶段,是笛卡尔提出来的针对"大前提假设"的革命,这一革命建立了现代科学的框架。

针对"A是怎么形成的",笛卡尔提出了非常著名的论断,那就是"原点构建式"的演绎推理。笛卡尔认为,世界是由两个原点构成的,一个原点叫作"数",即1、2、3等用来标明事物多少的变量;另一原点叫作"形",即"点""线""面"等用来标明事物外形的变量。

在这个世界上,任何空间都是"点""线""面"的组合,任何数量都是1、2、3的叠加,也就是说,"点""线""面"与1、2、3构成了万事万物发展的原点。这种思想,是科学史上一次伟大的革命,这次革命表明:任何事物的发展都是建立在原点之上的,没有原点的东西不叫科学。

由此,我们就懂得,任何科学的进步,都是发生在原点的拆分之上。比如物理学里的原点最先是分子,分子可不可以拆分?可以,分子后来被拆分成原子。原子可不可以拆分?可以,原子后来被拆分成核子。从分子,到原子,到核子,每一次原点的拆分,都创造出新的科学,可以说,科学的每一次进步,都意味着对原点的拆分。

那么,企业的战略原点是什么呢?或者说,对企业发展起决定性因素最

核心、最本质的东西是什么？我们经常看到，有很多人认为企业是靠品牌、资金、技术或者市场等持续发展的，但实际上，这样的回答并不是从原点出发，也就是说，这样的回答不是战略，而是战术。

现代企业管理科学是近 100 年才有的科学，现代管理学之父德鲁克声称自己创立了"管理科学"，这句话尽管有点夸大，但从科学的角度看，正是德鲁克创立了管理学的原点：为客户创造价值是企业的唯一使命。也就是说，客户，以及为客户创造价值的员工，是主导一家公司命运的战略原点。

正是建立在这两个原点之上，企业战略的科学性就确立了。战略是一种决定未来企业发展方向的"选择学"，本质上是一种选择，是一种对发展道路的选择。当企业拥有了客户与员工这两个原点，企业发展道路就获得了选择的标准。

事实上，我们会发现，全世界所有优秀的公司，所有能够持续盈利且基业长青的企业，他们都在两个层面做得很好，那就是员工与客户。

2019 年 5 月 21 日上午，华为创始人任正非在华为总部接受中央电视台等媒体的采访。在采访中，任正非除了一一回应当下的局势，以及首度向社会公开表达自己关于"禁令事件"的态度外，任正非还回答了华为的经营管理问题。

记者问任正非："市面上有很多书写华为的管理秘籍，您认为华为存在管理秘籍吗？"任正非回答道："其实华为没有哲学，我本人也不学哲学，我认为华为所有的哲学就是以客户为中心，就是为客户创造价值。"在华为以客户为中心的内涵有两个方面，一个是以产品和服务的用户为牵引力，另一个是以员工的奋斗为推力。

反过来，你再看世界上在这两个原点上做得不好的企业，基本都很难活得长。无论过去他们的品牌多么响,但依然难逃死亡的命运。道理很简单,因为他们忘记了企业发展依靠的真正原点就是客户和员工。

如今,中国在商业领域成功的企业越来越多,然而,从成功到优秀、从优秀到卓越,我们还有一段很长的距离要走。在企业成长的道路上,想要超越眼前的成功,收获持续盈利,实现基业长青,就需要重新回归原点,回到对客户和员工的战略原点上来,因为,只有基于战略原点的成功才可以复制,只有基于战略原点的成功才能持续。反之,当一家企业不知道自己从哪里来、要到哪里去的时候,将注定难以走得远,即便一时辉煌绽放,也可能只是昙花一现。而当一家企业一切围绕战略原点出发,将创造客户价值与赋能员工成长放在第一位时,企业才拥有了基业长青的文化基因。

4C战略赋能营销,构建不战而胜的营销体系

1. C1 凝聚人心(Convergence):如何用战略赋能组织实现人心凝聚

有人曾经问比尔·盖茨,如果离开微软,他还能造创造一个同样伟大的公司吗?盖茨回答:"可以,如果让我带走100个人。"与比尔·盖茨一样,著名管理学家卡耐基也有过类似的表述:"带走我的员工,把工厂留下,不久后工厂就会长满杂草;拿走我的工厂,把我的员工留下,不久后我们还会有更好的工厂。"

神州英才4C战略模型的第一个出发点便是员工。

企业的业绩都是靠员工来创造的,无论多么优秀的企业,都离不开优秀的员工。经营企业的根本问题其实就在于此,那就是你如何把这么多的人组织起来,形成一个良好的生态系统,而不发生内讧。

我们知道，一个企业做大的过程，表面上体现在销售额达到多少，但这些数字背后，其实是这个企业如何使它的员工团结在一起实现目标。因为从原则上讲，企业规模愈大，人就愈多，就愈难有凝聚力。比如，美国通用电气公司GE有30多万名员工，分布在100多个国家和地区；宝洁公司全球雇员超过10万名，在全球80多个国家和地区设有工厂及分公司，产品在160多个国家和地区销售。

中国古代文明是建立在农业文明基础上的，到目前为止，我们仍然没有一个大型商业组织的传统和范例。大部分大型企业并不能给我们提供多少管理大型商业组织的经验。特别是进入互联网时代，最大的挑战就是如何培育和管理销售收入达几百亿元甚至上千亿元的超大型组织。

所以，我们首先要解决的问题，就是如何用战略赋能组织，实现人心的凝聚。

凝聚员工的第一个要素就是价值观。所谓价值观，就是用来回答一个人行为背后的原因，因此公司价值观就是用来回答一家企业为什么而存在、存在的意义是什么。所谓"物以类聚，人以群分"就是这个意思。有什么样的价值观，就有什么样的团队，我们反对公司管理层重用亲信，但我们鼓励公司的管理层重用价值观一致的人。可以说，如果公司管理层一定要有"亲信"的话，价值观就是用来选"亲信"的重要标准。

凝聚员工的第二个要素就是远景。所谓远景，就是用来回答未来是什么。因此，公司的远景就是回答我们要到哪里去。只有共同的目标、共同的利益才能让人一起走得更远。所以，远景可以用来帮助我们选择那些一起走得更远的人。如果说价值观是用来选"亲信"的话，那么，远景就是用来选"忠臣"的。

凝聚员工的第三个要素就是使命。所谓使命，就是用来回答我们行为的目的，因此公司的使命就是回答我们能为客户创造什么价值。如果价值观帮助我们选择"亲信",远景帮助我们找到"忠臣",那使命就是用来选"骨干"的。

凝聚员工的第四个要素就是战略目标,所谓的目标是用来回答我们现在要往哪儿去。公司战略目标,通常指的是未来 3 ~ 5 年的财务目标。如果说价值观帮助我们选择"亲信",远景是用来选择"忠臣",使命是用来选择"骨干",那么,战略目标就是用来选择"能人"的。

在企业管理中,"价值观""远景""使命"都是精神层面的内容,它们看起来可能很"虚",但却回答了长远的目标与动力的问题,而战略目标是商业目标,是"价值观""远景""使命"的具体内容。比较形象的比喻就是,"价值观""远景""使命"解决的是"灵魂需求",战略目标解决的是"物质需求"。

2. C2 整合业务链(Coordination):如何用战略赋能组织实现持续盈利

在互联网浪潮和经济增长放缓的当下,企业生存和发展的最大问题就是如何实现持续增长。因此,4C 战略的第二个出发点是时间。

从时间的角度看,企业战略要解决的问题是如何活得长。而要活得长,你就要有能力去解决最坏情况下的问题,换句话说,当最坏的情况出现的时候,企业应该如何应对?如果我们不做这样的假设,不去思考如何解决最坏的情况,那么,企业凭什么赢得未来?华为创始人任正非曾经这样表达他对这个问题的思考:"10 年来我天天思考的都是失败,对成功视而不见,也没有什么荣誉感、自豪感,而是危机感,也许是这样才存活了 10 年。我们大家要一起来想,怎样才能活下去,也许才能存活得久一些!"任正非将自己的这种危机管理解释为假设管理,即"只有正确的假设,才有正确的思想;只有正确的思想,才有正确的方向;只有正确的方向,才有正确的理论;只有正确的理论,才有正确的战略……"

柯达曾经是影像的代言词。它创建于1880年,业务遍布全世界,全球员工超过8万名。柯达的市值最高达到310亿美元。最辉煌的时候,中国市场只有一种胶卷,就是柯达。

然而,2012年柯达申请破产,从一家世界最大的胶卷生产商,变成了一家目前市值不到10亿美元的商业图文影像处理公司。

在胶片时代,谁曾想过盛极一时的柯达最终会以这样的结局收场?关于柯达的衰败,已经有很多分析,有人认为是因为数码技术的冲击,还有人认为是因为柯达内部的利益纠缠。在笔者看来,柯达的问题是缺乏在业务层面的战略性思考:假设今天的现金流业务在一夜之间全崩溃了,那该怎么活下去?

因此,C2要回答的问题是如何用战略赋能组织,实现持续盈利。我们都知道公司的本质是盈利,如果不挣钱,企业就没办法存在。但从持续发展的角度看,你今天挣多少钱,意义并不大,你挣的钱只有在未来目标的背景下才有意义。因此,安排业务线最重要的就是要回答你今天、明天、后天的钱从哪里来。

那么,我们应该如何安排今天、明天、后天的业务,以实现公司业绩的持续增长呢?答案是,从公司未来发展战略出发,精心安排兼顾今天(核心业务)、明天(增长业务),以及后天(种子业务)的三层业务链。

第一层面,是企业现有的核心业务,也就是直接影响近期业绩,并提供主要现金流,维持企业生存发展的业务。这一层面主要解决的是如何保持企业的竞争地位，如何通过创新延长企业的生命周期，扩大经营范围，提升营业收入。简单来讲，第一层面回答的是，今天的钱从哪里来，如何保证今天的欣欣向荣。

第二层面，是增长业务，这一层面回答的是明天的钱从何而来。如何找到并开发正在崛起的新业务，决定着企业明天的业务增长，需具有高成长性，并且有代替第一层面的潜力，是能够代替第一层面的替代业务。

第三层面，是种子业务，这一层面的目的是为未来播种，确保企业长期发展。从播种到收获，是一个漫长的过程，所以，对于长远的种子业务，企业需要重点选择、投入、培育，这样种子才能长大、开花、结果。

始创于1837年的宝洁公司（Procter & Gamble，简称P&G）是全球最大的日用品公司之一。2013年，宝洁公司在世界500强排行榜中位列第89位，在其所属行业——家居及个人用品中排名第一。

宝洁公司从最初的生产销售肥皂、蜡烛，到如今经营的300多个品牌的产品畅销160多个国家和地区，其中包括美容美发、家居护理、家庭健康用品、健康护理、食品及饮料等，宝洁公司走出企业生命周期怪圈，基业长青的秘密就在于其一直积极主动地安排自己的三层业务链。

20世纪50年代以前，宝洁公司靠"象牙""Crisco""汰渍""佳洁士"等业务提供现金流。

60—70年代，当以往业务仍在发展的时候，宝洁已经开辟了新的增长业务，其中包括"帮宝适""碧浪""品客"等品牌。

80—90年代，之前的种子业务医药、化妆品、香料、水处理等变成了增长核心业务，保证了宝洁公司的持续发展。

在公司核心业务保持良好运营状态时，已经未雨绸缪地考虑明天、后天的钱从哪里来,并且积极主动地开发新业务,合理安排自己的三层业务链,这是宝洁公司长盛不衰的关键所在。

合理安排三层业务链是企业健康、稳定发展的基础。首先,保证现金流,这意味着企业必须把现金流业务做得扎实;其次,这样才能够投资新业务,没有现金流支撑的新业务注定是难以持续的。此外,对增长型业务与种子型业务的关注与投资,则需要时刻关注趋势,把握客户价值的变化。

古语有云:"居安思危,有备无患。"通过解读世界优秀公司的成长史,可以得知,所有基业长青的公司无一不是主动适应时代变化、未雨绸缪、拥有业务链战略的公司。

3. C3 核心业务(Core business):如何用战略赋能组织打败竞争对手

4C战略的第三个出发点是客户。

我们战胜对手的原因,不是因为我们比对手更强大,而是我们比对手更用心。这就是竞争战略。

那么,在哪些地方更用心?在客户的需求上。一旦我们更有效地去满足客户的需求,强大竞争优势的源泉就找到了。一些知名企业凭什么能成为全世界最优秀的公司?凭什么能快速成长?凭什么赢得全世界的推崇与尊重?凭什么能抓住全世界消费者的心?凭什么可以"不战而屈人之兵"?靠的就是对客户需求的用心识别和用心满足。

竞争战略包括两大部分,第一部分是价值战略,即我们如何把客户价值做到精准。客户价值的精准与否取决于客户的细分程度。那么，要如何来做客户细分呢？我们可以看企业当前或者近一两年内，有哪些客户为我们提供了最大现金流，这些客户又是为什么购买我们的产品等方向进行第一级的细分。

客户价值的第二级细分，则要从客户意义上来做定位，简单来讲，就是对细分目标客户的价值定位，这也叫战略价值主张。战略定位是我们把自己与竞争对手区分开来的最大入口，比如，麦当劳的战略价值主张为：我们给客户提供的不是汉堡，而是幸福家庭的感受。这种价值主张就把麦当劳与其他竞争对手区分开来。这样一来，麦当劳做孩子乐园就是一种战略的体现了。

竞争战略的第二部分是三维战略，即产品、地域和客户这三个维度。

在产品维度上，我们要回答三个问题：

（1）我们的侧重产品有哪些？

（2）我们当前的产品结构是否合理？

（3）我们需不需要开发新的产品？

在产品上，最容易出现的误区是寄希望于"东方不亮西方亮"，可结果往往是"哪方都不亮"。在客户价值时代，产品的好坏是由客户决定的。一般来讲，不同的客户需要不同的产品，理解客户的购买行为，从客户真实的需求出发，有针对性地规划相应的产品，然后专心致志地"卖下去"，这样就是最具竞争力的战略。

在地域维度上，我们要回答两个问题：

（1）我们的地域分布是不是合理？

（2）我们今后发展的重点区域在哪里？

沃尔玛是最早进入中国市场的国际零售企业，最初，沃尔玛并没有大张旗鼓，而是表现得小心翼翼，经过对香港市场的四年观察后，其才将市场扩展到大陆地区。对于一家世界500强企业来说，四面出击的强势布局并不是问题。但沃尔玛却选择了低调谨慎的地域扩张，这也就告诉我们，在进行地域扩张时，应该围绕客户价值的成长性，围绕自己的核心能力。

在客户维度上，我们要回答三个问题：

（1）我们如何细分客户群？

（2）我们为客户群提供的服务吸引力有多大？

（3）我们的重点客户在哪里？

总体而言，你的客户是谁？这才是竞争战略最基本的问题。

百事可乐对这个问题的回答是年轻人，而且是激情四射的年轻人；宝马汽车对此的回答是追求驾驶操控感的成功人士；小米手机对此的回答是为技术"发烧"的智能手机爱好者……每个品牌都有自己想要占有的用户群体，但是，只有那些精准细分客户并且专注客户需求的企业才会成功，这就是竞争战略。

4. C4 核心竞争力（Core competence）：如何用战略赋能组织建立持续竞争优势

核心竞争力就像一座"护城河"，"护城河"的作用在于抵御敌人的入侵。然而，防御并不完全等同于无法越过，敌人必然会花费极大的代价想要攻破你的防线，此时，你所构筑的"护城河"坚固与否，也就决定了你是牢不可破，还是不堪一击。

核心竞争力这个词，有无数人在谈，但遗憾的是，大部分人并没有谈到点子上。为什么？因为这些讨论都不是基于原点的讨论。没有原点，也就没有了科学的依据与逻辑。所以你会看到，有人将技术看作核心竞争力，有人将商业模式看作核心竞争力，还有人将品牌看作核心竞争力……总之，认为什么重要，什么就是核心竞争力，但这种用凭感觉、拍脑袋的方式来定义核心竞争力的方式，和"算命"有什么区别？

那么，究竟什么才是核心竞争力呢？

准确地定义核心竞争力，需要回答三个问题。首先，什么是核心？所谓核心就是起决定性作用的部分。其次，什么是竞争力？对于企业来说，员工、组织团队就是企业力量的源泉，所以，一切与组织能力无关的都不是核心竞争力。最后，这种竞争能力的体现一定要能够满足企业存在的本质属性需求，即盈利、赚钱。企业凭什么盈利和赚钱？简单地讲，你凭什么能够让客户把钱给你？答案就是你的组织具备为客户创造独特价值的执行力。

因此，核心竞争力就是能够给客户创造独特价值的组织执行力。因此，核心竞争力由两部分构成，对外与对内。对外是独特的客户价值，对内是组织执行力。

事实上，核心竞争力之所以如此重要，就因为它回答了企业能够持续发展的秘密。

企业之所以能够发展，是因为核心竞争力能够为客户创造独特的价值，比如，"低价"能够让你具备比较竞争优势，但"低价"不是核心竞争力。因为，"低价"虽然能够吸引客户，但竞争者同样可以模仿你而采用这一策略，这样，你便失去了这一优势。所以，不具有"独特价值"且总能被模仿的能力只能确保一时的成功，并不能带来持续的增长。

20世纪80年代，日本产品利用低成本的优势行销全球，日本产品的高品质、低价格引起了美国等西方国家的恐慌，但大部分日本公司在几十年后又落后了,为什么?因为低价格并非长久之计。事实证明,只有基于核心竞争能力之上的竞争优势才是战略性的优势,也只有基于核心竞争能力基础上的扩张才是战略性的增长,才能够支撑企业持续增长。当企业不具备核心竞争力就不断扩张时,可能会暂时赚到钱,但这绝对与持续盈利无关。

1962年,美国零售业的传奇人物山姆·沃尔顿创立沃尔玛公司,经过数十年的发展,如今,沃尔玛已经成为美国最大私人雇主和世界最大的连锁零售企业之一。沃尔玛在全球27个国家和地区开设了超过10000家商场,下设69个品牌,全球员工总数220多万人,每周光临沃尔玛的顾客达2亿人次。

沃尔玛之所以能在世界市场上乘风破浪、一往无前,是因为很大程度得益于其建立了良好的企业核心竞争力,而这个核心竞争力就是扎根于"顾客至上、员工满意"的核心企业文化中。品种繁多、价廉物美的商品,方便的购物时间,免费的停车场以及令人愉悦的购物环境,维系了忠诚的客户群体;对员工利益的关注,对员工能力的培养,激励了员工与企业一起行动,不断创新,比竞争者更快、更好地满足客户的需求。在内部团队完善、高效的学习力与执行力以及为客户创造的"独有价值"下,拥有明显竞争优势的沃尔玛自然能够持续扩张,并且一直保持持续的增长。

近些年,我们看到越来越多的互联网企业快速崛起、快速扩张,但是,在短暂的辉煌之后,为什么最终又消失了呢?事实一次又一次证明:没有核心竞争力的企业,犹如划过夜空的流星,虽炫目无比,但终究只是一时的闪耀。

因此,企业的一切扩张必须建立在核心竞争能力的基础上,才能实现可持续增长,不然就只是简单的挣钱而已,与企业的持续盈利无关。在我看来,这对于那些热衷于从销售额上或市值上做突破的中国企业会是一个重要的提醒，因为他们正热衷于做外在资源或规模的"大"，而不是做基于内在核心竞争力的"长"，而这样的扩张是非常危险的，这样的繁荣也只能说是暂时的，因为一切不是建立在核心竞争力的基础之上的扩张，其持续的增长都将不可能的，一切不是建立在内在能力上的繁荣，其外在的支撑失去时，就是企业的衰亡之日。

核心竞争力的重要性已经显而易见，那么，企业在打造核心竞争力时又该注意哪些问题呢？打造核心竞争力必须明确以下三点：

（1）核心竞争力是企业内部的集体学习能力，而不是外在资源的强大。

（2）核心竞争力是人的能力，而不是物或可以继承的资产。

（3）核心竞争力是为客户创造价值的能力，而不是相比对手的优势。

核心竞争力有两个标志：第一是价值性，即核心竞争力能够为客户创造价值；第二是核心竞争力的释放能够大大降低对手的竞争优势，也就是所谓的"不战而屈人之兵"！

5. 战略赋能营销，让企业不战而胜

营销与销售，表面上看似乎都是如何把产品卖出去。事实上，二者还是有本质上的差别，营销是发现需求、创造需求，而销售是满足需求。营销回答的是如何让产品好卖，销售回答的则是如何把产品卖好。营销以客户需求为导向，卖客户需要的产品，而销售则以产品服务为导向，说服客户购买已有的产品。因此，德鲁克认为：营销的目的是使销售变得多余。营销就是要深刻地认识和了解客户，确保产品和服务完全符合客户的需要，从而很自然地把产品销售出去。

在厘清了营销与销售的本质区别之后，你会发现，营销最大的功能并不仅仅是销售产品，从战略上来讲，营销是为客户创造价值的能力，是支撑公司竞争的能力，当然，并不是你为客户创造了价值，就一定能在竞争中获得回报。事实上，只有当你具备了为客户创造独特价值的能力时，你才有机会获得回报。

在创业之初，海尔依靠五星级服务打造公司的核心竞争力，为客户创造了独特客户价值，使客户享受到超值的服务，从而保证了海尔产品的持续畅销，并且这是在价格比同行产品还要高的情况下做到的。

IBM依靠超级计算机的研制成功，为客户创造了独特的客户体验与价值，也获得初期的巨大成功，因为，其他公司根本无法生产像IBM这样先进的计算机。

早期的微软也是靠着Windows操作系统软件取得了巨大的成功，快速成为世界500强中前10名的企业，同样是因为其他任何一家公司都无法研发出同样先进、易用的操作系统。

这些成功的案例都证明：只有具备了为客户创造独特价值能力时，这家企业才有机会取得巨大的进步。

那么，我们应该如何为客户创造独特价值，收获公司利润的蓝海呢？接下来，给大家分享战略赋能营销四步法：

第一步，客户细分，是战略的出发点。客户细分就是把整个市场划分成若干个客群的过程，每一个细分市场都是具有类似需求倾向的客户构成的群体，在此基础上，公司为其产品或服务选定最佳客户群。（后面的章节将会为大家具体讲解如何做好客户细分）

第二步，通过对各客户群市场需求的定量分析，按照 80/20/30 原则为各细分市场排序，选定对公司最有价值的目标客户群。（80/20/30 原则：找出提供 80% 利润的最顶端客户，锁定最顶端 20% 的黄金客户，去掉最末端 30% 的无效客户）

第三步，确定目标客户的价值定位。一般来讲，价值定位回答的问题是客户为什么要买你的产品。而价值定位的目标则是比竞争对手更好地满足这些需求。

第四步，明确公司的战略价值主张并构建运营体系。价值主张的本质就是告知目标客户"我是谁"，同时要把价值主张转化为实实在在的客户价值，并设计相应的运营体系。

2019 年 8 月 27 日，Costco 首家店铺在上海闵行区正式开业，开店首日就掀起抢购热潮，被迫提早打烊。

对于大多数国人而言，Costco 一直是只闻其名不见其身的存在。小米 CEO 雷军曾说，有三家企业的范例对他创建小米影响深远：一家是同仁堂，让他知道要坚守品质；一家是海底捞，让他懂得用户超预期口碑的重要性；而第三家就是 Costco，让他理解如何能够将高质量的产品卖得更便宜。并且雷军曾不止一次地在公开演讲上夸奖 Costco 说："我在金山当高管去美国出差，一下飞机张宏江博士就租了辆车直奔 Costco。回来经他一煽呼，除了我，其他 9 个高管都去了。结果晚上回来大家说东西太好了，我就问怎么个好法，其实就一件事——便宜。所有的东西都比国内便宜，价格只有国内的 1/10，一堆东西在北京要人民币 9000 多元，Costco 只要 900 元！所以第二天一大早我就去 Costco 了，站了 15 分钟我说我懂了，正好跟我想的东西一模一样！"

Costco 到底是什么来头？Costco（开市客），前身是 Price Club，于 1976 年

在加利福尼亚州圣地亚哥成立，1983年在华盛顿州西雅图建立第一家Costco门店，既是美国最大的连锁会员制仓储量贩店，也是会员制仓储批发俱乐部的创始者。成立以来即致力于以可能的最低价格提供给会员高品质的品牌商品。简单地讲，Costco所卖的商品以低价高质著称，被称为"神奇超市"。

Costco从来不在媒体上做广告，也没有专门的媒体公关团队，却成了世界第二大零售商，第一是沃尔玛。Costco虽然比沃尔玛晚出现20年，销售额也仅是对方的零头，但它的客单价是沃尔玛的2倍以上，坪效是沃尔玛的2倍。

比沃尔玛晚出现20年的Costco凭什么能够向沃尔玛发起挑战？

Costco成功的本质有两点：第一，零售即服务。Costco让零售真正回归到服务本质，为客户提供产品选择服务；第二，为消费者而非品牌商服务。

Costco的服务对象是中产阶级，这也是它此时来到中国的原因：抓住中国不断壮大的中产阶级群体。虽然美国和中国的中产阶级群体在收入、定义上有所区别，但他们在需求上还是比较接近的。中产阶级消费者需要什么？他们的时间成本相对较高，因而在购物时对商品数量的要求较低，对商品质量的要求更高，因此，他们往往会在品类里选择主打品牌。

Costco能为中产阶级带来哪些独特的客户价值？分析一家零售商能为客户提供何种独特价值时，可从四个维度来判断：多、快、好、省。如果说沃尔玛独特价值主张体现在"多"和"省"，美国的高端零售商全食（Whole Foods Market）体现的独特价值主张是"好"和"多"，那么，Costco强调的就是"好"和"省"。简单来说，它给中产阶级客户带来的独特价值就是提供极致的高性价比的商品。

Costco如何实现极致的高性价比？

第一，降低采购成本。沃尔玛拥有超过8万件SKU（库存保有单位），而 Costco 只有 4000 件左右，每个品类精挑细选出两三种爆款。首席执行官吉姆·辛内加尔（Jim Sinegal）曾说："我们店里不会有市场上最便宜的太阳眼镜，但是会有最便宜的雷朋眼镜。"虽然品类少，但消费者的购买非常集中，因而 Costco 面对上游供应商时的议价能力很强，可以要求供应商给到最低价格。

第二，压缩买卖价差。Costco 的商品非常便宜，其尽量将价值让渡给消费者，买卖价差极小，造成了其毛利率极低。根据 2018 年年报，Costco 毛利率仅为 11.04%，相比而言，沃尔玛 2018 年的毛利率达到了 24.7%。在 Costco，如果以高于 14% 的利润比例销售商品，必须经过辛内加尔的许可。不过公司内流传着这样一则笑话："那样的许可永远不可能发生。"

第三，减少运营成本。Costco 是仓储式超市，商品基本都是原包装箱陈列，几乎不需要上货整理。同时，沉淀的会员数据可用于销售预测，从而降低商品的库存压力。

第四，节约营销成本。Costco 在美国的续费率超过 90%，且新会员基本靠老会员介绍，没有广告和营销支出。

Costco 为用户提供高性价比商品的策略，为其带来了丰厚的回报。2019 财年前三季度报告显示，Costco 净利润高达 25.62 亿美元。

如果观察 Costco 的净利润构成，会发现与其他零售商不同，Costco 的主要利润并不来源于商品销售，而是来自会员费。2019 财年前三季度 25.62 亿美元的净利润，会员费收入为 23.02 亿美元，占净利润的近 90%。

为什么 Costco 要收取会员费？前面提到，Costco 的理念是"零售即服务"，所以会员费可视为其帮助顾客选择产品的"服务费"。更重要的是，收取会员费还具有其他重要作用。

首先，通过收取会员费可以筛选高净值人群。在美国，Costco 会员分两种，即 60 美元年费的普通会员和 120 美元年费的高级会员。低频次的消费者例如单身人士通常不会成为会员。在上海店同样如此，收取299元的年费后，能迅速地将人群一分为二，筛选出高频次的消费人群。

其次，可以构建竞争壁垒。消费者在 Costco 花钱办理会员卡后，他们再去竞争对手那里购物的可能性便降低了。

最后，可以打造了解用户数据的抓手。掌握了会员数据，就能有助于降低运营成本和营销成本。

问题是，只是依靠大包装、少 SKU 的零售模式，以及收取会员费的做法，实际上是不容易建立消费者忠诚度的，Costco 还要解决如何经营用户、增加用户黏度的问题。

它做的最重要的事情是，推出自有品牌 Kirkland Signature，旗下基本都是鸡蛋、牛奶这样的高频率消费产品，既提高了用户的消费频次，又增强了它和第三方品牌的议价能力，确保采购时能享受更低的价格。

除了打造自有品牌外，Costco 在改善客户服务和体验上也在不断探索，譬如消费者使用 Costco 会员卡可以购买价格低廉的汽油和保险，店铺内还有大量的糖果、比萨试吃活动。同时，它还为客户打造店铺"寻宝体验"，一些隐藏的打折产品不容易被发掘，只有经常逛的深度客户才能找到。

这么做卓有成效。Costco 2018 年财报显示，它的全球会员续费率高达 88%。很多零售企业和电商也打造会员制，却无法像 Costco 这样让客户感到物有所值。Costco 真正做到了"利人利己"，它为客户带来了极致的独特价值，以此带来企业利润的最大化。

企业要真正做到客户中心观，只有将客户放在企业的核心位置，明确公司的战略价值主张，构建强大的运营体系，最终为客户创造独特价值，才可以做到企业的长期收益最大化。这也印证了管理大师彼得·德鲁克所说的话：企业的终极目的就是创造客户。创造客户的本质，就是解决客户的问题，成就客户，并在帮助客户成功的过程中成就自我——获得合理的利润。

因此，客户才是企业一切竞争的起点与归属。记住，竞争的起点不是竞争对手，而是客户。也就是在竞争中，盯住客户，比盯住竞争对手更重要。通俗一点讲，这就像你要追求一个女孩，你眼睛要盯着女孩，不要盯着情敌。天底下没有跟情敌打架就能赢得女孩的道理。再说，如果有10个、100个情敌同时在追那女孩，你能分析这100人的战略战术，并有针对性地去打架吗？你根本不需要跟他们打，想方设法地对女孩好，赢得女孩的芳心才是正途。

换句话说，你是否能够在竞争中获得胜利，不在于对手，而在于你是否在客户价值的层面足够用心。就像孟子说射箭："仁者如射，射者正己而后发；发而不中，不怨胜己者，反求诸己而已矣。"客户的心就是靶心，我们的产品就是握在手中的箭，自己把握好射出去。射不中，就不能怪别人射中了。下一箭，要调整自己，而不是把聪明才智投入如何干扰别人之中。

"行有不得，反求诸己"，是儒家思想。《孙子兵法》也异曲同工，孙子强调先胜而后战："昔之善战者，先为不可胜，以待敌之可胜。不可胜在己，可胜在敌。故善战者，能为不可胜，不能使敌之必可胜。"先让自己变成不可战胜的，然后等待敌人可以被战胜的时候，即等对方出错。我之不可胜完全在于我自己的修为；敌之可胜，则在于他，在于他犯不犯错误。所以，他败了，也是他自己败了，而不是我把他打败了，我只是胜了而已。

回过头来，我们可以好好想一想，有哪个企业是被别人打败的？你又能打败谁呢？所以不要把注意力放在如何打败竞争对手上。过去很多人误解了《孙子兵法》，其实《孙子兵法》并非战法，而是不战之法。"不战"才是竞争的最高战略，我没想跟你战斗，我没想打败你，但我比你更好地满足了客户的独特需求，就会"不战而胜"。

6. 营销与销售：产品好卖，卖好产品

前面跟大家分享了营销与销售的区别，那么二者之间又存在怎样的关系呢？为了让大家更加系统地理解二者之间的区别和关系，接下来我们用一个最简单的方式，对二者的关系进行阐述，企业要把产品卖个客户一共分几步？

企业要把产品卖给客户大致可分为六步：

第一步，市场定位，找到你的细分目标客户群。

企业在为客户提供产品和服务之前，首先要确定你的目标客户群，并建立明确的价值主张，简单来讲，就是你将为谁，带来什么样的价值。所以我们说营销工作的第一步，就是做好定位。在"定位"过程中，我们经常遇到的问题是缺乏倾听客户的声音，要把焦点放在产品的生产上，而不是解决客户的问题上，从而导致生产出来的产品难以获得客户的青睐。因此，在营销定位时，一定要面向客户需求，为客户解决实际问题。

第二步，构建渠道，与客户建立关系。

渠道是商家与客户产生关系的桥梁，这个渠道不仅指销售渠道，还包括服务以及与客户进行交互的渠道。当我们选择了某一渠道后，如果没有界定清楚渠道的边界，很可能会出现渠道之间的交叉竞争，从而给市场和品牌带来不好的影响。为此，在清晰地定位之后，我们还要对渠道进行细分，通过不同的渠道策略应对不同的目标客户群体。

第三步，通过市场传播与客户形成良好互动。

市场营销工作一般包括两个方面，一方面是建立客户对品牌的认知，另一方面则是建立品牌与客户之间的互动关系。无论是通过线上还是线下的互动体验，市场传播就是要精准定位目标客户群，然后形成销售线索。

第四步，建立销售管理与销售支持系统，确保销售工作的合理运行。

要保证销售工作有序地运转，当然离不开高效的销售组织管理和支持系统。一般来讲，这套系统包括销售组织的设计、销售绩效的考核以及销售业绩的管理，其中最为关键的是对整个区域行业业绩产出进行相应的规划统计和分析工作。

第五步，赋能销售人员按照标准的操作流程进行高效有序的销售工作。

这是我们很多成长型企业最欠缺的一环，由于缺少这个体系的建立，导致我们很多销售人员在得到销售线索之后，缺少客户规划，缺少销售机会管理，缺少销售流程和方法的赋能支持，于是只能毫无章法地见机行事，只能根据自己的理解去进行不同的销售步骤和节奏，结果就是盲目地四处打猎，公司也无法进行更有效的客户管理和业绩预测。

第六步，赋能销售人员掌握产品专业知识和销售技能，促成客户购买。

这一步落实到我们具体的销售人员和客户发生的交互上，这个层面需要赋能销售人员掌握一定的沟通技巧、产品专业知识、情景构建能力以及咨询能力，从而帮助客户更好地定义问题，理解我们的产品应用价值，最终促成客户购买。

从营销角度来讲，企业一般都会经历以上这样一些关键的步骤和过程。在这六步里我们是怎样划分营销和销售的呢？前三步的定位、渠道、市场，包括价格促销，这些就是传统的 4P 理论。我们所说的销售，往往是从形成销售线索开始，到整个的销售过程的管理、销售过程的跟进和促成成交的过程。所以这六步中，前三步是营销，后三步是销售，二者的区别是前三步更关注于宏观的、公司战略层面的产品定位，客户群体定位和如何让目标客户群体建立品牌认知，从而形成可以跟进的销售线索；后三步则是根据形成的销售线索，赋能销售人员掌握具体的销售流程、工具、技能和销售方法，将一些线索变成真实的销售机会。

赋能营销工业化，让业绩裂变式增长

1. "工业化"赋能的力量，你真的了解吗

工业化，顾名思义，就是用"工厂制度"或"机器体系"来取代"手工生产"的过程。

"工业化"的概念最早诞生于工业革命时期，在马克思《资本论》中提及的"机器体系"第二个阶段其实是"有组织的机器体系"，产品通过"局部机器"从一个生产阶段过渡到另一个阶段，工人只需要在一旁照看即可。在工业化的体系下，生产效率和产品质量都会大大提升。

1913年，亨利·福特和他的团队在美国Highland Park整车厂推出了全球第一条流水生产线。全新的生产工序为汽车的批量生产带来了革命性的进步，将每辆车的生产时间从原来的12小时缩短为仅仅90分钟。

此外，由于采用了高效的流水线作业，汽车生产所需的时间、成本和人

力资源大幅下降，随之而来的好处就是福特T型车的售价从850美元降到了300美元以下，这让原本高品质、高价格的汽车成了广大消费者能负担得起的交通工具。

福特的工业化流水线，不仅影响了整个汽车制造产业，同时也对当时的照相设备、吸尘器、电冰箱产业产生了深远的影响。在《T型车：百年风云》一书中，作者Bob Casey表示："生产线成了美式制造业的象征。"

工业革命后，工业化的浪潮开始在各行各业兴起。尽管艺术的创作很难被机器所取代，但工业化中流程化和标准化的"生产思路"还是启发了不少先行者。"美国喜剧之父"麦克·塞内特，就是率先将工业化思维带入电影创作的人。

1912年，塞内特在刚成立的启斯东公司中，率先尝试将电影创作切分为几个不同的环节（比如，故事创意和笑料设置会分开执行），像装配汽车一样交由不同的部门负责"生产"与"组装"。在他的带领下，启斯东公司内容生产的速度被大大提升，同时成本也得到了降低，"启斯东喜剧"迅速占领市场并风靡一时。

"一战"过后，美国电影进入了高速发展时期，占据了全球范围内超过60%的份额，这让电影投资成了一门有利可图的好生意。在利益的驱使下，华尔街将目光对准了电影业，在刚刚发展起来的好莱坞掀起了一股并购潮。大量独立电影公司开始被合并，并最终形成了以派拉蒙、米高梅为代表的"好莱坞八大"。

资本的入局，使得电影"商品属性"的地位大大提升，如何通过电影稳定地赚取大量票房，自然也成了大型电影公司股东们最关心的话题。出于提高生产效率、保证内容稳定输出等目的，"启斯东喜剧"的生产模式被各公司争相学习并进一步细化，进而最终催生了较为成熟的好莱坞制片厂体系。

在这套体系里，影片制作从故事创意到上映，中间的分工进一步得到了的精细分工，每一环节都会由具体的部门和集体进行操作，并且逐步形成了统一的规范。而为了配合工作的细分，摄影棚、服化道团队、特效团队等都如雨后春笋般开始出现在好莱坞，将整个好莱坞变成了一座复合型的"大车间"。在这一过程中，统领一切的制片人地位陡升，20世纪30年代中后期，制片人中心制便成了好莱坞的主流（后来导演中心制也曾在好莱坞兴起）。

有了较为成熟的工厂和流水线，还必须要有足够吸引人的产品"配方"，即应该量产哪些类型的电影。

经过长年累月的实践，好莱坞巨头们逐渐发现，在众多影片类型、故事模式中，有几种电影情节（如西部片中英雄救美）和人物设定容易受到人们欢迎。于是，这些制片厂便从中总结出了一系列规律和"公式"，打造了模式化的创作标准和模板，以满足观众特定的心理预期和偏好，可供片厂广泛复制的标准化产物——"类型片"便应运而生了。

随着电影创作"流程标准化"和"生产规模化"两大目标的实现，电影也和众多制造行业一样形成了一套完整的"工业体系"。

现如今，好莱坞的电影工业化体系已经相当成熟，从制片周期到成本控制，从剧组单日工作时间到剧本创作方式，都被囊括在其中，形成了"套路"，并且还引入、普及了完片担保制度，来保障制片过程中的预算可控、产出稳定。而对这一套体系掌握得越成熟的公司，其可能面对的风险就越小。

以漫威电影为例，除了《复仇者联盟4》等特殊作品外，2008年至今，多数作品的制作成本，都被严格控制在1.5亿～2.5亿美元，制片流程高度统一；多数作品如果按照叙事学的方式进行拆分的话，叙事模式、构成要素都非常相近，属于十分典型的类型化影片。即便这也使得漫威遭受了"套路化""审美疲劳"的争议，但在过去的11年间，仍然有超过220亿美元的全球票房流入了漫威和迪士尼的口袋。

结合美国电影工业化发展的历史来看，其成功的关键就是：通过标准流程来把握制片成本、控制制片风险，借由模式化、流程化的生产方式持续输出符合观众预期的影片，最终为影视公司创造稳定的收益，而这一切的背后本质上都是好莱坞电影制作工业化的强大力量。

制造产业通过工业化实现了大规模生产，为社会带来了丰富多样的物质商品；文化娱乐产业在工业化流程的模式下，消灭了制片中"不可控"的因素，为人们提供了绚丽多彩的精神"商品"。而笔者想说的是，工业化并不止于企业的产品生产，事实上，营销同样也可以工业化。

2. 赋能营销工业化，让业绩增长不再依赖能人

A企业是一家创业公司，在激烈的市场竞争面前，老板和员工都被搞得焦头烂额。就在公司危难之际，老板请来了能力出众的销售总监。临危受命的销售总监力挽狂澜，一次又一次地刷新销售业绩。

面对这位名副其实的"能人"总监，老板也是赞不绝口："你看人家，总是能够挺身而出，一个人的业绩就能撑起公司的半边天，你们都要向他好好

学习。"

新来的销售总监的确能力强、经验丰富，但他也很辛苦，不仅要自己开拓业绩，还要像个救火队员一样，四处处理各种危机。最后，团队成员也养成了一遇到问题就找总监的习惯。时间长了，大家对总监的依赖上了瘾，团队能力不进反退。

半年之后，销售总监跳槽去了条件更好的公司，失去"能人"的A公司最终也以创业失败告终。

在过去10多年为企业提供咨询培训服务的过程中，笔者常常会遇到这样的问题：一个几十人的小企业，绝大部分的销售业绩却由几个人，甚至一两个人创造，也就是我们经常说的"二八"法则，20%的业绩由80%的销售人员创造，而80%的业绩由20%的人完成，既然称之为定律，好像出现这样的现象是正常并且无法解决的。其实不然，首先这种现象并不正常，其次这个问题也是可以解决的。说这种现象不正常，是因为企业的大部分业绩由个别"能人"创造，既然大部分业绩由这些"能人"创造，那么企业的发展也就命悬于"能人"，进而受制于"能人"，过度依赖能人对于一家追求健康持续发展的公司是极为不利的。为什么这样说？原因如下：

第一，"能人"很难培养，培养的周期长、成本高、风险大。

企业的销售"能人"主要有三类人组成，一类人是企业的老板，笔者身边就有很多这样的例子，企业最大的销售员就是老板。老板创造了公司80%以上的业绩，看起来这样的企业不受制于别人，但其实受制于自己，自己如果有什么原因不能正常开展工作了，企业的业绩就一落千丈，企业也就很难维持。

另一类人是天生的销售高手，有着过人的天赋，无论见到什么人都能在几分钟内找到共同语言，并很快得到对方的认可，他们是天生做销售的料，这样的人几乎是可遇而不可求的。

还有一类人，他们没什么天赋，他们成为销售"能人"完全是时间的原因和自己长期的努力，他们在一个行业或企业长时间从事销售工作，对工作有着丰富的经验，靠着多年的积累掌握着庞大的客户群体；但是他们的经验可能是企业付出了一定的市场代价换来的，他们掌握的客户群体也是企业为他们买单得到的；这类人本身就是市场，只要不改行，他们到哪个企业就会给哪个企业快速带来业绩；培养这类人需要时间，这个时间对小企业来说，太漫长，成本高。

第二，"能人"很难规范。

"能人"之所以叫"能人"，就是因为"能人"能为公司创造一般人创造不了的业绩，有时一个人的业绩占到公司业绩的一半以上。

有了这样的"能人"，企业老板当然不敢怠慢，捧在手里怕掉了，含在嘴里怕化了，生怕"能人"哪天一不高兴撂挑子，那公司可就损失惨重了。

公司老板都如此对待的人，当然容易居功自傲，不把公司放在眼里，更不把公司的各项规章制度当回事，因为毕竟公司离不开这类人。

有了这类人在公司如此践踏公司制度，公司的各项制度也就很难称之为制度了。这样公司的治理就又完全回到人治的层面上去，公司很难进行规范化管理，也会制约公司的发展进度，这一点也使公司受制于"能人"。

第三，"能人"有可能离开，并且带走资源。

如果前面两条只是公司的发展受制于"能人"的话，那么"能人"的跳槽对公司可能更多的是一种打击，毕竟"受制于"只是发展慢，而"能人"跳槽导致的结果却是公司的发展倒退。

"能人"有能力，当然是各个企业都希望得到的人了。如果公司是以高工资或高提成留人的话,那么对手只要出更多的工资和提成比例,就很容易把"能人"挖走。

如果"能人"走了,最可怕的是他带走了公司资源。"能人"在公司借助公司的平台建立的各种资源关系:如客户资料、上游关系、代理商资料、公司的机密信息等,更严重的是临走时还会许以高薪带走公司的技术骨干,直接掏空了公司,然后由公司的业务骨干摇身一变成了竞争对手,而且是最了解自己的竞争对手。

当然,"能人"离开公司的原因不只是跳槽。"能人"也是人,也吃五谷杂粮,也有七情六欲,也会生老病死,所以"能人"也可能生病、也可能有意外发生、也可能为家庭到其他城市生活……总之,"能人"也和一般人一样,也会因各种各样的事情离开公司,"能人"毕竟不是机器,可以一直为公司工作。所以依靠"能人"的企业,就肯定要面临因"能人"离开而导致的种种问题。

依赖于谁就要受制于谁,就像工厂依靠终端大卖场销售就会受制于终端大卖场一样,如果企业的营销体系是一套依赖于"能人"的营销体系,那么势必会发生受制于"能人"的情况,该如何避免这种现象发生呢?

在笔者看来,主要有两个途径:首先,建立起一套强大的工业化人才培养体系,批量训练人才和复制人才,赋能人才加速成长。其次,还需围绕营销体系建立标准业务流程(SOP),赋能组织成员执行到位。

宝洁公司历经170多年而仍然青春依旧、生机勃勃,最终靠的还是一支强大的人才队伍。

宝洁公司之所以从不缺乏优秀的人才,是因为它有一套赋能人才成长的机制,这套机制的核心就是:开放、总结、共享。

在宝洁公司,存在一个经验沉淀系统。如果尝试一件新工作,需要负责这项工作的人,把工作的流程梳理下来,成为以后做这项工作的指导思想,从而沉淀成 CBA(Current Best Approach:目前最好的操作方法)。之后,这个方法在不断修订中日趋成熟,就会被做成 SOP(Standard Operation Procedure:标准操作流程)。以后做这项工作,无论是新人还是老员工,都要按照标准操作流程去开展,这样就不会再次重复以前曾经犯过的错误,同时也不需要花时间去摸索别人已经有的成功经验和方法。

赋能营销工业化的核心就在于建立营销体系的标准流程,其最大的优点就是避免销售人员在开展工作的过程中因"摸着石头过河"而"掉进河里"的问题发生,避免销售人员反复交学费,防止由于销售人员个人经验、能力、悟性等不足,工作不到位而可能给企业造成的损失。一般来讲,一个平凡的销售人员,如果能够按照标准流程开展销售工作,很大程度上可以减少失误,从而取得超乎个人能力的不凡业绩。

一直以来,中国有一个独特的现象:优秀企业大多倾向于选择"听话"的员工,普通企业大多倾向于选择"能干"的员工。为什么优秀企业喜欢选择"听话"的员工?因为价值观一致,沟通成本低,执行力高,"听话"按照流程标准执行,业绩就很容易出来。而普通企业没有营销工业化体系,所以要求员工"能干",但"能干"的人往往"不听话",而结局就是收获了一套离了"能人"就不转的体系。

对于一家追求基业长青的企业来讲,是要打造服务于"能人"的体系,培养一群各行其是、未来有可能"另起炉灶"的"能人",还是要打造一套能够赋能于人的营销工业化体系,让平凡人做出不平凡的事,成为一家受人尊重的伟大公司?笔者认为,你选择什么,你的未来就是什么。因为种瓜得瓜,种豆得豆。

3.5 F 赋能营销工业化系统：从 1 到 N，让业绩裂变式增长

著名硅谷投资人彼得·蒂尔有一本大作，叫《从 0 到 1》，在他看来，让经济增长只有两个办法：一个是从 0 到 1，把以前没有的东西发明出来；另一个是从 1 到 N，把发明出来的东西从 1 个做成千万个。

如何从 0 到 1，再从 1 到 N？这个问题，或许可以从全球管理学之父彼得·德鲁克的一句话里寻找答案："任何企业都有且只有的两大基本职能是营销和创新。"

比如吉列刮胡刀的诞生。刮胡刀在很久以前就被发明出来了，但是吉列公司的创始人坎普·吉列，是第一个把刮脸刀拆成了刀架和刀片这两部分来销售的人，其中刀架会按低于成本的价格卖给客户，而刀片则是一次性的，吉列公司只赚刀片的钱。按这个模式，吉列公司不仅大获成功，还创造了一个营销模式，就是把很多产品拆开来卖。你看，刮胡刀的发明是从 0 到 1，而刮胡刀的营销模式却是从 1 到 N 的创新。

事实上，即使有了从 0 到 1 的发明，但大多数企业仍无法做到从 1 到 N。甚至，在大多数市场，今天做到从 1 到 N 的市场领袖都并非最初从 0 到 1 的开创者。

智能手机市场：苹果 iPhone 是今天的全球王者。大多数人都以为苹果是智能手机的开创者，却不知道 1993 年诞生的 IBM Simon 才是世界上第一部智能手机。

中国即时通信和社交媒体市场：腾讯的QQ和微信都不是首创者，今天却成为绝对的行业领袖，腾讯的市值超过5000亿美元。

中国共享汽车市场：易到是第一家提供专车服务的，然而滴滴已经成为行业王者，估值高达600亿美元。

中国团购市场：今天的市场领袖美团并非第一个开创者，却是笑到最后的那一个。大多数人只知道今天估值高达600亿美元的美团，却不知"满座网"才是中国团购网的第一家。

接下来，我们来看一下美团是如何在"千团大战"中登上中国O2O领域王座的：

回顾美团的创业史，是颇具代表性的。美团与移动互联网的浪潮一同兴起，成为O2O中的弄潮儿，并最终见证"互联网上半场"的结束。

2010年10月，两次创业失败的王兴，看到了Groupon在国外的兴起，决心打造外卖业务，创立美团。据王兴回忆，美团从0到1的第一单团购业务是一份价值50元的葡萄酒套餐。同一年，成立的团购商家包括拉手、糯米、F团等，巅峰时期，曾有5000家团购商家入场，被称为"千团大战"。

2011年，团购行业进入了最低谷，以拉手上市失败为标志，团购市场进入资本小寒冬。

2012年，美团宣布实现首次月度盈利，比计划提前了1个月。

2013年，美团赢得"千团大战"，并且赢得了团购市场60%的市场份额，让仍然处于亏损状态的团购行业看到了曙光。同年11月，美团首次实现全年盈利。截止到2019年10月，美团市值突破5000亿港元（市值突破600亿美元），成为中国第三大互联网上市企业。

美团是如何从1到N并最终在这场千团大战中胜出的呢？

团购业的资深行家、投资人都承认，美团能迅速从"千团大战"中脱颖而出，跟王兴拥有一个大牛人——干嘉伟，人称"阿干"，有很大的关系。

以下为美团前COO干嘉伟口述的"美团地推铁军是如何炼成的"部分内容节选：

刚到美团，我怎么跟美团原来的团队建立信任的呢？首先，你自己要对这个行业非常懂、是个专家，这是大前提，否则即使你有再多的光环，也没人会信你。其次，你要通过适当的方式，跟团队大量地交互，因为所有的事不是你自己去做，而是通过别人来做。一个管理人员如何快速地让你周边的人感受到你真实的一面，某种程度上也是领导力的一种体现。

在美团这几年，我"吐"出来很多经验，但我学习到的东西也同样多。对美团来说，我进来的时候差不多是团购市场最低潮的时候，这几年市场环境发生了巨大的变化，挑战也大了很多。你会遇到很多之前没遇到的情况，你需要去思考、去学习、去成长。

本地生活（服务）具有非标准化的特点，这决定了它没法像淘宝那样，通过让商家或者小卖家自己上来，用UGC的模式发展客户。本地商家IT互联网意识比较弱，能力比较差，它需要一个庞大的线下团队，又或者叫地推团队去发展和维护。

因为团购业务发展非常快，需要有一个标准化的建模的过程。这就像部队一样——一开始揭竿而起，乱打，但如果要成为正规军，就要出操，练刺杀，一个基本动作练很多次。

我来到美团之后，在业务技能层面，首先做了一个标准化的拆解和分析，然后把模型建立起来。我们要的是结果，但只有把过程管好才能拿到结果。你只有把A、B、C、D都做好了，才能拿到E。管好过程其实就是把A、B、C、D拆分出来，然后告诉大家，你要怎么做才能把这几样都做好，才能拿到结果。这个叫作标准作业流程（SOP）。这个在工业企业里面，已经做得很成功了。

但庞大的线下团队对管理的要求非常高。人跟机器其实有一个最大的差别：人是有情绪、有思想的，而机器只要你编好程，它就会按照规定运作。把SOP放在不同的人身上时，会产生不同的结果，有时候甚至是相反的结果。

这时候，你就要跟团队讲：什么叫管理，包括管理的目标和运营管理的一些基本动作、管理的一些SOP等。某种程度上，你可以把业务跟管理想象成土壤和土壤上种的植物——只有土壤是好的土壤、良性的土壤，再加上正确的业务策略，才能拿到好的结果，两者是缺一不可的。

如果你的团队积极正向，但业务上没套路，也打不了胜仗。但如果你训练充分、装备好，但管理手段不好，也拿不到好结果。

我觉得我来到美团之后，主要还是从业务和团队管理这两个方面。根据业务特点，把这些标准管理流程总结出来，然后再通过合适的管理手段不断去强化，去运营，让这两个方面配合得越来越默契。

如果以军队做比喻，在干嘉伟之前，美团地推团队凭着冲劲和热情完成了从0到1的开创，而干嘉伟之后，美团地推团队成了一支有组织、有纪律、有战斗力的团队。这支团队的建立，帮助美团完成了从1到N的裂变式增长，而其成功的核心关键就是围绕营销体系建立标准流程（SOP）和高效的运营管理。

其实，建立标准流程（SOP）并非美团首创，很多优秀的公司都将销售过程进行了标准化，比如前面给大家讲到的宝洁公司，他们不仅将超市陈列的产品进行标准化，而且对销售人员巡视市场的工作也会进行标准化。

有些优秀的公司还制定了标准化操作的销售手册，并按人手一册的标准下发给销售人员。还有些企业在这个基础上更深一层，赋能经销商进行营销工业化体系的打造，如松下公司，销售人员经常需要对经销商进行标准化操作与业务训练，从而保证松下公司的经销商都能够进行规范运作。

在市场营销活动中，成功的营销是一个从 0 到 1，发现需求、创造需求、满足需求打开市场的过程。而基于成功营销模式的复制和放大，我们把它叫作"从 1 到 N"，这个过程中只有建立标准流程才能有一致性，只有实现一致性才能实现工业化的批量复制。赋能营销工业化，就是通过围绕营销体系标准流程（SOP）的建立，将冠军销售员的天赋与经验标准化，并固化为成功的操作方法复制给团队，从而赋予组织里的每一个成员成长的机会。这样不仅可以帮助员工找到方向，激发其工作信心和动力，让销售人员清楚地知道想要达成成交，需要按照哪些步骤和流程来开展工作，同时还能让管理者与销售员形成统一的做事理念和工作方式，降低沟通成本，形成统一的作战语言，提高整个营销工作的效率，将有限的精力投入可持续发展的长远规划中，而不是陷入具体的业务细节中。

神州英才过去在为大量企业提供营销咨询服务的过程中，总结了许多优秀企业培养营销人才的成功经验。同时，结合自身 10 余年的营销人才培养实践，加以提炼、萃取，最后形成了一套企业赋能营销人才、复制营销人才的系统——5F 赋能营销工业化系统。通过 5F 赋能营销工业化系统的建立，最终赋能个体成长，激发组织成员为客户创造价值的智慧和潜能。

这套系统由 5 个重要部分组成，它们分别是：

F1 接触（Face to Face）——无限地接触客户，就没有竞争对手。如何在客户的购买旅程中增加直接或间接的有效接触？如何设计关键触点准确无误地传导客户价值？如何提升专业化的接触水平？如何用团队来替代对"能人"的依赖，树立公司专业的品牌形象？如何用机制来保障接触的落地？如何用工具保证接触的效率？——成功的营销始于有效的接触，如果没有有效的接触，也就没有成交。

F2 投资（Future Investment）——卖产品不如卖自己，卖自己不如卖未来。如何激发客户需求？如何让客户从"要我买"变成"我要买"？如何介绍产品并塑造产品的价值？如何化解客户的异议和抗拒？如何把握成交的信号？成交需要掌握哪些策略？

F3 感恩回馈（Feedback）——客户不是用来搞定的，而是用来感动的。如何用"感恩回馈"赋能营销服务，让客户忠诚于品牌？如何做好客户关系管理，让"头回客"变成"回头客"？如何超越客户预期，让品牌有口皆碑？如何化解客户投诉？如何做好客户转介绍，让"回头客"变成"带头客"？

F4 分享与共享（Fun Share）——分享彼此的成长智慧，共享你我的成功方法。如何做好知识管理？如何让知识管理赋能组织创新？如何让组织成员从"线性成长"变成"指数级成长"？

F5 一定要成功（Forced to Success）——员工能成才，企业才成功。如何打造企业内部的人才"造血"机制？如何用工业化赋能训练，打造企业人才复制流水线？如何赋能激励，让员工从"要我干"变成"我要干"？

以上每个步骤，有着不同的实施方法，各种方法相互配合，相辅相成。F1、F2、F3分别对应的是营销的事前、事中、事后，主要帮助大家解决标准业务流程体系打造的问题；F4、F5分别帮助大家解决组织人才成长和组织人才复制的问题，最终通过5个F形成一套赋能营销的工业化体系。

在互联网思维主导的新商业环境下，我们相信未来的营销不是单打独斗的个人英雄式格局，而是团队胜出的时代。只有构建赋能营销的工业化系统，打造人才复制流水线，赋能组织成员加速成长，方能成就企业从1到N的裂变式增长。

EMPOWER MARKETING

PART 3

落地篇

插上"工业化"腾飞翅膀,打造人才复制"流水线"

> 神州英才过去在为大量企业提供营销咨询服务的过程中,总结了了许多优秀企业培养营销人才的成功经验。同时,结合自身10余年的营销人才培养实践,加以提炼、萃取,最后形成了一套企业赋能营销人才、复制营销人才的系统,我们将这套体系称为"5F赋能营销工业化系统"。通过5F赋能营销工业化系统的建立,最终赋能个体成长,激发组织成员为客户创造价值的智慧和潜能!

F1 接触（Face to Face）
无限地接触客户，就没有竞争对手

1. 接触是创造客户价值的起点，没有接触就没有成交

小张和小孔同时喜欢上一个女生，小张外形俊朗，各方面条件也都很好。小孔长相普通，家庭环境、个人能力也都不如小张。一年之后，这位女生却成了小孔的女朋友。

看到这里很多人可能都会好奇，为什么最后赢得女孩芳心的会是条件一般的小孔呢？答案很简单，因为小孔很会创造各种与女孩接触的机会，路口的转角、地铁的候车站、商场的咖啡厅……只要是女孩出现的地方，小孔总能找到机会与她"偶遇"。半年后，看到女孩与小孔形影不离的小张以为二人已是情侣关系，从而主动放弃。最后，小孔就因为持续不断地创造接触机会最终抱得美人归。

无论是在生活中，还是在工作中；无论是"销售自己"，还是销售产品，都是从接触开始的。如果没有接触，也就没有成交，更不会有客户满意。由此可见，如何增加直接或间接有效接触客户的途径，如何设计关键触点准确无误地传导客户价值，已然成为营销管理的核心内容。

其实，接触客户是每个营销人员都在做的工作，但是，并不是每个人都知道自己接触客户的真正目的。有些人可能会说，接触客户的目的就是达成交易。事实上，成交只是接触的结果，接触的真正目的是准确无误地传导客户价值。所以说，接触就是客户价值的起点。那么，我们应该如何在接触中，更好地向客户传导价值呢？

第一步：客户价值细分，创造超额利润

在界面新闻举办的一次创业私董会上，笔者与美国硅谷著名孵化器Founders Space创始人史蒂夫·霍夫曼（Steve Hoffman）有过一次关于客户价值战略的深入探讨。史蒂夫·霍夫曼是这样阐述他是如何选择投资项目的："在选择投资项目时，我总会亲自面谈企业的CEO，我会问他这样一个问题：你瞄准的客户到底是谁？如果一个CEO回答说，我瞄准的是女性客户，那么你觉得这样的一个答案对我来说有吸引力吗？对我来说是没有吸引力的，我马上掉头走人。"

为什么会选择掉头走人？霍夫曼解释道："之所以这样做，并不是因为我不喜欢女性，而是因为我并不看好这种连自己客户是谁都不知道的CEO。其实，瞄准女性顾客这并没有错，但是他必须要进行细分。他瞄准的是中老年女性，还是青少年女性？他瞄准的是职场上的白领女性，还是在家里的全职妈妈们？甚至还要具体到这些女性如果是职场上的女性，那她又是从事哪一方面的工作、收入如何，她们开什么样品牌和价位的汽车。也就是说，一名CEO必须要对他瞄准的客户了如指掌,能够从多个属性、多个维度去勾勒自己的理想客户的面貌。"

为什么史蒂夫·霍夫曼会如此看重客户价值细分呢?

首先,企业的资源总是有限的,需要更准确地去分配。去掉那些客户认为可有可无的,减少那些客户认为价值不大的,从而将所节省下来的成本投到客户认为价值最大的地方,这才是最好的路径。

其次,消费者的分化和差异决定了企业无法满足所有客户的全部需求。在消费升级的时代,人们的消费结构正在转向发展型、享受型,消费者的需求也不断增加,消费分层化的趋势越加明显。与此同时,企业想要满足所有客户所有需求已经成为一种成本极高且没有战略的表现。

再次,不可避免的高层次竞争。竞争在市场经济中不可避免。目前国内企业间的竞争还主要表现在价格的竞争、品种及质量的竞争、售后服务竞争等因素上。而当竞争在价格、质量、品种、售后服务等物质因素上费尽心机且难有大的突破时,注入一种非物质因素——文化因素,融入企业文化的内涵,则竞争就不再是原来意义上的竞争,而是一种高层次的优势竞争。

最后,当企业没有明确的客户细分时,组织很容易出现"鸡同鸭讲"、彼此不在一个频道上的尴尬场景。比如,营销人员埋怨设计不好,产品不好卖;设计人员则抱怨成本控制太狠,不可能设计出好产品;成本控制,双手一摊,告诉你做完了,只能这样……所以说,只有统一做好客户细分,统一标准,才能减少不必要的内耗。

那么,什么是客户细分?如何做好客户细分呢?

简单来讲,客户细分就是群体个性化,个性化的目的就是创造超额利润。因为每个人的需求不同,谁满足了客户的个性化需求,谁就能从客户的身上获得超额利润。企业要搞清楚每个客户的不同需求是很难的，但可以按照需求把人归类为几群人，谁满足了某个客户群的个性化需求，谁就能从这群人身上获得超额利润。群体个性的三个体现：客户群之间有什么不同？你提供的价值有什么不同？你通过产品和服务创造价值的过程有什么不同？

因此，做好客户细分需要回答清楚三个问题：

（1）你的客户到底是谁？他们之间有什么不同？你必须清楚地描述每一类客户，确保各细分客户内部具有相同和相似的特征，但相互之间必须界限分明、严格区别。

（2）每一类客户的价值定位是什么？你必须告诉客户你与别人有什么不同。通过鲜明的价值定位，使你的企业与竞争对手严格区分开来，使客户明显感觉和认识到这种差别，从而在客户心目中占特殊的位置。

（3）你如何围绕客户细分和价值定位提供你的产品和服务？以确保高质高效地提供个性化的产品和服务。

第二步：锁定细分目标客户，满足细分客户需求

既然客户细分如此重要，那么，我们应该如何锁定自己的细分目标客户呢？接下来你可以通过以下6项描述找到自己的细分目标客户。

（1）细分客户的规模：每一类客户在经济上能够给企业共享多少价值？

（2）使用动机/原因：每一类客户为什么要买你的产品？

（3）使用态度：每一类客户把你的产品看成什么？

（4）客户特征：每一类客户的社会阶层属性如何？客户的年龄和收入特征是什么？

（5）期望的产品特征：每一类客户对产品质量和功能等的想法是什么？

（6）使用细节：每一类客户现有的使用情况如何？

第三方调查公司 Canalys 公布了 2019 年三季度中国智能手机市场的销量情况。从数据看，华为手机（含荣耀）在国内市场出货量为 4150 万部智能手机，再次刷新纪录，销量比去年同期大涨 66%，在总体市场微缩的情况下华为一骑绝尘，而 OPPO、vivo、小米和苹果都出现了幅度比较大的下滑。

可谁又想到，如今声名远播的华为手机，曾有很长一段时间都是踽踽而行、默默无闻。华为手机公司的前半生过得相当坎坷，2008 年母公司甚至打算卖掉它，不巧遇上席卷全球的金融危机而"未遂"。直到 2011 年华为手机战略转型，任正非专门带着徐直军、郭平等一帮高管，跑去与华为终端业务的人开了个座谈会，确定了不再跟随运营商做定制手机，而是坚定地走开放市场，建立自己的品牌的战略决定。这次会议也被称为华为终端的"遵义会议"。

接下来，我们就来看看华为旗下的手机品牌，是如何通过客户细分满足不同客户需求的：

（1）Mate 系列注意用法需求满足：极致科技

该系列可谓是华为手机的顶梁柱，是华为品牌的顶级旗舰产品，每年都会搭载最新的麒麟系列处理器。

其主要定位是高端商务手机，特点是大屏、高性能、强续航，华为的众多黑科技都是优先在 Mate 系列中得以体现，比如 Mate 10 的 PC 模式，Mate 20 的 40W 超级快充、无线反充等。

除了强大的配置外，Mate 系列的外观设计也是尽显奢华大气的，线条硬朗尽显商务范，科技感十足。

当然，售价属于偏高档次的，高配版基本过万，目标群体集中在 30 岁以上的成功人士和商务人士。

（2）华为 P 系列注意用法需求满足：极致时尚

该系列是华为的双旗舰产品之一，主打时尚、拍照，相比 Mate 系列更加适合都市白领等年轻人士。

华为P系列的拍照功能一直是业内标杆,最新的华为P30更是让友商难以望其项背,华为P系列的主要竞争对手是苹果、三星、OPPO、vivo等的中高端机型。

P系列的新机一般在每年4月发布,与Mate系列的新机晚半年时间发布,也就是Mate系列的新技术会在半年之后应用在P系列新机上。

(3) 华为Nova系列——需求满足:极致性价比

华为Nova系列是华为比较年轻的一个系列,主打时尚性价比,美颜自拍。

面向的是追求时尚,但又不想花大价钱买P系列手机的年轻人群体。主要与OPPO、vivo竞争,代言人多是当红的鲜肉明星。通过明星代言的等方式,主攻线下市场,线上热度相对一般。

Nova系列,也被"花粉"称为鲜肉系列,主要面向年轻用户群体,配置多以中端或中高端为主,价格相对P系列便宜一些。

(4) 华为畅想系列注意用法需求满足:极致可获得

华为畅享系列主要是定位于中低端市场消费人群,此系列手机配置一般,价格相对便宜,基本上主打千元机市场。

畅享系列的手机一般硬件配置相对较弱,手机外观设计很普通,可以被称为入门级别的机型。

从华为公司的品牌布局中,我们可以清晰地看到,这一切都源自华为对客户内心真实想法的准确把握和体贴满足。而华为正是依靠强大的客户细分,针对不同的消费需求,细分出不同的产品品牌,最终令其实现了在中国智能手机行业的一飞冲天。

2. 接触的专业水平越高,营销水平就越高

在期货市场,咖啡豆每磅1美元,大致25美分一杯;

在一般小餐厅或街头咖啡店煮咖啡,每杯1美元;

在星级宾馆或品牌咖啡店,每杯5美元;

在意式咖啡店,每杯15美元;

……

为什么同样的咖啡会有不同的价格?答案显而易见,不同的环境、不同的体验,带给消费者不同的价值感知,随之而来的就是价格的差异。因为消费者购买产品的目的除了获得核心利益外,还期望从中获取附加利益,无论是从情感,还是精神层面,都希望有所满足。

佛曰:"前世的五百次回眸才换来今生的擦肩而过。"正如此话所言,很多企业往往都是花了很大的生产和营销成本才换来一次与消费者接触的机会,但作为消费者来说,这些并不是最重要的,重要的是他们在与企业接触的那一刻的体验。企业也只有在这一刻把美好的体验带给客户,才能把自己的产品和服务销售出去,才能把投入生产和营销中的成本收回来,才能赚取利润,否则一切都将付诸东流,成为财务报表上的成本支出,甚至是负增长。因此说,触点管理就是营销机会管理,做好客户接触点的工作,才能提高营销效率。

很多企业往往在与客户接触之前做了很多的工作,却忽视了客户触点的关键作为,从而导致了客户的流失,也意味着前期生产和营销成本的消耗和浪费。

企业只有潜下心检视自己与客户的接触点，做好触点的管理工作，才不会"用五百次回眸"让客户与自己"擦肩而过"，空把悲伤留给自己。

接下来就和大家分享如何通过触点管理，让接触更有效。

著名市场营销专家菲利普·科特勒认为，品牌从本质上说，是销售者向购买者长期提供的一组特定的特点、利益和服务的允诺，最好的品牌传达了质量的保证。一个真正称得上优秀的品牌，都一定在接触点的管理上有着非常优秀的表现。消费者一旦在头脑中对某个品牌留下深刻的印象，就会对该品牌持一种特定的态度。消费者正是基于对企业产品或服务的这种感受形成对企业的价值判断。

那么，什么是触点，什么是触点管理呢？

从生物学的角度来说，触点（Touch Spot）是皮肤上对触觉刺激特别敏感的区域。

反映在我们的运营工作中，就是品牌、产品、服务等在各个环节与客户接触的点，包括视觉、触觉、听觉、嗅觉、味觉以及心理上所接触的每一个点，都可以叫作触点。

一个客户，不管是去你的实体店、浏览你的公众号、查看你的网站，还是打开你的APP、使用你的产品等，都会接触无数个点。

比如你光顾一家门店，那么这家门店的触点有哪些呢？

户外广告、门店招牌、服务员、墙面装修、灯光设计、环境氛围、绿植摆放、各种装饰、厕所、宣传设计物料、轮播视频、BGM、前台……包括但不仅限于以上信息，这些均为客户所能感受到的触点。每一个触点都关乎客户体验，所以你要好好去规划，才能保证客户能有更好的体验。

触点管理，就是抓住与客户接触的各个"关键时刻"，通过对接触点的规划、设计和管理，使这些与客户接触的关键时刻变为客户满意的节点，从而引发客户继续参与下一步营销过程。

在营销的过程中，客户决策的最优效果，不是让你去说服客户，而是让他自己说服自己。我们要做的，就是在合适的时间、合适的地点采取合适的方式（触点）与特定客户进行接触，使这些与客户接触的关键时刻变为客户满意的时刻，自然而然地就会影响客户的大脑、影响客户的判断、影响客户的决策。

那么，如何科学精细地管理触点，提升客户体验呢？有以下5点需要注意：

（1）目标客群

首先，我们需要明确的是：目标人群不一样，触点就不一样。同一个产品或服务，针对的目标人群也会不一样，可能是客户、可能是合作方、可能是第三方，也可能是内部员工。而同样是客户，也可以分为新客户、老客户、忠诚客户，等等。所以，做好触点管理，首先就需要界定你所针对的目标人群。

（2）客户决策触点

确定了针对的目标人群，我们还需要找出目标人群在决策过程中的触点。

需要注意的是，在找出和罗列客户体验触点之前，你一定要对目标客户人群有足够的认知。如果你能把客户体验产品的流程写出来，那么在做触点规划的时候就会很容易，你只需要根据每一个环节找对应的点就可以了。

我们就以客户体验公众号的流程为例，大致包括：A. 打开微信；B. 点开订阅号；C. 订阅号列表中打开；D. 点开图文；E. 浏览/关闭；F. 分享/关闭。流程中的这6点，可以称作客户体验产品的"关键时刻"。哪些触点会影响"关键时刻"？笔者简单罗列了一些，如表3-1所示。

这样一看，是不是很清晰？当然如果深挖，可以罗列出非常多的点，所以大家要尽可能多的根据客户决策流程去收集产品触点。

表 3-1　客户体验公众号的"关键时刻"触点

流程	触点	客户体验
打开订阅号列表	名字	公众号名字是否定位清晰？
	头像	头像是否符合定位？
点开图文	标题	推文标题是否简洁、重点突出？
		标题是否有趣、独具特色？
	封面	封面图文是否有趣、能吸引人？
		封面图是否有自己的特色？
	摘要	摘要能否勾起用户点开的欲望？
	推送时间	推送时间是否有规律？
浏览	图文	是单图文，还是多图文？
	内容	内容是否优质？
		内容定位是否让用户想追着看？
	排版	内容风格、排版、配图是否美观且统一？
	引导	文章是否有引导用户点赞、关注或分享？
分享	分享	文章是否有考虑传播点？

（3）触点价值

每一个客户体验触点，都应该有其存在的目的或实现的功能。

客户接触的每一个点，你都要考虑这是要实现一个什么目的而做的？所有接触的点都应该是帮你实现一个个目的的，或者是为解决某个最终问题而存在的。

记住，每一个触点，都应该有它的使命，无效触点是我们不需要的，应尽量避免。

对于触点的设计，我们可以按这四个方向来进行：

a. 切中需求：每个客户都有自己做决策的理由，切中需求才会有强烈的好感。

b. 激发动力：唤起客户心中的理想，痛苦或快乐，激发出行动的动力。

c. 建立信任：让客户产生信任。可通过事实数据、品牌实力、客户见证、权威背书等。

d. 消除疑虑：提前洞察客户会有哪些疑虑，全部告知解决方案。

了解了触点及其对应的目的,自然也就知道了每个触点的重要性,那么就可以合理地进行权重排序,分别投入资源。

(4)转换视角

明白了触点要达成的目的,下一步你需要转换视角,模拟客户行为。

因为客户体验的好坏,你说了不算,客户说了才算,所以你必须在目标客户的体验触点上,模拟、界定、规划来改善产品,影响客户。

方法就是假设自己是目标客户,走一遍你的产品或服务体验流程,感受每一个客户触点。比如说,你要策划一个活动,就要在脑袋里走一遍整个活动的流程,直到发现不了问题,才算达到效果。如果你想最大限度地提升活动质量,还可以邀请行业专家、目标客户、核心客户等都来走一遍。当然,转换视角也要讲究科学运作,你可以做一个客户体验表,将你整个流程的体验和存在问题进行统计。如表3-2所示。

表3-2 客户体验触点表

客户体验触点表	
时间:	转换对象:
体验阶段	
对应触点	
目标是否实现	
存在问题	
解决方法	

表格内是最基本的统计项,可以根据自身实际情况添加或删减。

(5)反馈与迭代

世界上没有完美的产品,同样,也没有完美的营销,产品与营销都是通过一步步的反馈和迭代、升级出来的。只有经过客户真实体验并使其满意的才叫好体验。这就是为什么很多产品会不断进行内测,收集反馈意见。

大家要知道,客户体验没有所谓的最佳,只有通过不断反复迭代,慢慢扩大触点的势能,让产品和服务做得更好。

3. 一定是团队专业化接触而非个人接触

作为直接面向客户的团队，销售是把产品呈现给客户的最重要的一个环节，如果这个环节没有做好，所有的努力就将付之东流。因此，不能依赖个人单打独斗，因为再强的人也有犯错误的时候，即便不犯错误，也无法做到面面俱到、事事精通。在与客户接触的过程中，相较于个人，一支训练有素、协同有序的营销团队不仅能够更好地解决客户问题，同时，也能更好地树立公司专业的品牌形象。

所以，与客户接触，一定是依赖团队接触而非依赖个人接触。

早期华为的各地代表处并没有统一的解决方案销售部，而是按照产品，分为固定网、移动网、传送网、业务与软件等产品部。如果客户需要综合解决方案，华为各个产品线都要派人去，但成功率往往不高。

2006年在苏丹项目中的一次惨败，让华为彻底醒悟。在与客户的接触中，华为客户线的人员本来已经了解到对方的需求信息，却没有把信息有效传递给产品人员，而产品人员关注的重点还停留在传统报价模式上，并没有从客户的角度去优化产品方案。在客户召集的一次网络分析会上，华为前后去了七八个人，每个人都忙着向客户解释各自领域的问题。客户高层抱怨道："我们要的不是一张数通网，不是一张核心网，更不是一张交钥匙工程的网，我们要的是一张可运营的电信网！"

痛定思痛，华为苏丹代表处在随后的工作中慢慢总结出了"铁三角"运作模式。经过实验和摸索，这一模式也得以在华为的各个代表处全面展开。

在"铁三角"中,客户经理是项目运作、整体规划、客户平台建设、客户满意度提升、经营指标实现的第一责任人。解决方案专家负责项目的整体产品品牌和解决方案,从解决方案角度来解决客户需求,帮助客户实现商业成功,对客户群解决方案的业务目标负责。交付专家是项目整体交付与服务的第一责任人。"铁三角"是三种职责的融合,使一线的最小作战单位目标一致,分工明确。围绕着"铁三角"的核心作战团队,客户关系、产品与解决方案、交付与服务等部门在一旁提供协同支持。

"铁三角"模式给了任正非极大的启发,任正非说:"我们业务开展的各领域、各环节,都可能存在'铁三角',三角是最稳定的结构,但并不代表一定只有'三角''四角''五角',甚至更多也是可能的。这给我们的组织变革提供了很好的思路和借鉴。"

华为"铁三角"模式以项目为中心组建,具有灵活机动的特点,又充分发挥团队作战的优势,从而打破了组织内部的部门壁垒,让团队内部沟通畅通,能够快速响应客户的需求;并且可以和客户的组织对接,全面满足客户需求,做厚做宽客户关系,实现与客户的双赢。

当然,并非所有的企业都是华为强矩阵式的项目型组织,但这种"铁三角"模式具有普遍的可应用性,即便不是项目型组织的企业,也可以应用"铁三角"模式来打造自己的狼性销售团队,树立值得客户信赖的专业品牌形象。

4.落地销售漏斗工具,赋能团队提升赢单率

在距离财年结束还有 3 个月的时间点上,某集团公司召开销售会议。此时,销售任务还差 40% 没有完成,会上集团老总忧心忡忡地询问销售总监:

"年底之前到底能不能完成任务?"

销售总监沉默片刻,说道:"以我的经验来看,完成任务应该没有问题。在此,我向领导保证,排除一切困难,争取超额完成任务!"

集团老总无奈地点了点头,表示相信销售总监的话。

会后,老总助理问道:"销售任务还有40%没有完成,你凭什么相信他年底之前能达标呢?"

集团老总用沉重的语气说道:"我相信他的人品!"说完这话,他又长叹一声:"除此之外,难道还有更好的办法吗?"

当然有办法,认真阅读接下来的内容,你就会找到答案。

裁缝裁剪衣服,需要锋利的剪刀;士兵打好仗,需要先进的武器;提高旅行速度,需要飞机、火车等现代化的交通工具;提高生产效率,需要引进现代化的机器设备。

工具在人类社会发展中的重要性不言而喻,每一次的社会巨变,都源于生产工具的改进与提高,无论是石器、铁器,还是蒸汽机、计算机,都推动了生产力的飞速发展。借助工具,柔弱的个人也会变得强大;借助工具,复杂的事情也会变得简单;借助工具,事半功倍将不再是难事。

"君子生非异也,善假于物也",这句话出自荀子《劝学》,讲的是学习的一种方法,意思是君子的本性同一般人没有什么差别,但是他们善于借助外物进行学习。同样,在笔者看来,成功的营销管理者跟失败的营销管理者也没有太大的(人品)差别,成功的营销管理者之所以成功,是因为他们善于学习和利用科学的方法、有效的工具来赋能团队,让销售接触变得更加卓有成效。接下来和大家分享一个笔者认为非常实用而有效的工具——销售漏斗。

谈到销售漏斗(Salse Pipeline),让我们先来回答一个问题:销售是艺术还是科学?

A. 艺术

B. 科学

C. 艺术+科学

答案：C

销售当然是门艺术活，因为销售工作主要是跟人打交道，而人是充满不确定性的，有时候客户并不会单纯地凭借理性而买单，因此销售很多时候需要有创造性、艺术性的表现。但是优秀的营销管理者懂得：要想保证目标的达成，不能依赖于销售员创造性和艺术性的发挥，更不能把希望寄托于销售员的天赋、运气和人品。

他们的做法是将销售人员与客户接触的过程分解成一个个简单的、可以执行的标准动作，然后赋能团队重复执行和优化，最终带来更可控的销售成果。而要想做到这一点，就要学会运用销售漏斗工具来赋能团队，在笔者看来，这是营销工作走向科学化、工业化的第一步。

首先，什么是销售漏斗？

销售漏斗是科学反映销售机会状态以及销售效率的一个重要的销售管理工具。

销售漏斗包含拿下订单的整个过程，熟悉销售的管理者都知道，一个销售机会从感兴趣—询价—提方案—成交，是靠销售人员与客户接触的过程中一个个销售行为推动的。由于每个公司的销售过程不一样，因此公司之间的销售漏斗也都不一样。同一家公司，如果每个产品的销售方法不同，漏斗也会不一样。

每个销售机会向前流动的速度也不同，这取决于客户的状态，例如：采购紧迫性、兴趣度、之前调研了多少信息等，甚至有的销售机会出现跳跃式移动，例如：直接从"兴趣阶段"直接到"价格提案"阶段。这可能是客户私下做了一些调研，或者听取了一个值得信赖的朋友的建议。

其次，销售漏斗有什么用？

笔者总结了一下，销售漏斗对企业有六大核心价值。

价值一：管理并预测销售业绩

销售漏斗的第一大核心价值就是管理业务。我们可以通过销售漏斗这个可视化工具，将公司所有的销售项目进展了解得非常清楚。在此基础上，其实可以做很多分析：首先是销售目标和计划管理，作为管理者可以经常看到某个销售或者某个团队的目标是多少，然后基于其销售漏斗的表现很快能知道是不是能够完成既定目标。如果完不成目标，应该采取什么措施进行改善以便完成目标。

在数字化管理销售过程中，销售漏斗的作用至关重要。销售数据进到销售漏斗后，它在每个阶段的转化率如何？比如销售线索到销售机会的转化率是多少？销售机会到签单的转化率是多少？通过分析销售漏斗，我们可以知道整个团队的销售周期是多久？平均客单价是多少？单子在每个阶段的停留时间是多久？一个好的销售漏斗管理体系，可以让销售预测更加的精准。

价值二：形成销售团队的标准流程（SOP）

让销售人员清晰地知道想要达成成交，需要按照哪些步骤和流程来开展工作，销售管理者与销售员形成统一做事理念和工作方式，降低沟通成本，形成统一的作战语言，最终建立统一的销售方法论、销售技巧。

价值三：复制顶尖销售员的成功方法

很多公司的销售能力参差不齐，多数呈现"二八"法则：80%的业绩是来自20%的销售人员。如果有一套体系，能将剩下80%的销售人员水平提升20%或30%，那将给整个公司的销售业绩带来非常可观的提升。

通过销售漏斗的管理，以销售漏斗为基础梳理出与客户接触的流程阶段，然后确定每个接触阶段要完成的一些具体步骤，赋能销售人员完成这些事情需要的销售技巧和需要提供的销售工具，最后设置一套检查的机制，确保每个流程阶段的完成。

如果公司有这么一套体系，每个新员工入职后，都能通过这套体系赋能，那么，新员工就能很快熟悉公司的销售流程。

价值四：提供有针对性的赋能辅导

通过销售漏斗，有经验的营销管理者立刻就能判断销售人员的问题出在什么地方，需要给予什么样的赋能和辅导。例如，一个销售人员大量的销售机会都停滞在接触高层这个阶段，这时管理者需要提前介入，跟他一起去见高层，赋能他顺利地把单子推进到下一阶段。另外，有一些销售人员，漏斗上面的商机可能远不足以支撑他们的业绩目标，他们有可能欠缺找新客户的积极性或技巧。管理者此时应该有的放矢地辅导员工获得这方面的能力。

价值五：为销售个体规划时间和业绩赋能

销售漏斗可以帮助销售个体规划自己的业绩和时间，甚至找到欠缺的技巧，从而提升销售业绩。

价值六：避免客户在人员流动时的流失

对于以项目型销售为主的企业，其销售周期比较长，人员的流动难以避免。销售漏斗可以帮助新员工把公司的客户衔接起来，避免公司的损失。当人员离职时，管理者或接手同事可以跟原销售人员一个个核对其销售漏斗里面的核心项目及进展情况。

最后，销售漏斗怎么用？如何能够构建一套符合企业特点的销售流程体系？

销售管理的精髓在于对过程的管理，只有管好过程，才能更好地管好结果，也才能让偶然的接触变成必然的成交。如图 3-1 所示。

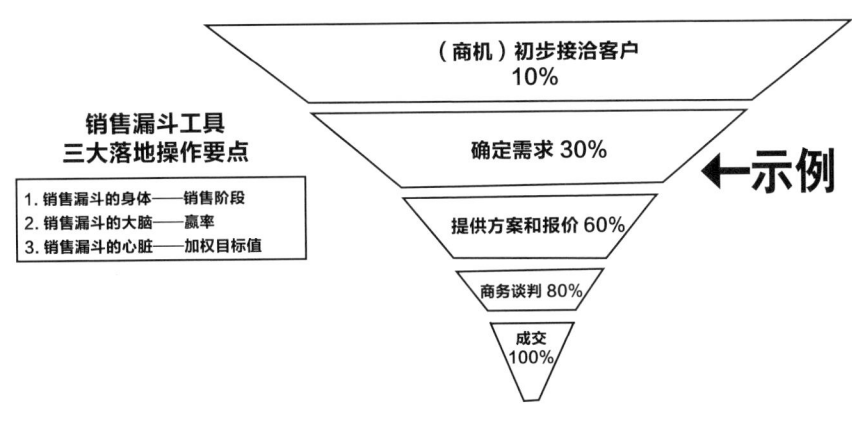

图 3-1 销售漏斗

销售漏斗，包括从初步接洽客户、确定需求、提供方案和报价、商务谈判到成交的整个与客户发生接触的销售过程。一个典型的销售漏斗包含三大要素，可以把它们比喻成人身上的三个重要部位。首先，最显眼的销售漏斗阶段被比喻成销售漏斗的身体。销售漏斗的第二个要素就是赢率和转化率。赢率和转化率需要不停地计算，所以经常被比作销售漏斗的大脑。加权目标值被比作销售漏斗的心脏，通过加权能够算出目标值，从而帮助我们深入理解整个漏斗。

（1）销售漏斗的身体——销售阶段

销售漏斗的第一要素销售阶段被称为销售漏斗的身体部分。在梳理销售阶段时，我们可以经过一段时间的调研之后，将每个公司的最佳实践沉淀出来，整理成适合自己一套销售阶段；并且在每个销售阶段推进过程中，明确出销售人员需要跟客户做哪些关键接触，以及每个触点如何传递客户价值，才能将工作从这个阶段推进到下一个阶段。

一个典型的销售漏斗阶段，大致可以分五个阶段：初步接洽客户、确定需求、提供方案和报价、商务谈判、成交。这是最基本的销售漏斗的阶段流程，实际上每家公司甚至每条产品线、每个行业的漏斗阶段都不是完全相同的，尽管他们在理念上大同小异，但不同行业的产品有不同的销售方法论，最终就会形成不一样的销售漏斗阶段。

（2）销售漏斗的大脑——赢率

赢率作为第二个要素，被称为销售漏斗的大脑。赢率是指在某一个阶段里所有潜在商机最终转化为订单的概率。例如，销售漏斗最上端的初步接洽阶段有10个客户，经过销售人员的跟进后能够形成1张订单，这个阶段的赢率就是10%。销售漏斗的下面是一个谈判签约阶段。在这个阶段，10个客户很可能最后能够成功形成8张订单，这个阶段的赢率就是80%。

举例来说，销售漏斗中标注了不同的赢率：第一阶段初步接洽是10%，第二阶段需求确认30%，第三阶段谈判签约是60%，第四阶段赢率是80%。这个赢率是怎么出来的？是经过一段时间的经验和测算出来的。为什么销售漏斗是上面大下面小的形态呢？跟家里用的漏斗不同，销售漏斗既不是平滑的也不是封闭的，而是有很多的孔在漏斗的壁面。每个做销售和销售管理的人都希望销售漏斗里面的客户最后都能转化成为订单，但实际情况并不可能这么理想。漏斗壁上有很多的洞，然后很多客户会顺着这些洞漏到外面。

所以当看到一个销售漏斗，最重要的是要了解它的转化率是多少？每个公司需要计算每个销售人员的结单率：经过多少次拜访或者打多少次电话，才能生成一个商机，多少个商机可以形成一张订单。举例来讲，销售拜访10个陌生客户，如果1个客户感兴趣转化为1个商机。10个这样的商机经过销售人员的跟进最终形成了1张订单，那么从商机到最终成单转化率是10%。这个销售人员从陌生拜访到最后成单的转化率是1%。

这1%意味着什么？意味着给销售人员一个指引：如果要想完成1张订单，那么他需要拜访100个潜在客户，掌握这些数字以后，对管理者做销售计划、管理团队，就有非常大的数字化的指导意义了。

（3）销售漏斗的心脏——加权目标值

销售漏斗的核心，就是加权目标值，也被比喻成销售漏斗的心脏。前面我们说到每个销售阶段都有自己的赢率。那么每个漏斗阶段里都有一系列潜在商机，商机的数量和金额也各有不同。每个阶段的总金额乘以它的赢率，就可以得出这个阶段最终可能成单的金额是多少。我们把漏斗的五个阶段，或者整体的阶段的这些数值最后加权，然后再求和之后就是整个漏斗最后成交的总金额，这个金额就叫作加权的目标值。

为什么把加权目标值比作心脏？因为对销售人员、销售团队乃至整个公司来讲，最重要的事就是完成结果——销售目标。销售考核的第一指标就是业绩。如果不能预判最终销售业绩，对于结果导向的销售管理者将会是一场灾难。反之，管理者能够提前采取相应措施，这在销售管理中是非常关键的。

假设每个阶段都有100万元的金额，第一个阶段100万元乘以10%的赢率，10万元的订单有可能漏下来，第四个阶段是80万元。这5个阶段的漏斗整个加权以后算出来，整个漏斗的加权目标值是280万元。也就是说，这个销售漏斗能够做到280万元的订单金额。假如说漏斗所有者这个季度的销售目标是500万元，经过测算发现他的漏斗总值只有280万元，那么营销管理者就要关注和督促他，督促他做一个行动计划，以便快速地把220万元的缺口补上。这时销售人员就需要好好计算一下：如果一个商机产生10万元的订单，220万元的缺口需要有22个订单，而每个成交至少需要拜访10个客户，那么就需要拜访200多个新客户，这仅仅是完成业绩目标的第一步。同时，销售人员还需要花一部分精力把漏斗里面已有的商机向前推进，最终才有可能完成业绩。这就是一个对于销售过程进行数字化、通过漏斗销售预测功能，对销售业绩进行预防式管理的典型案例。

总结一下，销售过程就像两个人谈恋爱——从第一次的谈话，到交往，到认定对方，再到结婚领证。销售的过程也一样，和客户第一次接触、熟悉、认可、再到签单付款，每一步都是一层一层地递进下去的。而销售漏斗能够很好地监控每个阶段，解读当前阶段的赢单概率。

不仅如此，销售漏斗也是提升销售接触效率的一个重要的管理工具，通过从潜在客户到签约客户的全过程管理，可以发现销售过程的障碍和瓶颈，关注和理解销售人员/团队的销售能力，优化资源，从而更好地进行销售预测和为团队赋能，提升赢单率。

5. 凡事预则立，赋能团队为成功而准备

"凡事预则立，不预则废。"

"不做计划就是在计划失败，要想成功就要为成功而准备。"

任何一件重要的事情，都需要事先做好周密的计划和充分的准备，以确保能够达到目的。特别是销售工作，绝不能在没有计划和准备时就展开行动，那样做的后果恐怕就是每天都在重复地唱一首歌"跟着感觉走，紧抓着梦的手"。反过来，如果销售人员在联系客户前做好充分的计划和准备，将会获得事半功倍的效果，另外还能保证销售接触过程的规范性和话题的集中性。更重要的是，销售人员不会因为心里没底而缺乏自信。在与客户交流时，充分的事前准备也能够令客户感受到销售人员的从容与自信。

曾经有一位学员，企业做得挺大，是多媒体设备领域的全球领军品牌，聘请笔者做了他们的企业导师。在给这家企业提供"赋能营销"咨询培训服务的过程中，笔者发现他们公司有位姓张的销售经理很厉害，总是能够签回大单来，而且他也很乐意把自己的一些成交之道和同事们分享。但奇怪的是，小伙伴们照着他分享的步骤、方法去做的时候，总是很难达到他的效果，所以大家

最后总结：张经理之所以成功，是因为他的变通能力强，所以难以复制。

后来笔者专门找张经理做了一次专访，在专访的过程中，我发现其实张经理真正厉害的地方并非在接触客户时展现出来的随机应变，而是他凡事都有做准备的习惯。

比如，每次在拜访客户以前，张经理一定会尽可能地掌握客户的基本资料。

每天早上七点，张经理就开始为一整天的工作做准备，除了吃饭时间，他几乎没有闲下来的时候。有时，为了做好充分的准备，张经理会提前打电话向客户约定拜访时间，以便为接下来的拜访预先安排。

给客户打完电话，张经理拿出数十张卡片，卡片上记载着客户的姓名、职业、地址、电话号码资料以及资料的来源。张经理选择客户的标准包括客户的年收入、职业、年龄、生活方式和嗜好，这些资料张经理都会详细地做好记录，待到需要时可拿出来参考。

在拜访客户以前，张经理一定会先弄清楚客户的姓名。例如，想要拜访某公司的执行副总裁，但不知道他的姓名，张经理会打电话到该公司，向总机人员或公关人员请教副总裁的姓名。知道姓名以后，张经理才推进会谈的工作。

正式会谈前，张经理会先构想一下谈判的全过程，包括谈判时对方的服装、神情，进门见面后双方会说什么话，下句话将怎么讲，对方会怎么提问，如何应答对方提出的问题等，甚至包括谈判当中，出现与对方僵持的场景，以及最后愉快签字等一系列过程，就像"电影"一样在脑海中反复放映。

就是这样充分的准备工作，让张经理在接触客户时总能轻松自如地应对各种问题，并轻松签下订单。

在销售过程中，如果销售人员没有做好准备，对客户的资料、行业不了解、不熟悉，那么，很可能在与客户接触的过程中，客户一个简单的问题，就能把这个销售员问得哑口无言。在这种情况下,客户自然很难对你公司的产品或服务产生兴趣。所以说,接触客户之前的准备工作是最不容忽视的,而且,准备得越充分,销售的结果也会更好。那么,我们应该做好哪些准备呢?

准备工作一:身体的准备

身体是革命的本钱,锻炼身体可以说是最重要的工作。销售是体力与脑力的工作,在销售过程中,没有良好的身体状况是没有办法很好地进行工作的。事实上,只有当你具备良好的身体素质,你才能在神态上表现出朝气蓬勃、自信满满的状态,才能让见到你的客户感觉到你是可以信赖的。

准备工作二:精神的准备

很多销售员,尤其是刚进入销售这一行的人,还没见到客户心里就开始打鼓,然后反复问自己:"客户会不会不喜欢我们的产品?""一会儿客户不在怎么办啊?""客户是不是已经选了别人的产品?"其实,这些问题都会影响你与客户接下来的接触。所以我们一定要在接触客户前,做好精神准备,可以从以下几方面着手:

(1)想想我们产品的好处

任何产品都有它的优点和缺点,这两种都是客观存在的,就像任何事物一样有正反面。当你更多地去看正面的时候,你可能就看不到反面;当你更多地去看反面的时候,你可能就看不到正面。就像男女朋友一样,为什么谈恋爱的时候很好呢?就是因为老在看对方的优点。为什么结婚以后有很多问题呢?那是因为老在看对方的缺点。所以见客户前首先要去想我们公司的优点、产品的优点,这样,我们会对自己的产品和公司充满了信心。

(2)想想客户假如没有我们的产品会有什么样的损失

我们要去想想,如果客户没有我们这个产品,他会有什么样的损失?我们的产品能帮他解决哪些问题,给他带来哪些好处,帮他避免哪些麻烦。他如果没有我们这个产品,这些问题依然存在于他的事业中,不断地困扰他,让他

（3）想想我们竞争对手产品的缺点

我们要去想想我们竞争对手的产品的缺点。因为客户有这方面的需求，他如果没有跟我们公司买，就会跟别的公司买。那么竞争对手的产品的问题是什么？劣势是什么呢？这么去想的时候，将我们的优势和竞争对手的弱势一比较，就知道他跟我们合作，对他来讲是有很大帮助的。

（4）想想最近拜访客户的成功案例

去想想最近我们去谈业务时的一些成功案例。我们去拜访了一个客户，谈完以后他就买了，我们不仅自己赚到很多提成，还帮助客户解决了很多问题，所以客户对我们很感谢，还请我们吃饭，把这些画面在脑海里像放电影一样回顾一遍。

通过以上的几个部分，你的状态就会变得很好。曾经有人问我，姜老师，这么想真的有用吗？当然有用，因为如果你不这么想，而是去想反面，会出现什么情况呢？比如，你在拜访客户之前，先想想我们公司有哪些问题，先想一下我们的产品有哪些缺点，你越想问题和缺点就越多，你就会发现我们的公司产品真的有很大的问题。接下来你会想，如果客户跟我们买了以后，买了我们那么多缺点，又花了那么多钱，谁跟我们买谁倒霉。最后，你想想竞争对手产品的优点，他们公司的产品价格又便宜，品质又好。你会发现，这样想完以后就会觉得待在这家公司就是浪费时间。

甚至于，你想想看自己最近一段时间来最失败的谈业务的案例，上一次去客户那里，客户很不高兴，有很大意见，客户抱怨，客户骂人。当你这么去想的时候，你就会觉得与其去拜访客户，还不如不去呢。最后，你就一点也没有要完成销售目标的状态了。

所以当你想象正面的时候，也许不会有太深的感受；可当你一想负面的时候，一对比就会有巨大的差距了。所以跟大家分享的观点就是，你在去拜访客户之前，一定要想想以上的四个优势，想到它们的时候你一定会是最佳的状态，你的这种状态一定会影响到对方。

准备工作三：专业的准备

首先，要对自己的产品了如指掌。如果对产品都不了解，你怎么会专业呢？聊到你们自己公司的产品，聊到哪方面你都非常熟悉、非常了解，这个时候比较专业的感觉就出来了。商场如战场，《孙子兵法》当中讲，"知己知彼，百战不殆"。知己不知彼，胜算五十；不知己不知彼，必定完败。所以如果销售人员连自己的产品都不够了解，连自己的产品都讲不清楚，怎么可能做出好的业绩呢？

其次，是对竞争对手的产品如数家珍。一名优秀的销售人员，就永远都要站在客户的角度去思考这样一个问题——"我为什么从你这里买"。当客户决定了要买的时候，他一定会货比三家。所以这个时候我们要对竞争对手的产品娓娓道来，当竞争对手的优点、缺点、优势、劣势，你都能讲得非常清楚的时候，人们就很可能决定跟你买。否则，这一单就很可能流失。为什么？因为你不够专业。

最后，是把自己变成一个杂学家。顶尖的营销人员是一个杂学家。同样一单生意，特别是大单，需要跟购买决策者（决定能不能买的人）、影响决策者（旁边能够影响他决定要不要买的人）、使用决策者（使用这个产品人）、技术决策者（技术专家）等来沟通。甚至前台、保安、文秘、扫地的阿姨，都可以给我们提供很多的信息，所以我们的营销人员要跟不同类型的人都能够聊得来，跟各种各样的人都能够有话说，这样，你谈单的成功率就高了。

准备工作四：道具、工具

"工欲善其事，必先利其器"，优秀的营销人员必须拥有一套完整的销售工具。准备好工具可以让你在销售的过程中做到游刃有余，无形中还会让你表现得更加专业，这样成交就会变得水到渠成。

一般来讲，销售工具包括以下几类：

（1）样品。销售人员应尽可能地随身携带一些样品，这样的话，在销售过程中可以直接展示给客户，有助于激发客户的购买欲望。

（2）产品模型。在产品难以携带的情况下，推销人员可以利用产品模型来替代，让客户亲自看一看、试一试。这也能起到刺激客户的购买欲望、增强顾客购买信心的作用。

（3）产品相关资料。产品相关资料大致分为两类：文字资料和图片资料。文字资料，包括产品种类介绍及说明书、产品价目表、企业简介等。利用文字资料来辅助推销，一是成本低廉，简便易行；二是它对产品的介绍要比语言详尽、全面、系统，有较强的说服力。但是，文字资料难以做到因人而异地介绍产品，故应配合其他销售工具一起进行销售。图片资料，主要有图表、图形、照片等。

此外，这些资料要设计得新颖独特，能抓住客户的眼球。很多时候，当你走进客户办公室的时候，客户都在忙着开会或者处理其他公务，此时客户通常会告诉你"把资料放到桌子上就可以了，等我有时间再看"。可是你很快就会看到，桌子上已经摆了一摞厚厚的各个同行公司的资料，如果你手中的资料不能吸引客户的眼球，那它们一定会马上被扔进废纸篓。此时，你最需要一份包装精美而且大方的资料说明，这样的资料说明即使被压在最底层也能引起客户的关注。

（4）合同书。这是业务人员最需要注意的，前期的所有工作都是为签约成交准备的，所以一定要准备好合同书，否则就会功亏一篑。此外，你的合同书还要保持整洁，与客户签约时，不要拿出满是褶皱或者脏兮兮的合同书，否则，客户会觉得非常不舒服，影响他的购买情绪。

（5）客户见证。在销售之前，销售人员应尽量收集和准备各种有说服力的客户见证资料，这样可以增加产品的可靠性，从而有利于客户在心理上产生安全感。

（6）其他物品。包括销售人员的名片、介绍信、订购单、笔记用具等。

准备工作五：客户的准备

你对客户了解得越多、收集的信息越多，你成交的概率就越高。"知己知彼，百战不殆。"在战场上，最忌讳的是在不了解敌方的情况下就贸然发动进攻，因为这样往往会凶多吉少。同理，当你对客户没有把握时，最好先按兵不动。按兵不动不是无所事事，而是蓄势待发，因为在此期间，你必须花费精力去调查、分析客户的背景，想办法尽可能多地掌握对方的相关资料。

可以说，全面、准确地收集客户资料，能让你的销售事半功倍。因为当你已经掌握了事情的火候时，要煎要烤就"随你所欲"了。很多销售员总是抱着试试看的态度来进行销售，在自己都觉得七上八下的时候开始，显然效率会很低，而且这样做也让人很反感，因为没有人愿意吃不生不熟、难以下咽的东西，你的客户更不愿意在你不了解他的情况之下被问及有关他们公司的情况，他们甚至会觉得这是在浪费他们的时间，打扰他们的私人空间。当然，对于你来说，会白白流失了一个潜在客户。

销售前正确的做法是，能在网上查找到的客户资料一定要认真阅读，当然，有必要的话最好用笔记下来，这对于你以后整理客户资料十分有用。当你对客户有所了解后再进行销售，才能做到有的放矢。在网上查不到的客户，可以试着从传统渠道获得相关资料。

准备工作六：销售场景模拟的准备

对销售环节进行场景化的模拟，并且有针对性地策划和演练是销售准备工作中最最重要的一环。为什么这样说呢？

因为对销售人员来说，在实际的销售拜访过程中尽管难以避免会出现各种各样的意外状况，但最基本的内容是不会变的，比如需要向客户介绍产品的相关知识，排除客户异议和不信任心理，为客户解答与产品有关的问题等。这些具体的过程与活动内容在实际接触客户之前，销售人员就已基本了解，因此完全可以在采取实际行动之前做好准备——提前策划和演练如何解答客户可能提到的各种问题，如何突出自己产品的卖点和竞争力以及典型客户使用后带来的价值等。这样一旦到了需要"真刀真枪"地与客户过招时，就不至于手足无措了，你能够凭借自己从容的应对、有理有据的分析以及信心百倍的姿态赢得客户的信赖。

需要注意的是，"策划"一定要从客户角度出发，摸清客户需求，吃准客户痛点，多方面多层次地考虑问题，同时将己方的销售方案信息准确无误地传递给客户，让客户理解并接受。只有这样，营销方案才能打动客户。另外，除了需要对销售环节进行细致的策划，销售团队应该基于自身实际情况，提前进行实战情景演练，明确团队的销售动作，确保各个销售环节顺利推进。

华为营销做得好，其中有一点就是重视销售环节的策划和演练。在任正非看来，华为不能打无准备的仗。他说："打仗之前要是不知道炮弹在哪里，弹药怎么装，这样的仗是不可能打得赢的。"

2009年，为了引导俄罗斯M运营商进行移动宽带核心网的搬迁，华为俄罗斯代表处果断请产品部参与销售环节的策划，为代表处出谋划策。在产品部的支持下，他们制订了成熟的营销方案。他们邀请M运营商参加在西欧举行的"全球核心网用户大会"，通过西欧客户向M运营商传递积极的信息，告诉他们3G网络的快速发展和包月资费对客户的吸引力是西欧移动宽带发展迅速的根本原因。展会结束不久，M运营商开始进行大规模的3G广告宣传，而此时，M运营商原本使用的友商设备已无法支撑数据流量的快速发展，决心在年底进行搬迁项目的招标，华为产品部早已做好准备，及时给客户提供了优质的解决方案，M运营商最终选择华为作为核心网搬迁的合作伙伴。

在华为，对销售环节的策划其实并不仅仅是销售团队的任务，很多时候都需要产品研发团队参与进来，共同进行策划。因为产品部门往往对产品有着更深刻的认识和理解，也能更好地吃准客户痛点。同时，华为的一线作战是以项目为中心的，因此，每当一个项目组成立后，一般都会进行实战情景演练，把意外事项降到最低。

除了项目组常规的实战情景演练外，华为还通过训战结合的方式，来赋能一线团队成员提高抓取机会和服务客户的能力。

华为解决方案的重装旅训战包括为期两周的"训"和为期6个月的"实战"。"训"一般在华为总部的集训营进行，内容包括标准化技能训练、场景化实战演练。依据一线团队的业务流程，针对一线作战的标准动作和场景、工具和模板，通过课程精讲、项目复盘、案例分享、对抗演练等方式赋能学员提升核心作战能力。

之后是为期6个月的"实战"，通过集训营的实战演练后，学员进入一线作战团队，依据一线业务的作战地图，根据集训营已制订好的作战计划，在一线实战项目应用集训营掌握的关键动作。

华为希望通过多种场景的训战结合，输出全面的解决方案专家，提升华为整体解决方案的销售能力，同时总结和传承相关人员的经验，促进各部门间解决方案人才的循环流动，支撑一线团队高效作战。

华为团队通过精心的策划、训战结合的演练、赋能团队充分的准备，不仅提高了作战的效率，同时也提升了销售成功的概率。而这一切成功的背后，也印证了《孙子兵法》所强调的那句话："多算胜，少算不胜，而况于无算乎！"营销是行动导向的科学，没有行动就没有业绩，而要使销售行动富有效率，就需要进行精心的准备，同时要有针对性地、场景化地策划并赋能销售团队进行演练。

6. 赋能"四人心态",让问题客户不再是问题

　　从前,有一个秀才进京赶考,投宿在一家客栈。在考试的前一天晚上,他连续做了两个梦,第一个梦是一位个子瘦小的女子,出现在秀才的房门口,第二个梦是一条红色的鱼从鱼缸里跳出来从门口逃走了。秀才醒了以后,赶紧找来算命先生为自己解梦。算命先生说:"梦见瘦小女子,说明你将要遇见小人,这个小人不但会阻挠你高中,还会谋害你的性命。而第二个梦呢,鱼是财的意思,鱼从鱼缸里逃走,则说明你最近将要破财。"秀才听了算命先生的解释之后,心情一下子跌入了万丈深渊,于是决定放弃这次考试,卷起行李走人。

　　就在秀才准备离开京城的时候,客栈老板走进了秀才的房间。秀才把自己的苦恼向老板说了一遍,老板听了哈哈大笑起来,他说:"年轻人,祝贺你啊,你要高中了!"秀才听得一头雾水,问道:"何以见得呢?"老板说:"自古女子被人称为'千金',你这是将有贵人相助。梦见鱼跳出鱼缸,夺门而逃,这是鲤鱼跳龙门的意思啊,说明你要高中。"秀才一听高兴极了,放下行李,全身心地投入这次考试之中。最后,这位秀才果真榜上有名。

　　算命先生对梦的悲观解释,让秀才一下子丧失了对考试的信心,感叹寒窗苦读的努力也将要从此荒废。而店主对梦的乐观解释,则让秀才一下子对这次考试充满信心,认为这个梦是自己将要功成名就的预示,也正是因为店主给了秀才一粒积极乐观的定心丸,秀才才没有放弃考试,最终金榜题名。

　　不同的心态所导致的人生体验和结果是截然不同的,正如哲学家叔本华所言:"事物的本身并不影响人,人们只受对事物看法的影响。"

对于失败的销售人员来说，一旦遭遇挫折，他们总会选择退缩，而且总是把挫折归结于外在的环境和别人的身上，抱怨的借口和理由也是各种各样，结果他们永远是销售过程中的失败者。成功的销售人员则不同，他们敢于面对销售过程中各种各样的挫折，也不会为自己的失败找借口和理由，而是不断找方法突破自身的局限，并且对自己的行为完全负责，由此也就获得了成功。

一名销售人员准备向某企业推销一批新的测量仪，他来到该企业采购部金经理的办公室外，恭敬地请秘书把自己的名片递给采购部经理。这位经理的架子倒是蛮大的，他不耐烦地将名片丢了回来，有些生气地说："又来了！"秘书转向销售员，表示很无奈，并把名片还给了销售人员，销售人员接过名片，但是又再次递给秘书："没关系，我下次再来拜访，所以，还是请经理留下名片吧。"

秘书看着这位真诚的销售人员，决定帮他再试一次，于是硬着头皮再次走进办公室。这一次，董事长一气之下，将名片撕成了两半，丢回给秘书。

秘书不知所措当场愣住，经理从口袋里拿出10元钱说道："10元钱买他一张名片，够了吧？让他不要再来了！"

当秘书把这位销售人员的名片和10元钱交给销售员时，他却开心地高声说道："麻烦您跟金经理说，10块钱可以买两张我的名片，我还欠他一张。"随即，销售员又掏出一张名片交给秘书。

这时，办公室传来一阵大笑。然后，金经理走了出来对销售员说："我不跟你这样的销售员谈生意，还找谁谈呢？"

一名销售人员要想取得成功，首先要改变自己的内在——心态，继而才能改变自己的外在——行为。积极的心态与消极的心态一样，它们都能对人产生一种作用力，不过两种作用力的方向相反，但作用点相同，就是你自己。

ABC 赋能方法论——

问题 A（Adversity）+ 心态 B（Belief，Behavior）= 结果 C（Consequence）

从这个公式中可以看出，如果想要取得预期的结果，唯一可以变的是心态。

在销售工作中，我们不可避免地会遇到各种问题，当问题出现时，问题本身无法改变，但我们可以通过改变看待问题的心态并展开有效的行动，来实现最终的结果。

每一个人都是由"硬件"系统和"软件"系统组成的。当一个人的身体、家庭背景、智力因素等"硬件"条件都大致相当时，真正起决定作用的是内在因素，也就是"软件"系统包括思维方式、信念、态度及自我期望等。

在"赋能营销"的课上，我经常听到这样的话："姜老师，请把您的销售绝招都教给我们吧，这样我们的业绩肯定能上去！"

说起销售，大部分销售人员都对如何提高销售技能特别感兴趣，认为这是成功销售的唯一秘籍，为此他们把很多的时间和精力都花费在提高销售技能上面。销售技能的提升固然很重要，但若没有良好心态的支持，纵使解决了销售技能的问题，也是治标不治本。从这一点上说，做销售和体育比赛有相通之处，如果说技能是取得胜利的基础，那么在势均力敌的情况下，夺得冠军最重要的因素就是心态。

在为企业提供咨询服务的过程中，笔者发现，一些管理者总喜欢抱怨员工心态不好，一遇到问题，不是指责就是训斥，这其实是在给员工"负能"，而不是积极地赋能。遇到这种情况，我常常会提醒告诫这些给员工"负能"的管理者，作为管理者不应该抱怨员工心态不好，而应该采取合理的方式引导员工，转移他的不良情绪，通过积极的互动，赋能员工积极的心态。销售人员在工作中，随时随地都可能被客户否定、拒绝，在这种状态下产生不好的情绪也是再正常不过的。此时，管理者指责或者抱怨员工心态不好，不够积极，并不能解决问题，严重的甚至还会激化问题。事实上，只有积极地赋能员工，让员工敢于面对销售过程中的各种挫折和失败，敢于正视客户的拒绝，才能将不好的心态，转变为积极的心态，让"负能"的员工，变成优秀的人才。

那么，管理者应该给员工赋能哪些积极的心态，以及赋能哪些有效的技能，才能让员工能够有效地应对销售工作中所遇到的客户问题呢？笔者总结下来，把它称为"赋能营销—四人心态法"，接下来笔者将分别从"赋心态"和"赋能力"两个层面和大家分享：

第一层面：四人心态法·赋心态

（1）大人心态——像喜欢孩子那样喜欢客户

大人心态，就是让客户高兴的心态。

当销售人员面对客户时，就要像大人拥抱孩子那样拥抱客户。在大人眼中，没有不好的孩子；在销售人员眼中，没有不好的客户。你让孩子快乐，他就会让你快乐。同理，你让客户快乐，客户就会让你快乐！

用大人心态面对客户，无论客户怎样对你，你都向大人对待孩子一样，宽容大度地说一句："我很高兴！"

（2）男人心态——像喜欢美女那样喜欢客户

男人心态，就是像追求自己喜欢的女人一样对待客户。

销售人员有多喜欢客户，客户就有多喜欢你。把客户看作自己喜欢的人，自己追求的人，自然就会产生"情人眼里出西施"的效应，客户就是销售人员眼里的西施。

对待客户，要像追女朋友一样，使用"五字诀"：拉、推、磨、哄、缠。

拉——当客户对你没有信任感的时候，不要一上来就销售产品，而是要拉近双方的距离，寻找共同点，应尽量多地了解他的情况，如兴趣、爱好等，争取与对方拉近距离，产生共鸣，达到有效沟通。这时候，也可以通过送上小礼物、赞美对方等方式来拉近双方的关系。

推——当客户向你提出一些过分的要求时，你可以上推，表明你们公司为了保护客户的利益，管理很严格，并且向客户表明，公司为什么要这样规定。要注意的是，不要把公司变成客户的攻击对象，否则这会对以后的销售工作带来障碍。同时，你可以向对方解释，你一定可以在此之外的任何地方帮助客户，切忌不要说"我解决不了"之类的话。对于暂时不能答复的，要明确告知对方答复时间。

磨——平时多拜访、多交流，特别是在客户产生异议或收款困难时，必须有耐性去磨。

哄——适当的时候加上适当的赞美之词，合情合理地奉承客户、哄哄客户，每一个人都不会拒绝微笑与赞美。

缠——不轻言放弃，耐心沟通，了解客户的目标，寻找到客户的痛点，重复地传递和塑造产品的价值，推动双方合作。

掌握"五字诀"，用男人心态面对客户，无论客户对你说什么，你都要像男人对待自己追求的女人一样，充满爱慕地说一句："我喜欢！"

（3）强者心态——像喜欢老人那样喜欢客户

强者心态，就是像善待老人的唠叨一样拥抱挑剔的客户。

在销售的过程中，我们总会遇到喜欢挑剔的客户，也总会听到来自客户的各种不满和批评，当遇到客户挑剔、不满、批评的时候，我们要把他看成像长辈老人唠叨你一样。长辈老人为什么总是喜欢唠叨你？因为"叨唠"是父母老人表达在意你的一种信息及情感传递方式，目的只有一个，那就是为你好或他们希望你做得更好。有句话讲得很好，不再"嫌弃"长辈的唠叨，是真正成熟的标志！当你能够接纳、理解，甚至喜欢长辈老人的唠叨时，也就说明你真的长大了。

所以，我们应该以积极的行动来化解客户的挑剔，有句话说得很好，"挑货才是买货人"，当客户挑剔你时，你要知道他是在考验你，而考验你则是为了选择你。当你完成这份考验时，你也就收获了成长。

用强者心态面对客户，无论客户怎么挑剔、批评、不满，我都只说一句话"你是对的，我很高兴……我很喜欢……"

（4）商人心态——像喜欢金钱一样喜欢客户

喜欢钱吗？喜欢。

钱，从何而来？钱从客户那里来。

我们凭什么能赚到钱呢？那是因为我们为客户创造了价值。

金钱是价值的交换，想要赚到钱，那就要先学会喜欢客户。只有想客户之所想，急客户之所急，满足客户之所需，客户才会回报你想要。

用商人心态面对客户，无论客户如何拒绝你，我都只说一句话"我一定要帮到您"。

做销售不应幻想一蹴而就，而应努力思索如何才能打动准客户的心，如何能认准客户的需求，体现你服务的热诚。因为他的拒绝，你才有机会开口，了解原因何在，然后针对问题，调整心态，逐一化解。所以被拒绝不是坏事，反而应该视为促进你销售工作的契机。从心理学的观点来看，当客户拒绝你或对你的态度不好、不友善时，他心里相对来讲也不好过，人们并非对人不敬心里就会特别开心。

不少销售人员之所以未能很好地销售产品，是因为他们只是想着自己卖一件产品赚多少钱，如果你只想着自己能赚多少，那你一定会遇到更多的拒绝，你会受到更多的打击。

请记住，我们不是把产品销售给客户，而是在帮助客户，帮助客户解决困难，提供最好的服务。永远不要问客户要不要买，而要问自己能给客户提供什么样的帮助。

第二层面：四人心态法·赋能力

在与客户接触的过程中，经常可以听到客户对销售人员所提供的产品或服务提出的异议，所谓的异议也就是客户的不同意见，通常的表现就是不赞同、质疑或拒绝。客户表达意见的方式多种多样，客户既可能直接说对产品没兴趣，也可能借口要开会或需要和其他人进行商量，这些都可能是客户表达异议的一种方式。

虽然每个销售人员在销售的过程中都不希望客户出现"异议"，但出现某一反对意见并不意味着客户不打算买，关键是销售人员要对反对意见做好回应。

如何做好回应？处理客户异议有一个核心原则，那就是先解决"心情"，后处理"事情"。因为客户的情绪是完全有理由的，理应得到极大的重视和最迅速、合理的解决。所以你要让客户感受到你非常理解他的心情，也关心他的问题。做好客户回应，可以从认同、赞美、转移和反问这四个步骤来进行。

（1）认同

每个人都渴望得到别人的认同、肯定和欣赏，这是人性。没有人喜欢被别人反驳，客户也不例外。所以在客户提出异议时，销售人员尽量不要反驳客户或与客户争辩，和客户争辩只会让事情变得更糟糕，让双方在这个问题上越陷越深，最终导致不欢而散。因此当客户出现异议时，首先要认真地倾听，同时表达对客户的认同，认同的目的是寻求客户的心理认同点，让客户感觉你是与他站在同一立场的。认同不等同于赞同，赞同是同意对方的看法，而认同是认可对方的感受。认同的作用是淡化冲突，可以体现出销售人员对客户的尊重。

在笔者为国内某实木地板领军品牌企业提供咨询服务时，该企业营销团队的一名成员和我分享了她化解客户异议的一个案例：

销售员说："先生，你来买木地板吧，这是最新款的，卖得特别火，您看……"

客户:"哦,这个牌子的,我知道,不就是请某某明星做广告吗?(客户抢过话题)真是想不通,你们为什么请她做广告?她老了,人气大不如前,我告诉你,你们应该请另一位明星做广告,人家现在是国际级巨星啊!"

销售员:"哦,是呀,先生的见解真是独到啊,下次公司找明星代言时一定要参考你的建议!"

客户:"那是,我的建议保管有效,上次我建议一家首饰公司请某位明星做代言人,后来她主演的一部电影火了,迅速红了起来,现在那家首饰公司也火了。"

销售员:"真的吗?你真是太有眼光了。"

销售员继续说:"这款木地板的代言人之后我们公司会再考虑下,现在我们先看看这地板吧,不管它是谁代言的,它都是安全、高质量的地板,它的猎醛技术是独一无二的。这项技术可以截取空气中的甲醛,保证你室内空气清新、安全。"

客户:"是吗?你说一说猎醛技术是什么。"

客户的异议得到理解和认同后,开始对产品产生了兴趣。最后客户爽快地购买了销售员介绍的那款木地板。

在这个例子中,销售员聪明地认同了客户的观点,给了客户表达的机会,使客户心情愉快,对销售员产生了好感,最后接受了销售员的推销。试想一下,如果销售员听到客户说"不应该请某某明星做代言人"时,马上反驳道:"请谁代言都一样,木地板是不变的,再说了,这是公司的事情,我管不着。"这就伤了客户的颜面,客户不可能会顺利接受销售员的推销。

认同客户除了在口头上,还应表现在行动上,比如,向客户请教问题,然后赞扬客户讲得好、做得好。这样的认同比单纯语言上的肯定和赞赏更能激发客户的表现欲,更能让客户感到开心,更容易让客户认可你以及你的产品。

认同的动作,如:不时地稍微点头、微笑、记录等!或者说一些简短而肯定对方的话语,如对、行、好、嗯、可以、不错、是的、OK、没问题、太棒啦、那很好、您说得对、我认同您的说法、您说得很有道理、您提出的问题很好、我很赞同您这样说、听到您这样说我很开心、我明白您的意思……

(2)赞美

从前有个秀才,特别喜欢对人说赞美恭维的话。后来秀才死了,阎王认为他是个"马屁精",要割去他的舌头,打入十八层地狱。他命小鬼拘来秀才阴魂,对秀才大声斥责:"我最痛恨你这种专事恭维拍马的人,所以要割去你的舌头,将你打入地狱!"秀才连忙叩头说:"大王息怒,小的实在出于无奈,世人都爱听奉承话,小的不得不如此。如果世人都像大王您这样公正廉明、明察秋毫,谁敢说半句恭维话呢?"阎王听罢得意地说:"对我说恭维话,谅你也不敢!既然这样,那就免去你割舌之刑,留在殿中听候调用吧。"

阎王正是听了秀才对他的赞美之辞,才免去了对秀才的刑罚。这虽是一则笑话,却说明了一个道理:人人爱听赞美之辞。

美国总统林肯曾说:"人人都需要赞美,你我都不例外。"在现实生活中,不管是小孩还是大人,不管是青年还是老人,不管是平凡的人还是伟大的人,都渴望受人尊重、被人赞美。俗话说:"良言一句三春暖。"正如心理学家所指出的:每个人都有渴求别人赞扬的心理期望,人一旦被认定其价值时,总是喜不自胜。好话大家永远爱听,客户购物时当然也希望听到销售人员的赞美。只要是由衷的赞美,就会让客户感到愉快。客户心理上满足了,自然就乐意与你交流。由此可见,要想取悦客户,最有效的方法就是热情地赞美他。

在销售过程中,赞美能够帮助销售人员拉近与客户之间的距离,让彼此接触时的紧张心情放松下来；解除客户的戒备心；建立信任关系；使得沟通更有效。赞美别人，还能够让别人产生被尊重的感觉，从而产生自我实现感。

如何赞美，赞美要把握哪些原则，都有哪些方法，接下来给大家分享一下：

a. 赞美要发自内心

虽然人人都喜欢听赞美的话，但并非任何赞美都能使对方高兴。能引起对方好感的只能是那些基于事实、发自内心的赞美；相反，那些不切实际、夸张且虚情假意的赞美，不仅会引起顾客的反感，更会让客户觉得你油嘴滑舌、狡诈虚伪、毫无诚信。

例如：当见到一位其貌不扬的客户，你却赞美她说"您真是美极了"，对方立刻就会认为你所说的是违心之言，甚至是在讽刺她。但如果你着眼于她的气质、服饰、谈吐、举止等，发现她这些方面的出众之处并真诚地赞美，她一定会高兴地接受。如，"小姐，您这件衬衫是在哪买的呀？款式很特别，我还是第一次看到这种式样的衣服呢！"

真诚的赞美不但会使客户产生心理上的愉悦，还可以使你经常发现客户的优点。

b. 赞美要具体化

在赞美客户时，要有意识地说出一些具体而明确的事情，而不是空泛、含糊地赞美。好的赞美总是具体的赞美，具体的赞美才有说服力和影响力。比如，与其说"小姐，您长得好漂亮啊"，不如说"小姐，您长得好漂亮，尤其这双眼睛乌黑明亮、大而有神，真令人羡慕"，后者让人感到真诚，有可信度，前者因没有明确而具体的评价缘由，令人觉得空泛、无诚意。因此，有经验的销售人员在赞扬顾客时，总是十分注意细节的描述，并且能够具体地说出"何处，如何，何种程度，为什么"等内容，而不是空发议论。赞美用语越具体，说明你对客户越了解，对客户的长处和优点越看重。

例如，如果赞美客户"你真漂亮"，不如说"您的脸型很像电影明星张曼玉"；赞美客户"您穿上这条裙子真漂亮"，不如赞扬她"这裙子穿在您身上，身段更迷人了"。

c. 赞美要适度

一个气球吹得太小，会不好看；吹得太大，很可能会吹破。同理，对顾客的赞美也应该适可而止，真诚的赞美应该是恰到好处。赞美要适度，要充满真诚、发自肺腑。

"我对你的佩服犹如滔滔江水、连绵不绝，像您这样的人恐怕是人见人爱，花见花开，车见车爆胎吧！"这样的赞美就好比气球吹得太鼓而吹爆了一样，忘记了赞美应当遵循适度的原则。

d. 赞美要有新意

爱因斯坦曾这样说过，赞美他思维能力强、有创新精神，他一点都不激动，作为科学家，这类话他听腻了，但如果谁赞美他小提琴拉得棒，他一定会兴高采烈。因此，赞美顾客一定要有新意，不要老是停留在人所共知的优点上，而是要去挖掘顾客身上一些鲜为人知的优点，表现出你的独特眼光，让顾客得到一些新的肯定，这样效果会更好。

销售人员要做一个善于观察、积极思考、力争创新的人，让你面前的每位顾客都能听到新颖独特、与众不同的赞美！

（3）转移

有时，不是你化解不了异议，而是你不懂得变通转移。

当客户提出异议的时候，我们首先要设身处地站在客户的角度理解客户的心理，明确客户为什么会提出这样的问题，他要达成什么目的，我们要尝试解读客户真正的需求、情绪和感受。

如果客户提出的异议与我们的产品服务核心卖点很难契合时，这就需要我们巧妙地将客户的关注焦点转移到跟我们产品卖点相关的话题上来，或者结合客户的异议，转移到客观关心的利益诉求点上来，引导客户看到异议背后的深层需求和正面动机。

案例1：

客户："太贵了！"

解读——

深层需求：让我相信它真的物超所值。

正面动机：其实我是喜欢它的。

感受：怀疑。

转移："这件衣服看起来特别适合您的气质。（强化客户的正面动机）价钱方面请您放心，一定是物有所值，关键是要看合不合适，衣服一定要试穿才有感觉……"（转移焦点：把关注点放在"是否适合"这个价值点上，而不是价格上）

案例2：

客户："你们的衣服看起来真是一钱不值！"

解读——

深层需求：我需要更多的尊重和理解。

正面动机：看起来有品质的衣服才配得上我。（注意：不一定就需要贵重的衣服）

感受：生气，别小瞧我！

转移1："先生，我感觉您有点生气，是不是我们哪里做得不好？请告诉我们可以改正，谢谢您！"（注意：如果发现客户真有情绪的时候，先处理情绪，再处理事情，真诚面对是最有力量的。）

转移2：（点头、微笑）"是的，您说得有道理，不适合自己的东西哪怕一分钱都是贵的……"（转换定义："一钱不值"是因为不适合自己）

转移3:"(点头、微笑)是的,先生,像您这样有身份的人一定要配有品质的衣服,请问您通常都喜欢什么样的衣服?"(转移话题:直接把他的焦点放在他的需求上)

(4)反问

当销售人员在跟客户接触时,客户有时会提出一些问题或者异议。这时该怎么办呢?如果我们没有完全搞明白客户发问的动机,千万不要直接回答,否则可能会丢掉商机。我们可以运用反问法澄清和确认问题的内容,再进一步讲解。

案例:

客户:"你们的座机有视频通话的功能吗?"(刚好没有)

销售人员:"视频通话的功能对您来说很重要吗?"

客户:"不重要,我只是随口问问,因为我听说有些座机有这种功能。"

或者他会这样说:"我听说这个功能不错,当然,价钱也很重要。如果多了一个视频功能,但其他功能与没有来电显示的差不多,而价格却增加不少,我是不会购买的。"

客户有问题,这是很正常的。上面介绍的是问题比较温和的情况。大多数情况下,客户会提出一些有异议的问题。这些问题比普通发问更难解决。这时,反问仍然是化解异议的一种比较有效的方法。当然,要注意的是我们反问的目的不是为了逃避问题,而是要获得客户的真实想法。以下面几段对话为例:

案例1:

客户:"这衣服我不太满意。"

销售员:"那您觉得哪一方面您不太满意呢?是样式还是颜色呢?"

案例2:

客户:"这东西太贵了!"

销售员:"您认为最合理的定价应该是多少?"

案例3:

客户:"这东西是挺好的,我改天再来买。"

销售员:"既然您觉得这产品很好,为什么不想现在就带走呢?"

以上这些异议是销售人员经常会遇到的。通过有效的反问,我们可以很容易就找到客户异议背后真正隐藏的反对原因,从而掌握主动权。

销售人员在与客户接触沟通的过程中,如果能正确地运用反问句,往往可以一语中的,平中出奇。因为当销售人员向客户提出反问时,客户的注意力往往被锁定在沟通的情景中,其谈话方向也能被销售人员掌握。反问可以使销售人员有效地掌握主动权,从而抓住更多了解客户的机会,对销售进程做到了如指掌。不懂得用反问争取谈话中的主动,销售人员就会处于被动而无法继续获取客户信息。

要想成为销售工作成败的决定者,就要在谈判中掌握主动性,这样才能获得掌控销售进程的权力,进而决定销售工作的前进方向。销售员反问客户的首要作用就是将被动转变为主动。在销售中掌握了主动,想要实现成交也就不再困难了。

总结:"四人心态"转化为组合策略化解客户的抗拒和异议,总共有四个步骤,包括认同(拉近距离)→赞美(取得好感)→转移(转化焦点)→反问(把握主动),这四步的应用要本着"先解决心情,后处理事情"的原则。

赋能营销——四人心态法·组合策略案例1:

客户异议："看了你们的这几款冰箱，我怎么觉得外观都差不多呢？这也太单一了。"

认同："先生，您提出的这个问题很好，买这么高端的冰箱，肯定是要考虑它的外观。"

赞美："一看您就是一位非常注重生活品质的人。"

转移："买冰箱，除了看外观，还有一个很重要的点就是保鲜效果，说到我们这款冰箱的保鲜效果，它的温湿精控设计功能，能最精准地控制温度和湿度，让各种食材都得到合理的呵护，满足每一种食材的保鲜需求，还能减少温度波动，更长久地保持食材新鲜。"

反问："从您长期实际使用的角度来看，保鲜效果是不是比外观更重要呢？"

赋能营销—四人心态法·组合策略案例2：

客户异议："你们的冰箱这个机型体积也太大了，太占地方了。"

认同："我很认同您的观点，很多朋友也都希望冰箱体积能小巧一点，从而节省出更多的空间。"

赞美："看来您是一位特别细心、观察力特别强的人。"

转移："那不知道您注意到没有，我们这款冰箱内部有18个专属分区呢，您家里的海量食材都能在这个空间内做到分类储存，食材不会互相影响、串味，不会滋生细菌，能保障您全家人所有的食材新鲜需求。"

反问："所以，您是想要一个体积小、所有食材混放的冰箱呢，还是内部空间合理、食材分区储存的冰箱呢？"

"赋能营销—四人心态法"在销售场景中的应用要本着"先解决心情，后处理事情"的原则来推进开展，只有经营好客户的心情，客户也才会配合销售人员一起搞事情。当然，要想经营好客户的情绪，前提是你能够在客户发生异议时，控制好自己的情绪，但很多时候出于人性本能，当他人跟我们持不同的观点意见，并且以不满、质疑、抱怨等方式来跟我们交流时，我们要想控制好自己的情绪，保持理性，确实不容易做到。

但只要我们按照 ABC 赋能方法论加以刻意的训练，相信控制情绪就不会是难事，因为良好的心态是情绪的向导。另外，"四人心态法"的具体应用也离不开良好的心态，因为良好的心态决定着一流的技能。

因此，作为管理者，如果你希望自己带领的团队能在良好的心态下，做出更好的业绩，那么，从现在开始和员工一起重复、重复、再重复地修炼"四人心态法"吧，用工业化的训练，赋能你的员工，相信他们一定能给你带来意想不到的精彩。

7. 目标客户开发五大实战技法，让业绩倍增不是梦

客户开发是营销工作中非常重要的一环，俗话说得好，"良好的开始，是成功的一半"，做好客户开发的工作，销售工作将变得简单。就好比钻井队，在开采之前一定会先进行详细的科学考察，找到高产的油田之后，才会架好机器，开始挖井，这样才能事半功倍。

为什么有些销售员已经很努力了，但还是没业绩？为什么有些销售员已经很用心了，但还是收效甚微？在笔者看来，其中有一部分原因就是，客户开发不够精准。

正所谓"选择大于努力"，如果我们的销售人员一开始就找到了精准的目标客户，那么业绩就会以十倍，甚至百倍的速度增长。如果你一开始就找错了客户，不管你付出多大的努力，也不会有好的销售结果。因此，在开发新客户前，必须选择好目标客户，然后针对目标客户进行有效的触点设计。否则，盲目选择，只会费力不讨好。

那么，销售人员应该如何定位自己的目标客户呢？

目标客户定位有个很重要的标准，就是我们通常所讲的"MAN"原则，即客户的购买力、购买决策权、客户需求，同时拥有这几个特性的客户就是我们所说的目标客户。

M：Money，代表"金钱"。也就是客户必须有一定的购买能力。

A：Authority，代表购买"决策权"。也就是客户对购买行为有决定、建议的权力。

N：Need，代表"需求"。也就是客户有对产品或者服务的需求。

在实际销售中，会碰到以下几种状况，这时可以根据MAN原则，采取相应的对策，如表3-3所示。

表3-3 MAN原则

购买力	第一决策人	有需求
M（有）	A（有）	N（有）
m（无）	a（无）	n（无）

① M+A+N：目标客户，这是理想的销售对象。

② M+A+n：可以接触，配上熟练的销售技术，有成功的希望。

③ M+a+N：可以接触，并设法找到A（第一决策人）。

④ m+A+N：可以接触，需调查其业务状况等。

⑤ m+a+N：可以接触，但这类客户不要投入太多的时间和精力。

⑥ m+A+n：放弃。

⑦ M+a+n：可以接触，应长期观察、培养，使之具备另外两个条件。

⑧ m+a+n：非目标客户，停止接触。

记住，虽然有付款能力、有购买决策权、有需求的客户是我们的目标客户，可以让我们的业绩实现十倍，甚至百倍的增长，但如果客户在欠缺某一条件（如付款能力或有需求）的情况下，我们也仍然是可以继续开发的。但此时，我们需要在时间和精力上做一个调整，不要把全部精力和时间花费在非目标客户上。

销售人员应该如何开发目标客户？接下来给大家分享开发目标客户的五大实战技法。

开发目标客户实战技法一：判断客户是否有需求和购买力

找到了目标客户，就要赋能销售人员具备衡量客户是否是优质客户的判断能力。衡量客户是否优质，最重要的标准就是客户对利润率的贡献。简单来说，就是客户可以让你赚多少钱。

目标分为三种情况：其一，有明确的购买需求，但暂时没有购买能力；其二，有明确的购买需求，但购买力不强；其三，有明确的购买需求，购买力强。

由于人们的消费价值观不同、收入水平不同、购物需求不同，也就产生了不同的购买力。购买力不同，销售人员所选择的销售方法也不一样。

另外，在销售过程中还要注意判断在客户身上花费的隐形成本是否合适。隐形成本指的是除产品本身价值外，花费在客户身上的时间、精力、体力等服务的总和。隐形成本是不能用财务指标计算的，但是同样不能忽视。

开发目标客户实战技法二：判断客户是否是第一决策人

判断目标客户，除了判断对方有需求、有付款能力外，还有一个很重要的因素就是判断对方是否为第一决策人。接下来，我将为大家详细讲解如何快速判断当前的客户是不是第一决策人。

通常，我们可以从自己与对方接触的几个方面来进行判断：

（1）通过名片上的职务判断

一般来说，我们与客户见面时，都会互相递名片，通过名片我们就可以判断对方是不是第一决策人。比如，我们可以通过查看对方名片上的职位来判断。

（2）通过联合创始人判断

如今，很多创业公司都会有联合创始人，有的公司甚至有 3～4 个联合创始人，这时我们可以通过联合创始人去了解他是否为第一决策人。

比如，对方的名片上面写着"联合创始人"，但他实际上不是 CEO。那么，我们可以这样和他沟通："这件事您就可以定下来呢，还是需要和其他的领导商量一下才能做决定？"

这时，如果对方说："这件事要定下来，公司还要开一个评审会。"听到这里，你就会明白，他是决策人，但不是唯一的决策人。你要成功地把东西销售出去，拿到订单，必须得到公司里所有决策人，或是大部分决策人的认可。

需要注意的是，作为销售人员，在判断决策人这个关键点上，不仅仅要判断对方是不是决策人，还要判断在销售的过程中，会有哪些因素阻碍你的最终成交，即你的成交概率有多少。

通常，以上这些内容都是需要销售人员花时间去了解的，你了解得越细致，你对客户的划分就越准确，你销售成功的概率就会越大；你了解得越少，你对客户划分的失误率就越高，你失败的概率就会越大。

想成为 Top Sales，我们一定要想办法提高工作效率、成交概率和业绩。迅速找准决策人，可以帮助我们准确地进行客户划分，并且通过客户分类快速推动客户，实现最快签约。

开发目标客户实战技法三：理清影响决策的主要人物

在销售中，决定成交的往往不是一个人，而是一群人。具体来说，任何一个客户里边都会有四类人：决策者、教练、使用者、技术把关者。

影响力人物一：决策者

决策者，即最终批准购买的人，这种人一般拥有对经费的控制权，对是否购买你的产品或服务起着决定性的作用。决策者既可能是一个，也可能是一群人，比如董事会。

作为最终决策人，从职务的角度来看，他们一般更关注购买你的产品或服务将对公司产生怎样的影响，是不是可以帮助公司提高效率、降低成本，解

决实际问题，从而提高他在公司的威信与竞争力。而从个人的角度来看，决策者往往会比较关心自己能从这一购买行为中得到什么。

影响力人物二：教练

教练既可以是客户团队中的某个人，也可以是你公司的同事、领导，又或者他存在于两者之外。教练的作用是为你提供有利于销售的信息，或者指导你通过何种方式、方法更有效地完成销售工作。

影响力人物三：使用者

使用者，即你所销售产品或服务的直接关系人，你的产品或服务关系着他的切身利益，影响着他未来的工作，也正因如此，使用者的价值就在于判断你的销售行为将如何影响他的工作。

对于使用者来说，无论是从职务的角度，还是从个人角度，他都更在乎你的产品能否让他的工作变得更顺利、更便利。所以，他们往往都会问一些现实的问题，比如，"你的产品真的能帮到我吗""它会从什么方面帮助我更好地工作"，等等。

影响力人物四：技术把关者

技术把关者，即判断你的产品是否存在技术问题，或者整个购买行为是否存在财务问题，并为此向决策者提出建议。这一类人可能并不具备最终的决策权，但其往往拥有否定你的权力。技术把关者的工作，要求其对产品本身的质量和价格更为关心。稳定性好、性能指标好且价格合理的产品或服务是他们关注的焦点，因为，只有引进物美价廉的好产品，他们才会得到领导的肯定，从而获得升迁机会。所以，他们常常会问"你们的产品技术达标了吗"等相关问题。

小张是一名企业培训顾问，通过朋友介绍去了天津一家钢管厂，这家工厂年营业额达几十亿元，算是家大型企业。小张找到了该厂的人力资源部主管，这个人是典型的技术把关者，他说了四个拒绝：第一，不需要，我们厂有

自己的培训学校，所有人都上培训学校；第二，没钱，公司预算已经用完了；第三，不相信，没听说过你们这家培训公司；第四，不着急，来年规划有需要再找你们。这四个拒绝可以说是有理有据。

但小张心里明白：第一，他说的这些话，我只做参考。第二，我心里知道这事关键不取决于他，但是不能得罪他，因为办手续的人是他。

小张又找到了销售部经理，销售经理听了以后说："第一，我们挺需要。第二，我们相信你。第三，钱不成问题，我们这么大的企业缺这些钱吗？第四，我们着急，我们协调这个事，我们争取参加。"

销售部经理找到总裁助理赵总，结果碰了钉子，赵总说："学什么学呀，你说你们一季度，1、2、3月份都没有完成任务，我在总裁面前都灰头土脸的，你们不是学的问题，你们是如何有效率的问题，是如何把大客户拿下来的问题，是如何做好回款的问题。"

销售部经理跟赵总说："赵总，我年初签目标责任状的时候，你拍胸脯说有困难找你，你一定会支持我，放心地好好把任务完成。半年了，我啥都没求过你，啥事也没找过你，我知道我们团队100多个人工作中出现了瓶颈，这个事我也搞不定了，正好有这个机会，你不支持，年底任务完不成呀。"

赵总说："我跟总裁汇报汇报吧，徐总要批就批，要不批，我也没办法。"

赵总找了总裁，总裁听了情况介绍以后说："我是最不乐意干这种事的，公司拿钱让员工去学习，然后员工不领情，都认为是给我学呢。"

赵总说："现在既然他们强烈要求，所以我也觉得有道理，您得研究研究。"

总裁把人力资源部主管找来，说："把这件事当作特殊事情对待，总经理办公会讨论一下，能通过就通过。"

通过这个案例我们可以看出，销售中所涉及的关键人物都有所不同，而且对于采购都有各自不同的意见，这些不同乃至相反的意见都会极大地阻碍销售工作的进行。

因此，我们必须找准客户中影响决策的关键人物、他们的作用以及对每个影响者来说他们的利益诉求点。这些信息对最终推进成交非常重要，原因是每个人对最终决策都有话语权。

那么，如何能够应对好这些"影响力"人物，为成交打下基础？笔者总结出赋能营销理论中的应对"影响力"人物有效方法，供大家参考，也欢迎大家来补充。

（1）巧妙化解意见不一致的情况

不一致的意见就像门上的一把锁，销售人员必须找到那把适合的钥匙，才能促成最后的销售。而要找到钥匙，就需要做大量的工作，让购买方的四类"影响力"人物达成一致意见。那么，如何才能找到打开大门的钥匙呢？这就需要我们充分运用教练的作用。有些时候，也许是一个你没有注意到的人，他的一句话，就可能帮助你把卖点和买点找出来，他就是那个教练。此时，你可以尝试再将卖点和买点提供给决策者，很可能就会得到"山重水复疑无路，柳暗花明又一村"的结果，这是我们销售的另一种境界。

（2）与客户高层建立良好关系

销售中的决策者一般都是企业的高层领导，比如，公司老总、采购部经理等。如果能和这样的人物建立起良好的关系，那么，你的成功将会更加顺利。

（3）使用者是最好的成交突破口

我们都知道，在销售过程中如果你能找到"一把手"，往往能够更顺利地促成最终的合作。可实际上，很多时候使用者也非常关键。首先，使用者都是需求的发出者，所以他的意见一般都很关键。其次，因为有使用需求，所以他们很少会拒绝，使用者会说"我们需要，我们相信，我们有钱，我们着急"。此外，如果你能处理好与使用者的关系，他很可能为你提供有用的信息，成为你的教练，从而促成成交。

最后，要提醒大家的是，使用者往往可以直接影响决策者。对于销售人员来说，要见高层领导需要花费很大的力气，但是，要见到产品或服务的使用者相对就容易得多，而且，对于使用者的意见高层领导都是会认真考虑的。所以，最容易接触，同时对产品或服务有着直接需求的使用者往往都是最终成交的关键突破口。

开发目标客户实战技法四：判断客户的消费周期价值

在销售过程中，有些客户仅来一次，就不再来了，虽然购买的金额比较大，但是比起经常购买的客户来说，他的总消费金额并不多，这样的客户就是要消费周期短，消费频次低的类型。所以，销售人员在研究客户信息时，不光看客户的消费金额，还要看客户的消费频率。

比如，有两位化妆品面膜的消费客户，第一位每年的平均消费水平是1000元；第二位每年的平均消费水平是2000元。如果她们消费的都是你的产品，那么对你而言，她们谁的价值要高一些？

你可能会说，当然第二位要高一些，这一眼就能看出来了，还用问吗？

但如果第一位年消费1000元的客户是20岁，而年消费2000元的客户是70岁，你还会认为第二位客户的价值高吗？

很显然，第一位客户的价值要高一些。因为年轻客户的消费周期要比老年的长，而且她的消费能力还有可能提高，所以从终身消费来看，她的价值远远高于老年客户。因此，她才是你更要努力争取的客户。

目标客户是相对的，不是说价值大的客户就一定是你的目标客户，这还要看企业的服务承受力。确定好目标客户的数量，选准优质目标客户，提供优质的产品和服务，才是最重要的。

开发目标客户实战技法五：从网络渠道获得客户

在这个信息极其发达的时代，网络已经遍及千家万户，对于销售员来说，为了找到更多的客户资源，提高销售业绩，就要学会充分利用网络资源。

那么，对于销售人员来说，怎样利用网络资源来找到自己的目标客户呢？

（1）运用搜索引擎

搜索引擎相当于一个免费的电话号码簿，从上面查找客户信息是最常见的方式。你只要打开一个搜索引擎的页面，在搜索栏中输入你要搜索的关键词，就会立刻寻找到很多网址，然后你就可以进入这些网站，查询你需要的相关信息。

（2）专业的网站也可以帮助你

每个行业几乎都有行业网站，你可以用关键词搜索，诸如××专业网、××行业协会，找到行业门户网站或者企业黄页网站，就会在会员列表中查找到潜在客户的信息。而且，专业网和行业协会的网站会有很多的合作伙伴的相关链接，通过这些链接你又可以看到更多的网站。只要不怕麻烦，努力寻找，相信你会大有收获。

（3）发布供求信息

所谓发布供求信息，主要是在不同的商业网站上注册登录，然后发布供求信息。发布信息主要是为了让客户能够搜索到公司的资料进行查询，这样还可以提高公司的知名度和网站的点击率。因此，销售人员完全可以抓住这个便利的条件，来找到客户，实现销售。

当然，在信息发布之后，可能会有很多人联系你问价，这些既可能是买家，也可能只是打听一下，而不是有真正的购买合作意愿的客户。但你要用同样的诚恳和热情回复每一个关心你产品的人，因为他也许就是你将来的客户。

（4）网络时代重视 EDM 营销

EDM 的全称是——Email Direct Marketing，简称邮件营销，是利用电子邮件（E-mail）与受众客户进行交流的一种直销方式，同时也广泛地应用于网络营销领域。

说到 EDM 营销，就必须有 EDM 软件对 EDM 内容进行发送，企业可以通过使用 EDM 软件向目标客户发送 EDM 邮件，建立与目标顾客的沟通渠道，向其直接传达相关信息，用来促进销售。EDM软件有多种用途，可以发送电子广告、产品信息、销售信息、市场调查、市场推广活动信息等。

使用邮件寻找客户是一个大范围撒网的方法，一些权威人士认为，至少要给每一个潜在客户发出两封信，才有可能找到销售触点，因为现在商业信件实在数不胜数，多寄几封信才能起到作用。邮件营销也为以后电话联系或者直接接触打下了一个很好的基础。

（5）不要忽视论坛的作用

论坛的功能是什么？是为大家提供一个交流沟通的场所。在论坛里，你可以将你不会的问题拿出来发帖求助，一般就会有很多人给你做出回答。这样你不但能够学到很多知识，而且还会结交很多朋友，而这些朋友，有可能将来就会与你有生意上的来往。

现在的论坛经常会有一些人不停地发广告帖，结果不是被删就是被改。不但浪费了精力，还扰乱了论坛的气氛。其实在论坛，你只要用心地写几篇好文章，看你帖子的人就多了。然后运用签名做广告，或者多写一些自己相关行业的文章，配上你的产品图片，就自然能吸引一大批客户。

从上面我们可以看出，网络的资源是十分丰富的，围绕网络开源的方式也不仅限于以上几种，还有很多种，只要你利用好网络资源，它就能助你在销售上的一臂之力。当然，网络虽然存在巨大的商机，但它同时也是把双刃剑，也会让网络骗子利用互联网低廉的成本进行网络诈骗。因此，在网上寻找客户的时候，销售人员一定要会去伪存真。当找到合适的供求信息时，不妨先了解一下对方的信息是否真实可靠，必要的时候，还要多与对方谈及一些产品的细节问题。为了安全起见，最好去论坛发帖询问一下自己的网友。通过仔细地分析与评估，筛选出正确、有用的信息，找到合适的客户，从而提高自己的销售效率。

8. 想要提升接触效率，先要学会赢得客户信任

"我明明已经把产品使用方法和功效都讲得很清楚了，为什么客户还是不成交呢？"

"我和客户交流得十分顺利，他明显也有购买产品的需求，为什么最后还是拒绝我呢？"

"客户提出的问题，我都清楚明白地给他解决了，为什么客户还是走了呢？"

在销售工作中，你是不是经常会遇到类似的情况呢？如果是，那么很可能是你从始至终都没有建立起客户对你的信赖感。要知道，假如没有得到客户的信任，无论销售人员用何种方法，接触效率都将会大打折扣，成交的转化率也将会大大降低。

在赋能营销课上，常常有学员问我："什么时候给客户介绍产品合适呢？如何把握给客户报价的时机呢？"

我的回答是："在没有建立信赖感之前，永远不要谈产品；在没有塑造产品价值之前，永远不要谈价钱。"

如果客户都不相信你，你说得再多也是没有用的。销售的关键就是建立客户的信任感，而第一印象会给客户一种直觉，这种直觉会引导着客户判断你是否值得信赖。

在心理学上，有一个"首因效应"的概念，是说人们在第一次接触时，对对方有着一个特定的决定性印象，这个印象会在之后的接触过程中占据主导

地位，即使对方为改变最初印象而作出各种努力，仍然难以扭转局面。

作为一名销售人员，要赢得客户的信赖，一定要让自己看起来符合客户心理预期中专业的样子。如果给客户的第一印象是不专业，几乎就意味着这次销售工作将很难获得积极的进展。那么，我们应该如何让客户信任并选择我们呢？接下来和大家分享建立客户信赖感的十大关键：

关键一：形象看起来像此行业的专家

公司员工的个人形象蕴含着公司的企业文化，折射出企业的形象，在某种程度上也代表着产品的形象。其中，销售人员的形象最为重要。良好的个人形象能够提高销售人员的亲和力，拉近销售人员与客户的距离，减少客户的疑虑，进而促使客户产生购买欲望，达成交易。因此，销售人员应有整洁的仪表、较强亲和力的仪容；有主动积极、亲切诚恳的态度；有进退有序的规范礼仪；有收放自如的沟通能力等。

一个专业的销售人员，除了要保证着装干净整洁、搭配和谐外，还需要讲究一下着装的 TOP 原则。TOP 是 3 个英文单词的缩写，它们分别是时间（Time）、场合（Object）和地点（Place）。TOP 原则要求人的着装应该与当时的时间、所处的场合和地点相协调，接下来详细介绍这三个原则。

a. 时间原则

着装要随时间变化而变化。如果是在白天上班时间与刚结识不久的潜在客户会面，建议着装正式，重点表现自己的专业性；而如果是在晚上、周末、工休时间与客户在非正式的场合会面，最好以休闲的着装会面。因为在工作之余，客户一般为了放松自己，在着装上也会较为随意，这时如果你穿得太正式，就会令客户感觉太过生硬，给客户留下刻板的印象。但如果是参加较正式的晚宴，那就需要遵循场合原则，穿上正式的晚装。

随着时代潮流的变化，销售人员也应跟随时代潮流。虽然一味地跟着潮流走不一定会产生好的效果，但若背离时代特点和大众的审美观，则会显得格格不入。

b. 场合原则

着装要随场合而变化。一般而言，场合分为正式场合和非正式场合。正式场合，如与顾客会谈、参加正式会议或出席晚宴等，销售人员的着装应庄重、考究。男士可穿质地较好的西装，打领带；女士可以穿正式的职业套装或晚礼服。非正式的场合，如朋友聚会、郊游等，着装应尽可能轻便、舒适。

c. 地点原则

着装要入乡随俗、因地制宜。所谓的地点，是指所处地点或准备前往的地点。如果是在自己家里接待客户，那穿着舒适、干净整洁的休闲服即可；如果是去客户家里拜访，穿着职业套装或是干净整洁的休闲服都可以；如果是去客户公司或单位拜访，穿职业套装会显得更专业；在与客户外出郊游时则可穿得轻松休闲些。

总之，在着装上，应与时间、场合、地点保持和谐一致。这样不仅能令自己感觉舒适、信心十足，也能给客户留下良好的第一印象，唤起客户的共鸣，在无形中拉近双方的距离。否则，就会让自己显得与身边的环境格格不入，甚至滑稽可笑。

关键二：得体的谈吐

一个人的言谈所体现的内在素养和魅力是外貌难以取代和超越的。人类借由语言和文字的相互沟通而超越了其他生物，而语言的沟通在现代社会的人际交往中起着决定性的作用。

作为一名销售人员，在客户接触时，如果谈吐得体，就会很快赢得客户的信赖。因此，管理者应该赋能销售团队掌握以下能够体现专业形象的说话技巧：

a. 保持说话的语速

一些销售人员思路敏捷，口若悬河，说话像开机关枪似的，这时如果面对的是一些年纪大的客户，他们思路跟不上，就会出现他们根本不知道你在说什么的尴尬局面。所以，在与客户交谈时要注意语言的组织和控制自己的语速，这是销售成败与否的关键。

b. 介绍商品时，要做到专业性和完整性

给客户介绍商品时，要以肯定的、正面的方式表达。使用行业术语，使客户获得充分的信息，同时肯定你的专业形象及涵养，但要注意的是，使用行业术语时，要从客户能理解的角度来表达。

c. 说话有激情

有一句话叫"只有划着的火柴才能点燃蜡烛"，火柴就是激情，蜡烛就是我们的客户，只有当我们自己充满激情内心火热的时候，才能感染冷冰冰的"蜡烛"——客户，从而让"蜡烛"也燃烧起来。

d. 多说"咱们"，少说"我"

"咱们"会给客户这样一种心理暗示：销售人员把我当自己人看待，他是站在我的角度想问题的。"咱们"很容易让客户产生亲近感。

e. 注意细节，摒弃不好的习惯

谈话的表情要自然，语言表达要亲切和气，表达得体。

说话时可适当做些体势，但动作不要过大，更不要手舞足蹈。

不要信口开河，空口说白话。如果常常向客户承诺而不兑现，就会使你的客户对你失去信任，那么失败也就在所难免。

不要过度吹嘘产品，过度吹嘘产品会让客户觉得你不实在。

不要使用含糊不清的措辞，要注意语言的规范性。

f. 拓展知识面，提升你的层次

与人交谈，既要有思想的交谈，又有感情上的沟通，任何语言贫乏、粗野、浅薄的表现都会使人感到不舒服。作为一名销售员，不光要做到谈吐明确、简洁、朴实和幽默，还要尽量发掘其深度和广度。

关键三：注意基本的商务礼仪

礼仪是一个人的内在修养、文化内涵以及精神面貌的最好体现。销售人员的言行在很大程度上体现着企业的社会形象和责任，因此在必要的情况下，管理者需要赋能销售人员掌握一些基本的商务礼仪，比如称谓的礼仪、握手的礼仪、递名片的礼仪等，接下来笔者以名片礼仪为例给大家分享几个要点。

名片作为重要的交际工具之一。它直接承载着个人信息，担负着保持联系的重任。为了使名片能最大限度地发挥作用，就必须掌握相关的礼仪。

第一，发送名片的礼仪。我们要把握发送名片的正确时机，若想适时地发送名片，使对方接收并收到最好的效果，必须注意以下几个方面：

a.除非对方主动要求，否则不要在年长的领导面前主动出示名片。

b.对于陌生人或巧遇的人，不要在谈话中过早发送名片，因为这种热情一方面会打扰别人，另一方面有推销自己之嫌。

c.不要在一群陌生人中到处传发自己的名片，这会让人误以为你想推销什么物品，反而会导致自己不受重视，在商业社交活动中，尤其是要有选择性地提供名片，才不至于使人以为你在替公司搞宣传、拉业务。

d.处在一群不认识的人当中，最好让别人先发送名片，名片的发送可在刚见面或告别时进行，但如果自己即将发表意见，则在说话之前发名片给周围的人，这样能帮助他们认识自己。

e.出席重大的社交活动，一定要记住带名片。

f.参加私人或商业就餐，切记名片不可在用餐时发送，因为此时只宜从事社交而非商业性的活动，应将名片收好，整齐地放入名片夹、盒子或者口袋里，以免名片受损。

g.交换名片时如果名片用完，可用干净的纸代替，在上面写下个人资料。

第二，索取名片的礼仪。通常，索取名片不宜过于直截了当。常用的办法有如下四个：

a. 交易法。古人云："将欲取之，必先予之。"要想索要别人的名片，最省事的办法就是把自己的名片先递给对方。所谓"来而不往，非礼也"，当你把名片递给对方时，对方不回赠名片是失礼的行为，所以对方一般会回赠名片给你。

b. 激将法，是指用刺激性的话或反话鼓动人去做某事的手段。销售人员在很多时候都会遇到交往的对方的地位身份比自己高的情况，这种情况下把名片递给对方，对方很有可能不会回赠名片。如何避免这一尴尬局面呢？最好的办法就是，不妨在递名片时略加诠释，如"张董，非常荣幸认识您，不知道能不能有幸跟您交换一下名片？"在这种情况下，只要是稍微有些修养的人都不会不赠名片给你。即便他真的不想给你，他也会找一个适当的借口，不至于使你陷入很尴尬的境地之中。

c. 谦恭法。顾名思义，谦恭法是指在索取对方名片时要表现出谦虚恭敬的态度，具体来说就是要适当地做些铺垫，以便索取名片。例如，见到一位销售专家时你可以说："认识您非常高兴，虽然我做销售已经四五年了，但是与您这种专业人士相比就显得相形见绌，希望以后有机会能够继续向您请教，不知道以后如何向您请教比较方便？"前面的一席话都是铺垫，只有最后一句话才是真正的目的：索取对方的名片。

d. 联系法。前面讲到的第三种方法谦恭法，通常是对地位高的人，对平辈或者晚辈就有些不合适了。面对平辈和晚辈时，销售人员不妨采用联系法。联系法的标准说法是："认识你太高兴了，希望以后有机会能跟你保持联系，不知道怎么跟你联系比较方便？"

第三，接受名片的礼仪。接受别人名片时，应有来有往，要特别注意如下四点：

a. 他人递名片给自己时，应起身站立，面带微笑，目视对方。

b. 接受名片时，双手捧接或以右手接过。不要只用左手接过。

c. 接过名片后，要从头至尾把名片认真读一遍，意在表示重视对方。

d. 接受他人名片时，应使用谦词敬语，如"请您多关照"。

此外，销售人员还需要学会管理所收到的名片，倘若收到后就随意乱放，到想要用的时候就很难找到，自然也就难以发挥名片的作用了。因此，销售人员接收到名片后，要及时地分类整理所收到的名片，以便日后取用。不要将它们随意夹在书刊、文件当中，更不能随便地扔在抽屉里面。

总之，名片是销售人员无声的自我介绍，是一个展现自己的小舞台，一定要充分认识和发挥它的作用。

关键四：使用赞美的话语

赞美是一种俘获人心的有效方法。销售员要善于发现客户的优点，并选择客户最在意、最感兴趣的事情给予肯定和赞美，当你夸到点子上，简单的几句话就可以让客户向你敞开心扉，从而对你信赖有加。

想要赞美和欣赏客户，就要善于发现客户的优点与长处，而不是将他身上的缺点与短处讲给他听。告诉客户你欣赏他的地方，有时客户自己可能都没有注意到，但由你说出，客户就会对你十分感激和青睐。赞美并非一定是语言，有时一个眼神、一个手势或一个动作，也可以达到同样的效果。

当然销售人员不能为了赞美而赞美，不能说虚伪的话，而应该真诚，发自内心。夸张的赞美会使人产生受愚弄的感觉，反而不好，而委婉、贴切、得体的赞美却能够使人回味无穷、喜不自禁。

赞美的内容多种多样，包括外表、衣着、谈吐、气质、工作、地位及能力、性格、品格等。只要恰到好处，对方的任何方面都可以成为赞美的内容。对于男性，你可以赞美他的事业很成功，西装很高档，领带很漂亮，说话很幽默等。如果你去办公室拜访客户，可以赞美他的办公室布置得很有格调、很有品位；如果你到客户的家里去拜访他，可以赞美他家里的布置和特点，特别是客户喜欢的东西和人物。总之，销售人员要找到客户很在意，又很希望更多人重视的东西加以赞美，这样就会起到事半功倍的效果。

要想成为一流的销售人员，获得客户的好感，就要能够在最短的时间里找出对方更多的优点，并大声地告诉客户，进而俘获客户的心。

关键五：用心的聆听

戴尔·卡耐基说："做个听众往往比做一个演讲者更重要。专心听他人讲话，是我们给予对方的最大尊重、呵护和赞美。"

每个人都认为自己的声音是世界上最悦耳、最动听的声音，并且每个人都有表达自己观点和看法的愿望。在倾听的过程中，一旦意见和客户发生分歧，很多销售人员会迫不及待地打断客户的话，在客户面前高谈阔论、抒发己见，试图说服客户听从自己的观点。但是最终的结果往往是，煮熟的鸭子飞了，客户站到了竞争对手那一边。

请时刻记住，你并不是一个出售自己观点和看法的演讲家，你的工作是尽自己的所能，满足客户的需求，并最终让客户购买你的东西。就如同一名医生，他的工作就是给病人看病，解决病人的病痛，他只有听了病人详细的病情讲述之后，才有资格诊断。作为一名销售人员，如果不能够有效地克制自己，总是不顾及客户的意思和想法，高谈阔论，这往往会导致销售失败。

关键六：善于提问

在大部分人的印象中，认为销售人员都是能说会道、舌灿莲花的。销售人员往往通过"说"就能让客户明白产品的特点与优势。但是随着客户工作的日益繁忙，加之有的销售人员给客户的负面感受，以致让客户留给销售人员"说"的时间越来越短，有时甚至直接编造一系列借口下"逐客令"。总之，在销售过程中，客户已经对滔滔不绝型销售人员产生了免疫力，甚至可以说是抗拒。那么，有什么方法可以让提高客户的信赖感，促进与客户的有效沟通呢？对，就是提问！

尼尔·雷克汉姆曾写过一本非常畅销的书《销售巨人》，他在书中曾这样

说过:"在与客户进行沟通的过程中,你问的问题越多,获得的有效信息就会越充分,最终销售成功的可能性就越大。"的确,提问可以在一定程度上减少与客户之间的误解,更好地把握好客户的需求,进而拉近双方的距离,提高信任度。显然,销售人员善于提问,是有百利而无一害的。

关键七:表示对客户的认同

当客户表达观点的时候,销售人员要给予积极的认同性反馈。比如,"对,我很认同""您说的有道理,我支持您的观点""您讲的真是太精彩啦,让我学到了很多东西"这样的对话往往会让客户喜欢你。

关键八:从客户的兴趣爱好入手

一般情况下,客户是不会立即对我们销售的产品产生兴趣的,如果销售人员在刚开始就滔滔不绝地谈论产品与销售的事情,往往会引起客户的抗拒与反感。相反,如果销售人员能够与客户聊彼此感兴趣的话题,则可以拉近彼此的距离。客户在心理上产生亲近感之后,再谈销售的事情就相对容易得多。

因此,销售人员要用心找到话题,因为话题是初步交谈的媒介,是深入细谈的基础,是纵情畅谈的开端。没有话题,谈话是很难顺利进行下去的。

关键九:使用客户见证

在销售中会出现这样的现象,一个使用过产品并感到满意的客户讲一句话,往往比销售人员苦口婆心地劝说要有效得多,这就是客户见证的巨大作用。客户可能不相信销售人员,但是却会相信同样使用产品的其他客户的说法,因此销售人员要善于为自己的商品找到最有力的客户见证。

由满意的客户所写的赞美函或使用证明,往往是销售人员在销售中最具效果的促销工具。它们会突破客户的心理防线,直接促使客户下定决心购买。因为它们会很清楚地告诉客户这是一个值得购买的好产品,客户自然会十分相信。

给客户最有效的证明,是很多商家和销售人员赢得客户信赖的重要方式。比如洗衣粉的广告,可以以实际采访的方式让一些女性拿出衣领上满是油污的白衬衣，然后通过使用他们的产品，衣领上的油污完全没有了。通过这样的现场事例，就给自己产品的去污力做了最好的证明。当然很多商家不惜花巨资请明星为自己的产品做广告，也是为了给产品做证明，增强说服力。

关键十：使用权威见证

销售人员在销售产品时，为客户提供相关的见证是必需的。虽然有时即使有证明客户也不一定会相信，但是如果没有见证，那么只能更加增客户的怀疑。因此，我们在日常生活中会发现，很多商家都会调动各种各样的证据来证明自己商品的性能、质量以及品质。比如，一些产品的荣誉证书、专家或者名人推荐、专业认证机构的证书等，这些都具有一定的说服力，从而消除客户的怀疑，增加客户的信任度。

F2投资（Future Investment）
卖产品不如"卖自己"，"卖自己"不如卖未来

1. 顾问式营销九大法则，让客户从"消费"变成"投资"

世界汽车销售纪录的保持者乔·吉拉德曾说过，"推销的要点不是推销商品，而是推销你自己""你一生中唯一卖的产品就是你自己"。他的话告诉我们，要想让客户接受你推荐的产品，首先要让客户接受你，只有客户信任你，他才会接受你给他推荐的产品，因此，过去我们常常强调"卖产品不如卖自己"。但大家都知道，人与人之间信任关系的建立，是需要较长时间的多次接触才能建立起来的，如果仅仅依靠信任关系的建立，来促成成交，那么成交周期就会变得很长，成交难度就会增加。

如何缩短营销的成交周期？如何能够更快速地达成成交？今天我们不仅要懂得"卖产品不如卖自己"，还应掌握一套有效激发客户需求的模式——卖

自己不如卖未来!

怎么来理解"卖自己不如卖未来"呢?我们先来看一个案例:

有一位老太太去市场买菜,买完菜路过卖水果的摊位时,看到有两个摊位上都有苹果在卖,就走到一个商贩面前问道:"苹果怎么样啊?"

商贩回答说:"你看我的苹果,不但个儿大而且还保证很甜,特别好吃。"老太太摇了摇头,向第二个摊位走去,又向这个商贩问道,"你的苹果怎么样?"

第二个商贩答:"我这里有两种苹果,请问您要什么样的苹果啊?""我要买酸一点儿的。"老太太说。

"我这边的这些苹果又大又酸,咬一口就能酸得流口水,请问您要多少斤?""来一斤吧。"老太太买完苹果又继续在市场中逛。

这时她又看到一个商贩的摊上有苹果,又大又圆,非常抢眼,便问水果摊的商贩:"你的苹果怎么样?"

这个商贩说:"我的苹果当然好了,请问您想要什么样的苹果啊?"老太太说:"我想要酸一点儿的。"

商贩说:"一般人买苹果都想要又大又甜的,您为什么会想要酸的呢?"老太太说:"我儿媳妇怀孕了,想要吃酸苹果。"商贩说:"老太太,您对儿媳妇可是真体贴啊,您儿媳妇将来一定能给你生个健康可爱的宝宝。您要多少?"

"来两斤吧。"老太太被商贩说得高兴得都合不拢嘴了,便又买了两斤苹果。

商贩一边称苹果,一边向老太太介绍其他水果:"橘子不但酸,而且还有多种维生素,特别有营养,尤其适合孕妇。您要给您儿媳妇买点橘子,她一准儿高兴。"

"是吗?好,那我就再来两斤橘子吧。"

"您人真好,您儿媳妇遇上您这样的婆婆,真是有福气。"商贩开始给老太太称橘子，嘴里也不闲着，"我每天都在这儿摆摊，水果都是当天从水果批发市场批发回来的，保证新鲜，您儿媳妇要是吃着觉得好了，您再来。"

老太太被商贩夸得心花怒放，提着水果，满意地回家了。从此之后，老太太只要想买水果，就会到这家水果摊购买。

三个商贩都在卖水果，为什么结果却截然不同？接下来，我们来分析一下，这三个商贩的真正区别在哪儿？

第一个商贩，输在一味讲道理。

这个商贩，比较简单，他不仅是在讲道理，而且是一味地向客户灌输自己的想法，甚至连客户真正的需求都没有弄清楚。

所以，他什么都没有卖出去，这个商贩层次是最低的。

在现实中，恰恰这类销售人员最多，大量的销售人员一旦接触到客户，就试图把自己所知道的一切都灌输给客户，希望其中的哪怕一个亮点能够打动客户，从而让客户产生兴趣。但是，恰恰这种做法，是最让客户反感的，而且是效果最差的。

第二个商贩，胜在倾听。

这个商贩比第一个强很多，他懂得倾听，并且，他成功地获取了客户的需求：我要酸一点儿的。

于是，他成功地销售出去一斤苹果。第二个商贩没有一味地去灌输自己的道理，而是倾听客户的信息，也就是老太太的需求。

在现实中，有一些比较有经验的、业绩做得还可以的销售人员，大多属于这个层次。他们大多比较善于搞好客户的关系，赢得客户信任，从而获取客户的需求信息。同时，在这种"感情"基础之上，要想办法满足客户的需求，形成销售。但是，这类销售人员往往很难真正摆脱被客户牵着鼻子走的困境。

第三个商贩，赢在引导。

显然，这个商贩比第二个商贩又技高一筹，他真正做到了"以客户价值为中心"的营销，成功让客户把"消费观"转变为"投资观"。

首先我们来看，什么叫投资？投资就是买方牺牲当前消费、购买或购置某项产品服务以期在未来实现利益增值所采取的行动。

请想想，当你作为消费者购买产品的时候，你是如何想的呢？

是不是你总想买到性价比更高的东西？那什么是性价比呢？意思就是购买这个产品获得的收益，要大于自己付出的成本。

是的，只有在一种情况下，客户特别愿意买单，那就是当他感觉"赚到了"的时候。

那么，怎样能让客户感觉赚到了呢？关键就是搞清楚"赚与赔"的标准是什么？要知道，不同的人有不同的标准，这个标准就是客户的预期利益。任何销售的前提，就是把客户购买的注意力从消费支出引导转移到客户的预期利益上来，客户能感知到的利益预期越多，那么，他感觉"赚到"的程度就越高，购买的动力也会越大。

在以上案例中，第一个商贩连老太太的需求都没有搞清楚，所以什么都没有卖出去；第二个商贩满足了老太太的需求，卖出去一斤苹果；而第三个商贩在老太太自身需求已经得到满足的前提下，引导和激发了老太太的预期利益——"儿媳生健康宝宝及补充营养"，从而卖出苹果和橘子各二斤。

现代营销之父菲利普·科特勒曾经说过："营销并不是以精明的方式兜售产品或服务，而是一门创造真正客户价值的艺术。"毫无疑问，从客户的角度和利益出发，为客户创造价值是赢得客户青睐的最佳方法。

通过这个案例，大家会发现，当我们以客户价值为中心，并明确地告诉他们，购买你的产品或服务将为他们带来怎样的预期利益时，成交的最大动力，将不是销售人员，而是客户。记住，客户之所以付钱给你，不是为了实现你的预期利益，而是为了实现他的预期利益，客户能感知到的预期利益增值程度越高,客户愿意付出的钱也就会越多。

但有时候客户并不了解产品的真正价值,也没有意识到自己的购买行为是在"投资"时,销售人员如何让客户从购买中获得价值的增值感?如何让客户从"消费"变成"投资"?接下来和大家分享顾问式营销九大法则:

法则一:以客户需求为导向,实现由"推销人员"到"专业顾问"的角色转变

客户会本能地排斥"推销人员"的销售,但客户不会拒绝为他带来问题解决方案的"专业顾问"。真正的营销是基于客户的需求为导向的销售,而不是基于营销业绩的强制推销。传统的营销模式已经无法留住客户的心,我们需要赋能销售人员掌握顾问式营销的策略和方法,由"业务销售"向"专业顾问"转变。通过辨析客户的类型,发现客户购买动机,改变过去以推销产品为出发点的说服式策略,转化为以帮助客户解决实际问题为出发点的顾问式服务。

法则二:扮演好顾问角色,必须掌握真刀实枪的专业知识

既然是要销售人员扮演好"顾问"角色,首先应该赋能销售人员有担当这一角色的资格,掌握真刀实枪的专业知识,帮助客户选择能够解决问题的产品解决方案,同时让客户清醒地认识到,这些产品解决方案在客户的使用场景中是如何发挥作用的,以及都能带来哪些好处。

在对产品做一些简单的介绍后,必要的情况下还应手把手为其进行产品演示,并列举出足够说服对方的有力证据,这就好比电视中的洗洁精之类的广告,如果主角只是随便说几句功效,想必没有几个观众会相信,但如果让观众亲自到厨房见证去污效果,客户自然会从"要我买"转化为"我要买"。

法则三:做客户的"贴心朋友",赢取客户信任,成为知心的顾问

销售人员应该尽量了解客户,才能在更短的时间内判断他们的实际需求,找到产品的契合点,而这需要销售人员能够通过多方面接触和了解客户,赢得客户犹如朋友般的信任度,从而开展自己的顾问营销工作。

顾问式营销把客户看作朋友，双方是存在共同利益的。把客户定位为朋友，就会站在客户的立场，以对方的根本利益为出发点，在帮助对方实现购买需求的同时使自己的业绩达到目标，最关键的是双方因此能够建立长期的合作关系。

法则四：通过重视客户，让对方获得尊贵的体验

在单纯交易型销售模式中，客户对于销售人员来说，只是提供订单的对象而已。但在顾问式营销模式中，因为处于为客户服务的地位，销售人员必须要重视客户，将客户放在自己最重视的位置上，以客户的情感、利益和需求变化来指导一切行动。

由于体现销售思想的不同，客户在两种销售模式中获得的内心感受也不同：在传统销售模式中，客户只能体会到单纯交易的角色；而在顾问式营销模式中，客户将不仅仅体验到消费的乐趣，也将体验到被服务被重视的尊重感。这本身就是客户所获取的重大收益，也让客户在尚未拿到产品时就成为事实和心理上的赢家。

法则五：帮助客户找到新的利益获取模式

客户为什么要购买产品？并不是因为销售人员的推销能力，而是因为销售的产品能够帮助客户获得利益和价值。不仅如此，销售人员还应该为客户提供新的利益获取模式，帮助客户创造出新的利益价值。新的利益模式，大多来源于新问题被有效解决。顾问式营销通过寻找新的问题，能带给客户不同的启发，让客户愿意主动去接触业务中并不为己所知的侧面，从而发现自己更多的利益所在。就像前面案例中的第三个商贩，通过发问和引导，激发了老太太买苹果的潜在需求，最终老太太在自身需求得到满足的情况下，又买了二斤苹果和二斤橘子。

法则六：做客户的"问题诊断者"，洞察客户的困境，获得客户的青睐

并不是所有人都有资格获得客户顾问这一身份的认可，想要得到客户的

青睐，就要赋能销售人员发现、分析和解决问题的能力。

很多时候，客户由于思维和视角的盲区，没能很好地察觉自身问题有可能带来的潜在消极影响，这时客户需要销售人员向他们提供具有深度的意见。在此过程中，销售人员必须要知道，哪些问题是客户容易忽视的问题。顾问型销售正是通过寻找出这些问题，从而向客户证明自身产品和服务的价值所在。

法则七：通过和客户讨论问题，最终获得客户的认可和信赖

很多时候客户可能处于"不识庐山真面目，只缘身在此山中"的情况中，这个时候销售人员需要通过发掘客户未意识到的问题，向客户揭示其本质，帮助客户找到引发问题的根源。只有当销售人员通过有效的提问，帮助客户转变看待问题的角度，充分地认识到销售人员所发出的那些"潜在问题"时，客户才会从理智或者情感上有所触动，并重新考虑提议，了解产品。

法则八：主动给出客户最佳的方案和决策意见，建立双赢关系

在培训过程中，常常有学员询问，顾问式营销是不是仅仅指向客户提问或者回答客户的问题。回答是否定的。顾问式营销模式中，提问或者回答固然重要，但销售始终少不了产品和服务，在顾问式营销过程中也同样如此。客户不会只因为受重视而感到自己的赢家地位，你必须学会让客户感受到因为有了你这样专业的顾问而实际收获的利益。

在传统的销售模式中，客户和销售方的利益对立常常是明显的，比如卖家和买家之间的讨价还价，直接决定了双方的金钱获取与保留，这种销售模式只能理解为是一种零和游戏，由于买卖双方相互之间的利益关系，决定了客户无法长期选择同一个销售对象。然而，如果销售人员采用了顾问式营销模式，情况就有所不同，他会主动给出客户最佳的方案和决策意见。在这种模式下，客户感到自己的确获取了利益，比如花同样的钱得到了更好的产品，或者规避了产品因使用不当而可能存在的风险，因此建立了充分的信任，卖家虽然可能损失短期利益，但就此获得的长期利益不言而喻。双方的双赢地位，在顾问式

营销模式下得以被稳定地建立。

法则九：销售人员应该以客户的长期利益为重，像朋友那样和客户交流相处，通过提供持续和稳定的服务，成为客户始终能够信赖的专家。

在传统的销售模式中，服务只是一种手段，是用来吸引客户做出购买产品的决定的。但在顾问式营销中，服务本身是产品的一部分，客户购买的不仅仅是产品实物，还包括销售人员围绕产品所给出的建议和意见，提供的数据、资料和信息及产品演示等。因此，只有通过提供稳定而长期的有效服务，才能让客户感受到服务的价值，帮助他们体验到全面价值。

正如笔者之前强调过的那样：顾问式营销并不是短期行为，而是着眼于建立长期关系。这种特点会让客户觉得更加稳定，同时也能感受到销售方的诚意。销售方对利益的共享、对风险的承担、对合作的重视，会充分激发客户今后的潜在价值。随着客户今后的发展，他们能够带给你的销售业绩会越来越大，而这种未来的机会，是较为重视短期利益的传统销售模式所无法获得的。

2. "攻心四问"，让客户从"要我买"变成"我要买"

有学员曾经在赋能营销课上问笔者，如何把产品更好地卖出去？有什么秘诀？笔者的回答是：要想卖好产品，先研究如何好卖，"好卖"的关键在于如何激发客户的需求，让客户从"要我买"转变为"我要买"。当客户产生"我要买"的需求时，对销售人员来说把产品卖好就会变得轻松。从"要我买"到"我要买"，最大的差别就在于我们的销售工作是以自我为中心，还是以客户为中心。

做销售，会说的是新手，会问的才是高手。需求是"问"出来的，如同中医坐诊，先要"望、闻、问、切"，才能让病人拿着方子去抓药。卖产品的人被称为销售人员，做解决方案的人则被视为顾问。前者只想到说，眼里只有产品，后者则会问，如同诊断，关注客户问题。这两者对销售结果的影响孰优孰劣，不言自明。所谓"顾问"，"顾"即看，意味着关注客户，目中有人；"问"就是提问，了解客户现状、问题和关注，从中找到客户的需求和解决方案。

需求是成交之本，问题是需求之母。这是对销售原理最好的诠释。有问题就去发现它，没有则去发掘它。需求是销售人员"问"出来的，但不是"问了"就能称为"顾问"，需求也不可能一"问"就有，否则销售就真成儿戏了。说到底，"问"体现了顾问式营销中一种与客户深度沟通的技法，必须事先尽可能多地了解客户，洞悉客户心里所需，有设计、有逻辑、有体系地通过发问来激发客户的需求，并找到销售切入点。

在过去10多年为企业提供管理咨询和培训过程中，笔者总结了一套有效探询客户需求、激发客户需求的模式，笔者把它称为"攻心四问"，它是在总结冠军销售员的行为基础上，分析他们的行为特点，归纳、提炼而成的，因此，它不是简单的理论，而是从实践中得来的一套有效的销售模式。

那么，究竟什么是"攻心四问"呢？简单地说，"攻心四问"是一套向买方提问的深度沟通技巧，是一套建立在客户需求上、围绕客户最重视的问题、配合客户在购买过程中的心理转变而设计的一套模式。销售人员运用"攻心四问"，可以了解客户心理需求的发展过程，使客户了解到购买产品的紧迫性和重要性。

如何有效地运用"攻心四问"的提问与对话，收集客户信息和引导购买需求，直接关系到销售的成功与否。"攻心四问"由四类提问构成，每一类问题都有不同的目的：

"攻心四问"之背景性问题：了解基本问题，有效判断客户的隐形需求

提出背景性问题的目的是对客户现状、计划进行探寻，比如你的产品是一

套 SAAS 管理软件，主要是为大中型企业提供 OA 与协同管理的服务，那么首先要了解客户在这方面目前采用什么样的操作系统。或者如果你有潜在的竞争对手，你需要知道是谁。如果客户现阶段正在考虑和寻找这方面的供应商，客户的预算计划是什么？以下是提问实例，可用来了解有关客户现状的一些关键信息。

现在贵公司在 OA 与协同管理方面是如何开展相关工作的？使用的是哪种技术？

您目前在考察哪些系统？您对未来的系统都有哪些要求？

您期望的这套系统，对咱们战略实施和运营管理有多重要？

这套系统主要是提供给哪些人和部门使用？

请问贵公司选择供应商需要通过哪些部门的审核和有什么样的流程？谁最终做决策？

引入这套系统咱们公司的预算是多少？预计什么时候完成整套系统的导入？

尽管背景性问题对于收集信息大有益处，但如果过多，也会令买方厌倦和恼怒。因此，询问的时候要把握两个原则：第一，数量不要太多；第二，目的明确，只问那些需求明确、并且是你的产品或服务可以解决的难题方面的问题。

"攻心四问"之难点性问题：发现潜在问题，将隐形需求引导为显性需求

提出难点性问题的目的是针对现状问题进行提问，从而探求客户隐藏的需求，同时在提供的过程中要注意聆听和收集客户的真实信息，引导客户说出现在的问题与不满，引发客户的忧虑，使客户想要改变现状，产生需求。

贵公司现在正在操作的 OA 系统日常都会遇到哪些问题？

我和很多使用过这个系统的人沟通过，他们给我反馈这套系统运行起来

非常不稳定，页面运行缓慢，另外协同性也不是很好，您在这方面遇到过这些问题吗？

目前咱们系统运营中，除了刚才谈到的这些问题，您迫切需要解决的问题都有哪些？

咱们内部有对系统进行日常运维的专业人员吗？

通过询问难点问题，可以帮助客户厘清思路、明确问题，同时能够提高客户解决问题的意愿和紧迫感。这里需要注意的是，直接针对客户的问题来提出问题，是要建立在先了解、互相有一定信任的情况下的。

一般来讲，销售人员对产品的了解程度，决定了难点问题的深入程度。此外，在提出难点问题时，销售人员要依据问题的重要性来划分优先提问的顺序，有时，客户提出的问题有可能是你的产品和服务解决不了的问题，这时就需要引导客户把问题聚焦在你的产品和服务能解决的问题上来。

"攻心四问"之暗示性问题：揭示问题带来的负面影响，有效地将客户的显性需求转换成对解决方案的渴望

提出暗示性问题的目的是通过探究客户问题背后的问题和影响，放大客户的痛点，让客户意识到问题的严重性和紧迫性，推动客户付诸行动，下定决心解决问题。

通过暗示性问题，可以让客户和自己更清楚、更深入地了解问题的所在，帮助客户认识问题的深层影响，增强客户需求解决方案的意愿和采取行动的紧迫感。这是引发客户对自身问题思考的过程，只有先引导客户从自身出发，才好引导客户向产品的价值出发，客户才会觉得产品对于自己是有用的。

一般来讲，暗示问题有四种发问方式：向客户询问有关问题的直接影响或后果；把问题扩展到有可能给其他人或部门、公司带来的影响；引导客户思考如果问题不加以解决，可能对未来带来的影响；揭示该问题与其他问题存在

的关联关系。

这个问题有没有影响到咱们团队的工作效率？

这个问题是否已经直接影响到了我们业务工作的开展？

咱们的业务负责人是怎么看待这个问题的？

另外有没有对咱们服务客户的反应速度带来影响？

有没有遇到客户的抱怨和投诉？现在有多少客户因此受到了影响？

如果客户抱怨和投诉增多，会不会影响到咱们公司在整个行业里的口碑？

这些问题得不到解决，会影响到团队的信心和士气吗？

暗示性问题，对销售的影响很重要，同时其难度也相对较高，因此优秀的销售人员总是会从客户的角度考虑产品，以客户为中心，事先预判客户的问题与影响。要做好暗示性问题的提问，关键在于要让客户意识到不解决问题将会产生的可怕后果。此外，你也可以将难点问题与客户关心的人和事联系起来，最大限度地激发客户的需求。

"攻心四问"之利益性问题：激发客户的利益预期，有效地将客户利益预期与解决方案做关联

提出利益性问题的目的是激发客户的利益需求和期待，将客户的注意力从问题转移到解决方案上来，让客户感觉到销售人员所提出的解决方案是可行的，并有好处的。

通过提出利益性问题取得客户对于解决问题后的回报与利益的看法，将讨论推进到行动和承诺阶段，并将客户的需求与产品进行关联。因此，销售人员提出的问题要有价值，必须使客户产生"我要买"的意愿。只有当客户对解决方案产生一种新的期望和预期利益的增值感时，客户才会让销售人员来为他解决问题。

这类问题有两种发问方式：一是通过发问让客户自己讲出解决问题后的

预期回报；二是确定客户是否有解决问题的意愿。

如果OA系统运营稳定，能支持多部门多场景的协同工作，这将给咱们带来哪些实际的帮助？

如果我们能够派出专业的人员，给咱们提供教练式的专业运维服务，这可以为咱们节省多少资金？

如果把节省下来的资金投入业务团队的服务激励中来，是否可以提升团队士气和更好地提高我们的客户体验？

刚才我们一起共同讨论了针对这些问题的应对措施，我们刚好有对应的解决方案，您看看您更倾向哪一个？

您看我们这个解决方案如果要落地的话，还需要哪些审批和汇报的流程？

您看我们什么时候可以派出专业人员到咱们公司进行实际应用场景的调研？

相信我们的合作会成为您职业生涯的一次成功之作，您觉得呢？

通过以上"攻心四问"四个阶段的案例讲解，大家不难发现"攻心四问"的发问流程是配合客户在购买过程中的心理转变来设计的。"攻心四问"能否有效并不取决于发问的技巧本身，而是在于我们发问的过程中，是否能聚焦客户最重视的问题。

接下来，笔者再用几个在企业做咨询辅导时学员企业完成的案例，来向大家呈现"攻心四述"是如何应用的：

案例1：广告传媒

背景性问题：

(1) 请问贵公司的产品主要卖给哪些人群?

(2) 请问贵公司今年的销售目标是多少?

(3) 针对这一目标,公司打算投入多少广告费用?

(4) 广告决策是比较大的事。请问除了你们以外,有哪些部门会协助你们决策?另外,有哪些领导会过问这件事?

(5) 请问贵公司在媒体选择上的标准是什么?

难点性问题:

(1) 制约贵公司发展的瓶颈在哪儿?有没有具体的改进措施?

(2) 对于今年的销售,您认为目前有哪些问题?最大的困惑是什么?

(3) 现在的媒体越来越多,请问贵公司在媒体选择上有哪些困惑?当前的广告效果是否达到贵公司的预期?

(4) 贵公司与其他媒体的合作,您觉得哪些方面还没有让您满意?

(5) 目前咱们行业竞争激烈吗?

暗示性问题:

(1) 市场变化了,而媒体策略没有调整,会不会影响销售目标的实现?

(2) 我们的媒体有三大特点,一是数量大,二是素质高,三是商务人群比例大;而贵公司没有选择我们的媒体,推广效果会不会有很大的欠缺?

(3) 贵公司的竞争对手已经跟我们合作了,如果你们不抓住这个渠道,会不会造成贵公司的客户流失?

(4) 贵公司产品投入很大,公司的期待很高,如果推广没跟上,会有什么影响?

利益性问题:

(1) 我们提交的几个方案里,您最倾向于哪一个?

(2) 我们最近是否可以安排一个相关人员参与的正式会谈,确认一下我们的合作条件?

(3) 如果我们下个月就开始投放，您看现在我们需要做哪些工作？

(4) 您看我们是不是根据您的要求，先拟一个意向协议，您先看一下？

(5) 相信我们的合作会成为您职业生涯的一次成功之作，您觉得呢？

案例2：人力资源服务

背景性问题：

(1) 今年贵公司招聘的预算和计划做完了吗？中高端人才预计招聘是多少名？

(2) 请问贵公司和多少家猎头公司合作过？您觉得他们有哪些方面需要改进？

(3) 请问贵公司选择猎头供应商需要通过哪些部门的审核和有怎样的流程？

(4) 请问贵公司看重人才的哪些素质？面试时会请哪些部门或人员来把关？

(5) 请问您希望我重点介绍我们服务的哪些方面的情况？

难点性问题：

(1) 在紧缺人才的招聘方面您是否有困难？都有哪些困难呢？

(2) 您认为贵公司目前迫切需要解决的人才问题是什么？

(3) 请问贵公司领导对招聘工作的哪些方面最为焦虑和不满？

(4) 您觉得工作过程中哪些职位最难招聘？

(5) 您对目前的猎头供应商的服务有哪些不能满足您的需求？

暗示性问题：

(1) 这些问题的存在对您的工作产生了哪些不利影响？

(2) 这些问题对您工作造成的障碍后果有多严重？

(3) 这些问题会不会影响到贵公司的利润和品牌？会不会影响到某部门的

利益和声誉？

（4）如果我们能帮助贵公司掌握行业内几乎所有的优秀人才，并在服务上带来了全面的革新和增值，您愿意尝试合作吗？

（5）招聘现状改变后，领导和员工对您的评价将会有怎样的提升？

利益性问题：

（1）您看这个合作还要走哪些流程？还需要与谁进一步沟通？

（2）如果我们可以完成多家猎头公司的工作，使您减少沟通协调成本和时间，成为您长期得力的助手，您愿意吗？

（3）您看哪个方案更适合当前的工作需要？

（4）我们先给HR和相关负责人搞一次人才调查诊断分析会/行业人才分析会，您看怎么样？

（5）您希望得到怎样的跟踪服务？

案例3：化工行业

背景性问题：

（1）请问贵公司在包装行业中的主营产品是什么？

（2）请问贵公司此产品今年的生产计划？

（3）针对这一生产计划准备采购多少吨化学原料？

（4）化工原料是比较重要的事，请问除了×××经理，还会有哪些部门对原料有特殊要求？×××总会过问吗？

（5）请贵公司选择供应商的标准是什么？

难点性问题：

（1）目前制约贵公司采购化工原料的困难在哪儿？针对这些困难有没有做出一些改进措施？

（2）针对今年的采购您认为目前存在的问题有哪些？

(3) 其中贵让公司最头疼的问题是哪些?

(4) 有没有分析过是什么原因导致了这些问题的发生?

(5) 现在合作的供应商在哪些方面不能满足贵公司的需求?

暗示性问题:

(1) 现在环保要求越来越严格,国家政策已经明确要取缔一些无经营资质的企业,目前合作的供应商会不会出现这些问题?

(2) 如果供应商出现了这些问题,会给贵公司带来哪些麻烦?

(3) 如果贵公司的产值受到了影响,环保及安全检查出了问题,是否会影响贵公司的声誉?

(4) 我们公司有全部的危化品经营许可资质、运输许可证等,而且咱们两家企业距离很近,在成本上有很大的优势,选择我们可以为您减少很多后期的额外成本,您愿意尝试跟我们合作吗?

利益性问题:

(1) 我们提交的两个方案,自提和板车送货,您更倾向于哪一个?

(2) 我们是否可以安排乙酯的出厂色谱检测,确认一下我们的产品质量?

(3) 如果贵公司本月有计划,是否可以让我们的物流公司板车先送部分桶装货,满足生产需求?

(4) 相信我们的合作一定是成功的开始,您觉得呢?

销售人员运用"攻心四问"模式,需要把握好四大原则:

第一项原则是换位思考。销售人员要有针对性地提问,并搞清楚客户的预期利益是什么。每次提问只问一个问题。如果一个问题涉及的内容太多,会使潜在客户难以回答。

第二项原则是先关心、后提问。在客户对销售人员没有信任感的时候,需要先建立信任,有了信任再提问。另外,销售人员既要清楚自己的产品或服

务所能解决的问题,还要知道客户在某种情况下最有可能出现什么问题。需要记住,访谈的目的是解决问题,而不是审问,因此在访谈的过程中应该采取具有"交互感"的互动方式进行沟通。

第三项原则是学会适当的暂停。在提出问题后给潜在客户一些时间思考回答,一个问题接一个问题,会给客户造成压力感,让对方感觉就像在法庭上受盘问的证人一样。

第四项原则是学会倾听。提完问题后,要认真听客户讲话。有时销售人员过于专注提问,忘了听讲。忽视客户讲话,会让客户感觉到不被尊重,在这样的情况下,当然很难问出真正的问题。

3. "攻心四述",让客户从"太贵了"变成"太值了"

在赋能营销训练课程上,笔者经常会安排一些实战的情景模拟训练环节,尤其是向客户介绍产品的模拟训练。但在模拟中总有学员犯这样一个错误,那就是急于介绍自己的产品,而忽略了客户的关注点,结果就是常常遭到客户拒绝,即便不被拒绝,也常常遭到客户无情的砍价。

客户为什么会拒绝?为什么产品总是卖不上价?金钱是价值的交换,价值决定价格。客户之所以拒绝,那是因为客户对产品价值了解得不够多。产品之所以卖不上价,那是因为销售人员未能将产品价值塑造到位。产品价值塑造不到位,客户就会对你说"太贵"。

如何将产品价值塑造到位?如何在介绍产品时能够把话说到客户心里去,让客户觉得你推荐的产品不是"太贵了",而是"太值了"?

哈佛大学的营销学者们研究发现,客户在购物时会有一连串问题,这些问题不一定会被清晰地说出来，因为它们可能只存在于客户的潜意识中。虽然如此，这些问题也必须得到答案，否则你很可能会失去客户。

因此要想让我们的销售人员，成功地拿回订单，把产品卖上价，那就要赋能我们的销售人员回答客户可能未明说但却是存在心中的很重要的问题。一般而言，客户心中会有这5个问题：

问题1：我为什么要听你讲？——销售人员要准确把握客户的需求和购买动机。

问题2：这是什么？——应该从产品特征方面解释。

问题3：那又怎么样？——关于问题的回答，需要解释这些特征能产生什么样的优势，而且要使用客户熟悉的用语。

问题4：对我有什么好处？——人们购物是为了满足自己的利益，不是销售人员的利益。

问题5：谁这样说的？还有谁买过？——证明你所说的你的产品或服务确实像你说的一样好，以此打消顾客心中的疑虑。应该从权威性的购买者、客户见证方面介绍。

当销售人员在销售过程中能够很好地回答这5个问题时，才能让客户觉得我们的产品不是"太贵了"，而是"太值了"。那么，我们应该如何回答客户的问题呢？接下来，我们先来看这样一个故事。

一只猫非常饿，想大吃一顿。这时销售人员推过来一摞钱，并说："猫先生，这是一大笔钱啊！足足有一万块呢！"但是这只猫没有任何反应。

猫躺在地上非常饿了，销售人员接着说："猫先生，这可是一摞钱啊！！可以买很多鱼！"但是猫仍然没有任何反应！

猫非常饿了，想大吃一顿。销售人员继续说："猫先生请看，我这儿有一摞钱，能买很多鱼，您可以用这些钱买最新鲜的鱼，然后就可以大吃一顿啦。"

猫先生站起身来，看了一眼钱又看了一眼销售人员又躺下了。

销售人员继续说："猫先生请看，我这儿有一摞钱，能买很多鱼，您可以用这些钱买最新鲜的鱼然后就可以大吃一顿啦。您的女朋友刚刚就用钱买了鱼，现在一定正在享用鲜美的鱼呢！"话音刚落，猫先生飞快跳起来扑向那摞钱。

在这个案例中，销售人员推过来的一摞钱就相当于是产品，猫就是客户。为什么猫一开始没有反应？因为销售人员仅仅只是给猫介绍了这个产品的特征及用途"一摞钱，可以买很多鱼"。当销售人员明确地告诉猫用这些钱所能获得的好处并且列举了成功的见证"你可以它用来买新鲜的鱼大吃一顿，你的女朋友也正在享用"时，猫不仅站了起来还飞快地扑向了那摞钱。

正如这个案例中所呈现的一样，很多销售人员常常出现的问题就是一味地站在销售产品的立场上介绍产品的特征和优势，以期试图说服客户，但事实上，能够打动客户的不是产品的特征和优势，而是产品的特征和优势能够带给客户的利益。销售之父杰弗里·吉特默曾经说过这样一句话："给我一个理由，告诉我为什么你的产品或服务再适合我不过了。如果你销售的产品或服务正是我所需要的，那么在购买前，我必须先清楚它能够为我带来的好处。"

在销售过程中，销售人员要解除客户内心潜在的问题，一定要懂得基于客户的利益诉求点来引导客户。接下来，给大家分享一套能够让销售人员简单而有效地向客户做好产品介绍和传递产品价值的模式，笔者把它就叫作"攻心四述"。

"攻心四述"简单地说，就是找出客户最感兴趣的产品特征，分析这一特征所产生的优势，从而找出这一优势能够带给客户的利益，最后提出见证。通过"特征""优势""利益""见证"这四个关键环节的销售模式，来解答消费诉求，证实该产品确实能给客户带来的利益。最终极为巧妙地处理好客户关心的问题,从而顺利实现产品的销售诉求。

"攻心四述"之产品特征是指产品的特质、特性等最基本功能,以及它是如何用来满足我们的各种需要的。

例如,从产品名称、产地、材料、工艺定位、特性等方面深刻去挖掘这个产品的内在属性,找到差异点。特性,毫无疑问就是要自己品牌所独有的。

每一个产品都有功能,否则就没有了存在的意义,这一点应是毋庸置疑的。对一个产品的常规功能,许多销售人员也都有一定的认识。但需要特别提醒的是:要深刻发掘自身产品的潜质,努力去找到竞争对手忽略的、没想到的特性。当你给了客户一个"情理之中,意料之外"的感觉时,下一步的工作就很容易展开了。

"攻心四述"之产品优势是指由产品特征所产生的优势,即产品特征所能产生的功能、用途、功效等。

通过产品优势向客户证明"购买的理由":同类产品相比较,列出比较优势;或者列出这个产品独特的地方,可以直接或间接去阐述。例如:更便携、更小巧、更易学、更管用、更高档、更温馨、更保险、更安全等。

"攻心四述"之产品利益是指由产品优势能带给客户的利益,即能给客户带来的好处。

通过强调客户得到的利益、好处,激发客户的购买欲望。在这个过程中,要分析清楚哪些利益因素能够驱动客户购买,由此才能判断客户买或不买行为背后的动机。通常情况下,客户分成两类,一类是企业,另一类是个人,这两类客户在采购的过程中都有不同的利益诉求。

企业类客户的利益诉求可以分成3种:

(1)解决客户问题,比如通过购买你的产品获取更多的客源,提高销售额,增加利润,提升他们客户的满意度和忠诚度等。

(2)解决竞争问题,比如通过购买你的产品提升竞争优势,实现差异化,优化产品创新，巩固市场地位等。

（3）解决自身问题，比如通过购买你的产品，降低采购成本，提升交货期，提高技术性能等。

个人类客户的利益诉求分为5种，可以按照马斯洛层级需求理论来进行划分：

（1）生理。决定买与不买的动机包括个人习性、工作便利，以及对地域、年龄、性别等因素的考虑。比如从便利性上来讲，购买你的产品能够让客户使用起来更省时、更省力、更省心。

（2）安全。客户采购你的产品，你能够消除客户心里的疑虑，让客户感受到风险低，安全且可靠。

（3）归属感。客户的归属感来源于对特定产品的使用习惯，与供应商的亲密程度，更换供应商的时间、精力成本，对某一品牌的偏好等。

（4）尊重感。客户在采购你的产品的过程中，基于尊重感的利益诉求通常主要来自两个方面，一是来自供应商的尊重，比如态度、响应速度等；二是来自内部身边人的尊重，如因采购而被重视和赞赏，或是取得个人业绩。

（5）自我实现。客户基于自我实现感的利益诉求通常体现为职业发展、学术地位、社会声望、从业政绩等。

"攻心四述"之见证是指用第三方案例向客户证明这个产品销售实际能给客户带来好处的证据，通过见证能更进一步地取得客户的信任，打消客户的顾虑。

产品见证包括技术报告、客户来信、报刊文章、照片、示范等，通过现场演示、相关证明文件，品牌效应来印证刚才的一系列陈述介绍。

所有作为"证据"的材料都应该具有足够的客观性、权威性、可靠性和可见证性。

赋能销售人员"攻心四述"，销售人员就能够针对客户的需求，进行简洁、专业的产品陈述和介绍。在向客户陈述和介绍产品时，需要把握注意以下几点：

首先，在介绍产品的特征和优势时，最好先介绍特征，再引申到优势，这样能够使产品优势有支撑点，显得更加真实、可信和差异性。其次，在介绍产品的特征和优势时，最好不要超过三个，否则过多的特征和优势很难让客户留下清晰的印象，而且向客户介绍特征和优势一定要符合两大原则：

（1）基于客户需求满足的原则：介绍的特征和优势一定是要能够满足客户的需求的，否则再好的特征和优势也不会引起客户的兴趣。

（2）基于竞争对手比较优势的原则：特征和优势是一种比较优势，也就是说，你的特征和优势一定是竞争对手所没有的或你比竞争对手做得更好的，否则就不是特征和优势，客户也不会产生兴趣和购买欲望。

我们这款空调产品因为采用了目前国际上最先进的也是我们公司的专利技术SQ节能技术，这会使得我们的产品比同类产品在达到同样效果的前提下节电58%。

在介绍完产品的特征和优势后，应将特征和优势转化为利益。因为客户关注的是利益，激发客户购买欲望的是产品能够给客户带来的好处，而不仅仅是产品本身。因此，销售人员应该站在客户的角度和立场，为客户去分析如果他购买产品将带来的利益是什么？在将特征和优势转化为利益时有3个原则：

（1）聚焦客户需求原则：利益必须是客户所关心的，能够满足客户需求，要让客户有眼前一亮的感觉。

（2）利益具体化原则：给客户介绍利益时，一定要避免可能、大概、差不多等模糊字眼，而是要具体化、数字化，这样客户会更清晰地了解产品能够给他带来的价值。

（3）利益情景化原则：在给客户介绍利益时，销售人员一定要兴奋起来，情景化地描述产品能够给客户带来的利益，让客户能够像已经购买并已经使用产品后一样体会到产品带来的价值和利益。

（接上例）那也就是说，根据贵公司的采购数量和每台空调平均年使用小时来估算，每年至少能给贵公司节省86000度电，电费按0.58元/度算，一个年度下来就会为你们节省49880元。在金融危机形势下，企业都在内部挖潜，节能降耗，省钱就是赚钱，这对贵公司来说一定是一笔可观的效益，你说是吗？虽然我们的产品价格比其他品牌要贵一点，但这贵出的钱你一年就能从电费中省下来，接下来就是纯省下的真金白银了，您说哪个更贵呢？

最后，在介绍完利益之后，不要给客户太多思考和选择的时间，马上引入"攻心四述"的最后一个环节，即见证。见证的部分一定要体现以下原则：（1）让事实说话；（2）让数字说话；（3）让专家说话；（4）让荣誉说话；（5）让客户说话；（6）让市场说话。我们还接上面的空调案例来说：

我们这款工业用空调产品目前被许多知名企业使用，您看这是我们在部分客户企业使用的一些图片资料以及客户评价。目前，我们这款空调产品在工业空调领域市场的占有率已经达到86%，同时出口美国、荷兰、意大利等20多个欧美发达国家。在刚刚结束的国际空调产品新产品、新技术博览会上，我们这款空调产品获得唯一的金奖，这是获奖证书。

在运用"攻心四述"进行产品介绍时要避免常犯的6个错误：（1）事先准备的不足；（2）不能真正地倾听，不了解客户的需求；（3）不注重利益的个性化；（4）介绍过多的优势与利益；（5）不了解竞争对手，忽略差异性；（6）单单强调特征与优点,忽视利益。

接下来,通过几个具体的案例,来向大家呈现"攻心四述"是如何应用的:

案例1:电器销售

×××先生,您看一下。

特征:这款冰箱最大的特点是省电,它每天的用电才0.35度,也就是说3天才用1度电。

优势:以前的冰箱每天用电都在1度以上,质量差一点的可能每天耗电达到2度。现在的冰箱耗电设计一般是1度左右。您一比较就可以知道一天省了多少钱。

利益:假如0.8元一度电,一天可以省0.5元,一个月省15元,就相当于省出您的手机月租费了。

见证:这款冰箱为什么那么省电呢?

(利用说明书)您看它的输入功率是70瓦,相当于一个电灯的功率。这款冰箱用了最好的压缩机、最好的制冷剂、最优化的省电设计,使它的输入功率小,所以它省电。

(利用销售记录)这款冰箱销量非常好,您可以看看我们的销售记录。假如合适的话,我就帮您试一台机。

案例2:汽车销售

×××女士,您好。

特征:雷克萨斯CT200h是油电混合动力车型。

优势:这令它比同等价位的车型跑相同的路程更加省油。

利益:那么,对于您而言每个月也就相当于省了500块钱的油钱,一年下来就省了6000块钱。

见证：您看我们客户叶小姐上次家里人出去旅游，跑了1000多公里也才花了500块钱的油钱，总之这款车非常适合像您这样务实之人。

案例3：保健品销售

×××先生，您看一下。

特征：我们×××品牌的这款保健品采用纯天然有机成分的原材料精制而成。

优势：富含人体微量元素。

利益：服用后能快速提高您的身体免疫力，使您更加健康。

见证：跟您住一个社区的王主任以前身体一直不太好，服用了我们产品后，现在身体非常健康。

案例4：展架销售

×××女士，您好。

特征：根据我们了解到的信息，您公司是××行业，主要生产××产品。我们根据这些信息为您推荐以下几款展示架，我们保证为您提供高质量的产品和最优惠的价格。

优势：您是我们根据您将要展示的产品——指甲油，做的两点分析，指甲油属于小商品，所以在选择展示架的时候要能使其突出，所以我们建议如下：

①展示面分为两个区域，一个突出展示，一个大面积摆放。

②展示架建议选用白色亚克力，白色适合衬托色彩丰富的亚克力不显得杂乱，亚克力材质使得整体更有光泽和质感。

利益：我们根据您产品的特性设计了展示架，让您的产品能脱颖而出，既好看又好卖。

见证：我司至今已承接多个国际知名品牌的展架定制项目，并建立了长期合作关系，在北美、欧洲及澳洲市场均有稳定的客户群。

最后，为了让大家更好地掌握"攻心四述"，下面再给大家分享一个笔者亲身经历的案例：

有一次我从郑州讲完课坐飞机回北京，准备给北京的同事带一点特产，带什么呢？我想还是带些新郑大枣吧，但我想机场的肯定比较贵，决定还是在市区买。当我在民航大酒店乘车时看到对面有两家卖枣的商店，我就走过去，看到一家的老板是个年轻人，另一家的老板是老太太，我想老太太肯定比年轻人实在，就直接走进了老太太的店，接下来老太太对我这个经常给学员讲解"攻心四述"的营销专家使用高水准的"攻心四述"进行了成功的销售（我当时并没有意识到老太太用的是"攻心四述"）：

我走进店里问道："您这里的枣怎么卖？"

老太太热情地招呼道："小伙子，我这全是正宗的新郑大枣，你是自己吃还是送人？"

"送人。"

"是送一般客人，还是重要客人？"

"送给我的同事。"我答道。

"您同事太有福了，送的枣贵贱不说，一定要送真货。"老太太说道。

"枣还有真假吗？"

"那当然，你知道新郑枣是最有名气的，也是最好吃的，送礼一定要送新郑大枣，现在市场上有很多外地冒充新郑枣，你一不小心就可能买到假冒的新郑枣，你是买来送给同事的，肯定不愿意买到假冒的新郑枣，你说是吗？"

我说："那肯定是，那新郑枣与其他地方的枣有什么区别吗？"

Part3 落地篇 插上"工业化"腾飞翅膀,打造人才复制"流水线"

"那区别可大了,有一种说法叫'灵宝苹果潼关梨,新郑大枣甜似蜜',新郑种枣有8000多年历史,新郑大枣的优良鸡心枣品种,种植技术独特(特征),使得新郑大枣的最大优点就是皮薄、肉厚、核小、味甜(优势),不信你尝尝。"

说着老太太用一个镊子从一个盒子里夹了一颗又红又大的枣,我忙说:"不用尝。"

老太太乐呵呵地说:"小伙子,买不买没有关系,到我店里有个规矩就是一定要尝尝我的枣。"我被老太太的真诚所感染,就拿了一个枣吃了起来,老太太淡淡地问,"是不是皮很薄?味很甜,而且你看核是不是很小?"

我连连地说:"没错,是的。"

"那你带这样的枣去送给同事,是不是很体面呢?"(利益)

"那当然。"我答道。

"小伙子你知道吗?有两个西安人上次从我这里买过枣,昨天晚上9点多了,又来我店里。当时我已经回家了,他从我店外牌子上看到我的电话号码后跟我联系,后来又来买了40斤枣。"(见证)

"那您这里的就一定是新郑大枣吗?"我问道。

"小伙子,我就是新郑人,我家就在千年枣村王所在的村子,你看看我身份证,上面写着呢。"老太太从旁边的桌子上顺手拿出一个旧旧的身份证到我面前,我看到上面确实写着老太太的住址是新郑市的一个什么村。(见证)

这时我对老太太的枣已经非常动心,就问:"您的枣多少钱一斤?"

老太太说:"机场的枣多少钱一斤你知道吗?机场的枣至少比我这里的枣一斤贵10块钱,还不一定有我这里的枣好,我的枣根据大小不同,有25元、30元、35元一斤的,我建议你买30元一斤的就可以了。如果你买我的枣超过100元,包装盒我免费送你,一点不比机场的包装差,你看看我这些包装。"(利益)

"好的,我就要30元一斤的,我要200元的枣。"我脱口而出。

"好的,我再免费送你一大盒枣片,如果零卖的话一盒要20块钱呢。"老

149

太太高兴地张罗着帮我称好枣并包装好。

我付过钱后，老太太说："小伙子，你看，你出来一趟挺不容易，不如再带两瓶枣花蜜，送给家里老人，这对老人的健康非常好，肯定会给老人一个惊喜。你一下买我这么多枣，如果你要我就20元一瓶给你，原价40块钱呢，等于买一送一了。"

老太太从货架上拿出一瓶枣花蜜给我看。我犹豫了一下，觉得老太太说得有道理，我下又掏了40元钱买下了两瓶枣花蜜。（利益）

我付完账，老太太高高兴兴地送我出门。因飞机晚点，我就在机场商场闲逛，看到有卖枣的就过去看看我买的枣是不是比老太太的贵。结果我惊异地发现，机场的枣与老太太的枣价格基本一致！我当时坐在候机室的椅子上，回味着老太太的销售过程，不禁感叹：真是高手在民间啊！

总结：在运用"攻心四述"的过程中，一定要以客户的需求为中心，并且提供足够的证据！在销售过程中，每位客户都有不同的购买动机，产品有再多的特征与优势，若不能给客户带来很好的体验，再好的特征与优势，对客户而言，都不能称为利益。反之，若能发掘客户的需求，从而再找出产品的特征与优势，来满足客户的需求或解决客户的问题，给客户带来利益，这才是销售人员存在的价值。

4. 四大策略化解客户异议，让"拒绝"变为"成交"的开始

在销售的过程中，遭遇拒绝是家常便饭，有些销售人员常常会把客户提出来的异议看作客户的拒绝，但在优秀的销售人员看来，"褒贬是买主，无声

是闲人"。客户的异议就是成交的前奏,他们总是能从客户的异议中得到很多有利成交的信息。调查研究显示:当客户对销售员提出拒绝时,如果销售人员的方法得当,那么销售的成功率就会达到64%。可见,客户的拒绝并不是意味着你成交的终结,相反,是你顺利实现成交的开始。

一天,惠普公司的销售代表约翰·柯威尔去推销惠普电子设备。面对一家公司的采购经理史密斯先生的拒绝,他并没有感到惊讶。因为在当时,IBM一直是IT行业的"领头羊"。惠普才刚刚进军IT行业,又有谁会愿意舍弃"领头羊",而愿意相信一个"无名小卒"呢?

但是约翰并没有立即走掉,而是语气镇定地问:"先生,我想知道,您觉得IBM公司的产品确实值得您信赖,是吗?"

采购经理接着回答:"当然了,这还用说吗?"

约翰·柯威尔继续问道:"您能告诉我,IBM公司产品的哪些特点最令您满意吗?"

公司经理饶有兴趣地回答:"那要说起来可就太多了。IBM的产品质量一流,大家有目共睹。而且它的研究技术在全球也没有几家公司可比。更重要的是,IBM有着多年的良好信誉,它几乎就是权威的标志。仅凭这几点,就很值得我继续与其保持合作了。"

约翰·柯威尔又问:"我想,您理想中的产品不应该仅仅包含这些特征吧?如果IBM能够做得更好,您希望他们有哪些改进?"

公司经理想了想,答道:"我们公司的员工常常抱怨某些操作不够简便,我希望这些技术上的细节更加完善,可是我不知道现在有没有办法解决这些问题。当然了,价格降低一点儿,就最好不过了。因为我们公司的需求量很大,每年花在这上面的费用一直居高不下。"

约翰此时胸有成竹地告诉公司经理:"史密斯先生,我要告诉您一个好消息,您的这两个愿望我们都可以满足。我们公司的技术人才同样是世界一流的,因此对于产品的技术和质量水平您都不用担心。同时,由于我们公司的这项业务刚刚起步,所以操作起来更加灵活,我们的技术部门完全可以按照您的要求,对贵公司订购的产品进行量身定做。而我们是以低价策略打开市场,价格会很低,希望能赢得一些像您这样的大客户的支持。"

看到自己提出的几项条件惠普基本都能满足,史密斯先生当即表示先购进一小批产品进行试用。

在以上案例中,虽然约翰刚开始就知道会遭到史密斯先生的拒绝,但约翰并没有因此而退缩和放弃,而是巧妙地引导客户说出了拒绝的理由,然后顺藤摸瓜,实现了成交。

作为销售人员在销售的过程中,应该设法了解客户拒绝的真实原因和态度。一般来讲,原因不同,客户拒绝的态度也不同,归纳起来,可分成三类:一般性拒绝、彻底性拒绝、隐蔽性拒绝。

所谓一般性拒绝,就是客户在做出决定之前,没有经过深思熟虑,有很大的盲目性。客户的这种态度是在已经具有一定的购买欲望的基础上产生的。只是由于他们的注意力还没能集中指向产品,从而对产品缺乏足够的了解,造成购买信心不足。

彻底性拒绝则是指客户经过理性思考后做出的拒绝购买的决定,客户在这种情况下态度十分干脆。产生的原因主要有三点:一是客户对产品根本没有任何需求;二是销售人员的服务或产品的某些方面与客户的心理要求相差太远;三是客户带着偏见来认识产品,对产品的品质、性能极不信任。

最后是隐蔽性拒绝,主要是指客户出自某种心理需要,不愿说出拒绝购买的真正理由,而用别的理由加以掩饰。客户这样拒绝大多是受自尊心的需要导致的,也有的是对产品缺乏了解,又不愿意让人看出来,还有的是出于购买欲望不强烈，而又不愿意表露出来，只好用其他原因加以掩饰等。

销售人员只有设法了解客户拒绝的真正原因，才能够找到客户的"症结"，进而对症下药。那么，销售人员究竟应该如何应对客户的拒绝，接下来和大家分享一下，解除客户异议的四大策略：

策略一：问比说更容易解除客户异议

我们常常遇到这样的销售人员，说起话来就像开机关枪，冲着客户就是一阵"突突突"，试图凭借三寸不烂之舌，把客户彻底说服。但往往结果是遭到客户更加无情的拒绝，这是为什么呢？因为没能真正解除客户的异议。

有这样一个故事很能说明解除客户异议的基本原则：

有一根大铁杆在锤子的帮助下费尽九牛二虎之力也没撬开那只大锁，焦急之时又瘦又小的钥匙小姐来了，"咔嗒"一声打开了锁。大家急切问钥匙小姐她是怎么打开的。

钥匙小姐说："我懂锁的心，我的办法适合它。"

正如这个故事所包含的道理一样，要想取得有效解除客户异议的那把钥匙，那就要听懂、摸清、揣摩明白客户的心。

如何走进客户内心？中国有句话俗语，"口乃心之门户，嘴巴张开，心门打开"，要想打开客户的心门，就要把"说"变成"问"。当销售人员"问"的时候，客户才有机会"说"。只有当客户"说"的时候，我们也才有机会走进客户的心，了解客户提出异议的原因。

接下来，我们先看这样一个案例。

准客户："据我了解你们这行售后服务都做得不怎么样？"

销售员A："我们这个行业确实有不少奸商，您放心，我们跟别家不一样，我们的售后服务绝对一流。我们公司多次被评为'消费者信得过'企业，我们的售后服务体系通过了 ISO 9000 的认证，我们公司的服务宗旨是顾客至上。"

准客户："是吗？我的意思是说假如它出现质量问题等情况怎么办……"

销售员 A："我知道了，您是担心万一出了问题怎么办？您尽管放心，我们的服务承诺是一天之内无条件退货，一周之内无条件换货，一月之内无偿保修。"

准客户："是吗？"

销售员 A："那当然，我们可是中国名牌……您放心吧。"

准客户："那好吧。我知道了，我考虑考虑再说吧。谢谢你。再见。"

销售员 A："唔？……"

在这个案例中，销售人员对客户提出问题的解释应该说翔实全面、无懈可击，而且几乎是脱口而出，抢先回答了客户的问题，他的三寸不烂之舌再一次得到了淋漓尽致的展现。但为什么客户最终连继续对话的兴趣都没有了呢？主要原因就在这名销售员将对话的焦点放在自己，而不是在客户身上。只是一味地自圆其说，而没有弄清楚客户问题的真相，当客户没有从内心感受到应有的尊重时，自然这名销售人员也就无法打开客户的心门。心理学研究表明：一方面，当人们提出问题时希望得到对方认真的反馈，认真反馈的过程可以让提问者感受到被重视的程度。另一方面，人们在提问时通常会省略掉一些背景描述，并隐藏提问的真实动机，这样就容易造成回答者对异议理解上的偏差。在销售的过程中，为了避免给客户留下轻率地给出答案的印象，最好的做法就是通过正确的提问了解客户提出反对意见的真实原因，然后再给予回复。

事实证明：表达对客户异议的正确理解比解除异议更重要！因为针对客户异议的提问能表达对客户的关心与尊重，也只有这样才能打动客户的心。下面的案例说明了以上观点。

准客户:"听说你们这行售后服务都做得不怎么样?"

销售员 B:"王先生,您为什么会这么说呢?其实我很理解您对售后服务的关心,毕竟这可不是一次小的决策,那么,您能不能谈一下您在售后服务方面都有哪些的具体要求?"

准客户:"是这样,我以前买过类似的产品,但用了一段时间后就开始漏油,后来拿到厂家去修,修好后过了 1 个月又漏油,再去修了以后,对方说要收 5000 元修理费,我跟他们理论,他们还是不愿意承担这部分的费用,我没办法,只好认倒霉。不知道你们在这方面是怎么做的?"

销售员 B:"王先生,您真的很坦诚,除了这个问题还有其他方面吗?"

准客户:"没有了,主要就是这个。"

销售员 B:"那好,王先生,我很理解您对这方面的关心,确实也有顾客关心过同样的问题。我们公司的产品采用的是意大利 AA 级标准的加强型油路设计,这种设计具有极好的密封性,即使在正负温差 50 度,或者润滑系统失灵 20 小时的情况下也不会出现油路损坏的情况,所以漏油的概率极低。当然,任何事情都有万一,如果真的出现了漏油的情况,您也不用担心,这是我们的售后服务承诺:从您购买之日起 1 年之内免费保修,同时提供 24 小时之内的主动上门的服务。您觉得怎么样?"

准客户:"那好,我放心了。"

同样的问题却得到了完全不同的回答,很显然客户对销售员 B 的回答会满意得多。这两个案例的区别不在于答案的不同,而在于销售员 B 采用了提问的方式,这种方式给予了客户被尊重的感觉,同时也找到了客户提出异议的真实原因,轻松化解了客户的异议。

通常情况下提问有两种方式:

（1）开放式的提问，即咨询性的、询问细节的问题。

（2）封闭式的提问，是验证性的、要求回答是与否的问题。

在向客户询问异议的细节时，可以先采用开放式的提问，鼓励客户主动地尽量细说、多说，说出更多的想法和意见，最后采取封闭式的提问方法，来确认客户的真正意见。只有听到客户真正的意见，才能有针对性地去解释和解除客户的异议。

在提问时，销售人员要把握好以下三点：

（1）客户的真实需求是什么。客户的真实需求是指客户表面异议之下的实质性的意见。

（2）客户需求的迫切程度。客户的真实需求中可能包含若干方面，销售人员要了解客户真正需求的优先次序，哪些是客户最迫切需要解决的，哪些是可以次要解决的。了解了相关的优先次序，销售人员就可以确定解决的重点。

（3）导致客户产生异议的问题可能是什么。善于分析的销售人员能有的放矢地发问，更容易了解客户的真实意思。开放式和封闭式的问题应该交替使用，通过询问确认客户异议的细节来了解客户真正的需求是什么、迫切程度如何以及他们可能存在的问题。

通过提问来解除客户异议时，应注意以下五个方面的问题：

（1）销售人员追问客户时应适可而止，不能刨根问底。

（2）提问时，销售人员应讲究职业礼仪，避免直接冒犯客户。要使客户感受到销售人员的真诚，感受到自己是被尊重的。

（3）在直接追问客户时，应直接针对有关的客户异议，而不能询问其他的无关问题，以免无事生非，弄出更多的有关或无关异议，直接阻碍成交。

（4）销售人员向客户提问时不要急于求成，应由浅入深、循序渐进地进行提问。

（5）销售人员应通过提问引导客户说出真实的想法，引导客户逐渐认识到销售人员的观点是正确的,并且要让客户感到购买决定是他自己做出的,而不是因为别人的强迫或盲目听从了别人的意见做出的购买决定。

策略二:认同比反驳更容易解除客户的异议

人都有一个共通性,即当自己提出意见时,不管是有理还是没理,都不希望被人直接否定和反驳。而且,一旦被人否定和反驳,心里都会不痛快,甚至还会被激怒,尤其是被一名陌生的销售人员当面否定,更会让其感到难堪。

当面否定客户,很容易让客户恼羞成怒,即使你说得都对,而且也毫无恶意,还是会引起客户的反感。因此,当客户拒绝你时,不要马上反驳,而要先接过来,表示认同。比如:

"×××女士,我理解您的想法,谢谢您能告诉我,除了这个问题之外,还有其他问题吗?能不能把其他问题也告诉我呢?"

客户说:"是啊,还有……原因。"

通过"认同"不仅可以避免因反驳客户而导致争执或尴尬场面的出现,还能进一步了解客户的真实想法,从而将拒绝转化为销售机会。

其实,当客户拒绝你时,理由可能有几个,这个时候应先锁定其中一个,表示认同,然后反问客户:

"×××女士,您刚才讲到了这样几个影响您没能马上做决定的原因,是不是就只有这几个原因呢?如果我们能很好地解决,您今天会考虑定下来吗?"

当客户提出异议时,通过表达对客户的"认同",能够营造一个良好的沟通氛围。在销售过程中,一定要顺应客户的观点,即便客户的观点不完全正确,也要顺应着客户心意，因为处理异议的目的是促成，而不是为了赢得辩论。

在表达对客户的"认同"时有三种不同的方法：

（1）取同，即把焦点放在对方说话中与你一致的部分。

（2）取异，即把焦点放在对方说话中与你不同的部分。

（3）全收，即先接受对方全部的说话内容。

那么，这三种不同的"认同"方法到底如何应用？我用一个案例给大家分解说明：

销售员说："企业规范的信息化管理是非常重要的，特别是CRM客户信息管理，做不好会导致公司重要信息资源丢失。"

准客户说："CRM管理我们之前就做过，信息录入非常费精力费时间，我们公司规模现在还小，用不着。"

接下来用上面学到的三点分别进行回应：

用取同的方式回应："哦，原来咱们公司之前就做过CRM客户信息管理，您觉得做好CRM管理对公司未来业务发展会带来帮助吗？"

用取异的方式回应："您觉得CRM客户信息管理费力费时，公司现在规模还小，用不着，那么，您是通过怎样的方式来跟踪咱们公司业务订单执行情况的呢？"

用全部接收的方式回应："不只您这样说，我服务过的一些客户，刚开始也是觉得公司小，业务量不大，没必要。后来导入CRM系统以后，他们不仅效率得到了提高，而且跟单的成单率也提高了很多！您有兴趣了解下吗？"

我们会发现，以上这三种"认同"方式都充分尊重了对方，给予一个肯定的回应，在此前提下，后续你再做引导，对方也就比较容易接受。

策略三：太极拳打法比西洋拳打法更容易解除客户的反对意见

西洋拳是你一拳我一拳，你来我往，是对抗型的打法，结果往往是互相伤害。与西洋拳相比，太极拳更灵活，讲求的是"四两拨千斤"一般的借力使力。接下来给大家分享一个非常有效的方法，这个方法用起来能够像太极拳一样起到"四两拨千斤"的效果，这个方法就是——先跟后带法。

咱们先来看看什么是跟和带？

人在潜意识当中，自己只认可自己，与他人的意见是相悖或带抵触感的，没有人愿意被别人控制的。跟的目的就是让对方在潜意识里接受自己，然后再引导对方做自己希望的事情。

懂得了这一点，接下来笔者给大家详解"先跟后带"法。

如何"跟"对方？在人际沟通中，亲和力源于共同点，"跟"的目的就是为了制造共同点，建立亲和力。亲和力是人际沟通的第一步，也是先决条件，没有亲和力，其他任何技巧都将无用武之地。

如何"跟"对方？"跟"就是聆听观点、表达同感。

在沟通中要注意聆听客户的观点，找到客户可能担心的问题，在这个基础上表达同感。通过肯定客户、让对方感受到被尊重和重视，他们才会比较放松地表达其疑虑。

如何"带"对方？"带"就是厘清重点，说明情况，促进行动。

在这个步骤中要和客户厘清问题，确认客户真正的异议；然后针对问题说明情况，逐步解决和打消客户疑虑。最后再提出成交请求，促进客户行动。

接下来，给大家详解这几个步骤：

（1）聆听观点

聆听是对客户的尊重，它能创造使客户愿意敞开心扉、自由表达感受的心理环境；更重要的是，感知客户内心的情绪和想要表达的意图。

只有尽可能了解到客户真实的想法以及产生反对意见的原因,才能在后续的步骤中有针对性地应对。

(2)表达同感

同理心有助于拉近与客户的心理距离,使双方站在同一战线,共同解决这个问题。

但要注意,理解客户的感受并非一味认同对方的观点。可以说:

"您说的有道理。"

"我明白您的意思。"

"我也有过这样的感觉。"

"一开始我也这么看。"

但不建议对客户的说法全然附和,否则会很难在后续环节将问题真正讲清楚。

(3)厘清重点

客户有时候会表达一些言不由衷的"虚假异议"。所以在聆听客户想法的基础上,我们要了解客户异议的具体原因,找到应对异议的解决方案。厘清重点可以通过提问的方式进行。比如:

"您觉得产品不好,能具体说说是哪方面没有达到您的预期吗?"

"您好像挺了解我们的产品,是不是之前用过?"

(4)说明情况

在找到顾客真实的异议后,告诉顾客真正的价值是什么,帮助他们进行分析和决定。

在表达同感、厘清重点和说明情况的过程中,可以参考以下的话术:

"一开始我也觉得……"

"后来发现……"

"所以现在看来……"

(5)促进行动

处理完客户异议后,接下来就是促进成交了。这一步,大家要记得处理完异议后,要马上提出成交要求,这样才是促进客户购买的有效行动。例如,在处理完异议后,可以补充:

"这么算下来,我们的产品性价比是不是还挺高的?"

"买了肯定超值。"

接下来,我们通过一个案例来给大家呈现以上五个步骤在实战中的具体应用。

案例:如何应对客户嫌价格贵的异议

准客户:"你们的洗洁精太贵了!能不能便宜点?"

销售员:"您为什么会觉得贵呢?"

准客户:"我听说×××品牌的洗洁精一瓶才卖×××元?这么一比,你们这个有点贵。"

销售员:"您说的这个牌子我也知道。刚开始的时候我也有这样的疑虑。后来我知道了咱们的洗洁精是用科学配方精制而成的浓缩产品,一瓶洗洁精可以稀释成10多瓶来用呢,平均下来,并不比其他洗洁精贵。"

准客户："算算差不多的价钱啊，我家也有常用的……"

销售员："虽然看起来价钱差不多，但是有一样您肯定感兴趣，咱们的洗洁精容易清洗，能节约不少水费，这样用起来就很划算了呀！"

准客户："嗯，听起来还不错。"

销售员："不仅仅是节约用水，咱们的产品是无磷配方，性质温和；含有小麦蛋白，不伤皮肤。家用既安全又放心，您也不用担心冬天洗碗手会干燥、有裂口了。"

准客户："听起来确实不错。给我来一瓶试试看。"

策略四：讲故事比讲道理更容易解除客户的异议

在销售过程中，当我们面对客户存在异议时，有些销售人员总爱跟客户讲道理，辩个你对我错，但往往是"道理上虽然赢了，订单却丢了"，为什么会有这样的结果呢？

原因很简单，那就是当你跟客户讲道理的时候，通常会不自觉地扮演一个居高临下的角色，会引起客户的反感，因为谁都不希望被别人教育。相对于讲道理而言，故事有情节，理解起来更直接，更容易让客户产生情感共鸣，让客户迅速明白你要表达的意思。

我们都知道讲故事的方式能更加容易引起客户的共鸣，也能够规避销售过程中比较尴尬的局面，那么到底该如何用讲故事的方式来解除客户异议呢？

通常用讲故事的方式来解除客户异议，主要有三类：隐喻故事，用其他客户的故事，我的故事。接下来，我通过案例给大家一一详解。

（1）隐喻故事

什么叫作隐喻？简单点说，就是给客户打比方。就像毛主席说过的那句话，"你们青年人朝气蓬勃，正在兴旺时期，好像早晨八九点钟的太阳"。

这句话就是最简单的隐喻,用八九点钟的太阳来比喻年轻人充满活力。在销售中,我们使用讲故事的技巧,更看重的就是故事中的隐喻,用故事来告诉客户,"我知道你想用最便宜的价格买到最好的产品""我知道你说再考虑一下其实就是不考虑了"等各种尴尬场景,销售沟通的难点就在于即使你已经洞察到客户的真正意图,有时候也不能说出来,否则你真的说出来了,会导致客户很尴尬,最终失去了订单。

那么,到底在哪些场景下适合使用具有隐喻特点的故事呢,到底我们该如何讲好隐喻的故事呢?

有一次我给广东一家涂料企业做培训,课程结束后企业派了一名销售经理送我去机场。这名销售经理非常健谈,在去机场的路上一直在跟我讲她做销售的一些经验以及对我课程的一些感受,她说:"姜老师,我非常认同你说的讲故事解除客户异议的策略。我有一次去开发一个客户,跟了很多次终于要签合同了,客户跟我说还要考虑一下。你猜我怎么回答的?"

"我说,老板,你不说我也要说,做一个品牌确实应该多考虑一下,不但您要考虑,其实我们厂家也要考虑一下呢。您想,我们把品牌交给您来代理了,这就跟嫁女儿是一个道理。我们把女儿交给您了,夫妻俩和和气气过日子,我们娘家人还有您这婆家人咱们都开心,可万一小两口过到一半离婚了,说实话你们婆家损失倒是不大,可是我们娘家可就惨了,当年嫁给你们的黄花大姑娘,现在离了婚想再找个好婆家可就难了。所以,不但老板您要考虑,我们厂家更要考虑考虑。"

不能不说,这销售经理是销售高手,首先面对客户的异议没有马上去辩驳,而是顺着客户说,这样就不会让客户产生逆反情绪。同时,她又用一个娘家人给姑娘找婆家的故事,诙谐幽默地告诉客户,自己对于寻找经销商这件事情上也特别的慎重。从这个案例中，你能够看出讲故事的威力。这位销售经理正是应用了隐喻的策略，用大姑娘找婆家这件事来隐喻厂家寻找代理商的慎重。

（2）用其他客户的故事

用讲其他客户的故事来解除客户异议是销售沟通中的一种类比技巧，简单来讲，就是用其他客户的经历或者感受来打动我们的意向客户。

准客户："我要考虑一下。"

销售员："我非常理解您的这种想法，买东西时很多人都想再多考虑一下，就像去年我们双十一大促的时候，有一位李先生觉得我们的价格不够实惠，想要再比较比较、考虑考虑，结果等他考虑清楚回来再想买的时候，不但优惠促销活动已结束，而且连他看中的那款产品也都卖断货了，后来我想帮他用原价向总部进行订购时，都没买到。"

用其他客户的故事来回应客户的异议，对于很多销售人员来说一点都不陌生，甚至可以说是信手拈来。但是也不排除有些销售人员为了打消客户的疑虑，编了一个虚假的故事，这样做最大的风险就是，一旦被客户识别，会招致客户的强烈不满。即便侥幸未被客户识别，故事中的许多细节无法被详尽地描述，故事本身缺少更多的冲突与情感，这样，也是无法真正打动客户的。

如果在销售的过程中，你能拿出你所讲客户的一些具体细节来，比如说客户的地址、客户的销售清单、客户的意见反馈表等，更加能够增加故事本身的真实性，也就更加能够打动顾客。

因此，如果你想用其他客户的故事去说服眼前的客户，那么最好也是最安全的做法首先就是要确保你所讲述的故事的真实性。当然这就需要我们的销售人员平时要不断地进行总结，要养成每一天都沉淀销售故事的习惯，这样久而久之，故事就会像泉水一样在你需要的时候随时喷涌而出。

（3）我的故事

不管是对客户或是对销售人员来说，讲销售人员自己的故事都是最直接而且最有效的方法。因为"我的故事"是自己亲身经历的事情，那么讲出来的时候就会具有更多的情感特性，内容细节也会更加丰满、更能让人信服。

在一次赋能营销课上，有一位做服装导购的学员小杨，给现场的同学们分享了她如何通过讲述自己亲身的经历来解除客户异议的案例。

有一天，她在店里遇到一个客户，当时这个客户在店里挑了条牛仔裤试了好一会儿，就是没有下定决心买下来，于是她上前说道："美女，您真是有眼光，这是我们家刚上的限量款，这条牛仔裤穿在您身上，感觉就像为你量身定做的一样，特别显您的身材。看得出来，您很喜欢这条牛仔裤，现在店里就只剩最后两条了，您看我给你拿一条新的，今天就把它带回去吧？"客户看了她一眼，然后拿着吊牌说道："你们家牛仔裤确实版型不错，但价格真是太贵了，比网上的要贵得多。"

小杨微笑着向客户点点头，说道："嗯，我理解您的想法。我以前没干服装这行的时候，也常常在网上买衣服。有一次我在网上花190元买了一条牛仔裤，买回来以后不管从版型还是从穿上身的感觉都跟实体店没什么两样，但是没穿几天，就发现这条牛仔裤掉色了。后来我做了这行以后才知道，原来网上卖的这种低价牛仔裤添加了一种特殊的化学成分，所以牛仔裤的版型才会很好，但这种化学成分除了会掉色外，还有致癌成分，对人体是有害的……"

当这名学员跟大家分享完她的亲身经历后，大家都纷纷给她点赞，因为她的故事不但可以用来应对客户的价格异议，而且还传播了很多的新知识。

"讲我自己的故事"不但拥有极强的真实感,在处理客户异议的时候更能增强客户对你的信任,同时还能把自己成功地推销出去。所以我们经常说在产品越来越同质化的今天,与其说是在卖产品,更不如说是在卖自己,因为讲关于"我的故事"更可以一箭双雕、事半功倍。

跟"讲道理"的销售方式不同,当你用故事去应对客户异议的时候,客户的接受度会更高。在使用"讲道理"的销售方式来处理客户异议时,虽然你句句在理,但客户心里却可能已经极为不爽,认为你说的每句话都是在否定他。但如果此时,你用"讲故事"的方式去应对客户异议时,相信你与客户之间的关系将朝着积极的方向发展。

5. 十八式绝对成交法,让临门一脚弹无虚发

很多销售人员之所以跟单失败,并不是因为没能把握好客户的需求,也不是没介绍好产品和有效地说服客户。而是,很多时候销售人员没能把握好成交前的信号和完成好临门的一脚,从而导致前期大量的投入付之东流,白白浪费了大好的成交机会。

心理学上有一个名词叫"心理上的适当瞬间",在销售工作中也有其特定的含义,是指客户与销售人员在思想上完全达到一致的时机,即在某些瞬间买卖双方的思想步调是一致的,此时是成交的最好时机。如果销售人员不能在这一特定瞬间成交,成交的希望就会很渺茫。

在销售中,"心理上的适当瞬间"的到来,必定会伴随着许多有特征的变化与信号。有一定销售经验且善于感知他人态度变化的销售人员,就能及时根据这些变化与信号,来判断"火候"与"时机"。一般情况下,客户的购买兴趣是逐渐升温的,且在购买时机成熟时,客户的心理活动愈加趋向明朗化,并

通过各种方式表露出来，也就是向销售人员发出各种成交的信号。这些成交信号，有些是有意表示的，有些则是无意流露的，这需要销售人员观察、把握这些暗示的语言动作，以便促成最终的成交。

下面就让我们来分析一下客户的各种外在表现，以便赋能我们的销售人员能准确抓住成交的信号，以有利于成交的快速进行。

信号1：口头信号

（1）客户大肆评论你的产品，不管是正面的还是反面的，或者目光一直追随着你的产品。

（2）客户突然开始杀价或是挑产品问题，这种看似反对你的言论，其实是他的最后一搏，即使你不给他降价，不对产品的问题作更多的解释，他也会跟你达成合作。

（3）客户褒奖其他公司的商品，甚至列举商品的名称，其实这犹如此地无银三百两，既然别家商品如此好，他又为何与你费尽这些周折呢？

（4）客户询问具体服务的细节及售后服务，以及使用产品所能达到的效果或询问其他客户使用的情况，等等。这个过程要保持耐心，毕竟"挑货才是买货人"，如果销售人员能把客户心中的疑虑解释清楚，令其满意，那么离成交就更近一步了。

信号2：行为上的购买信号

（1）客户在挑选产品的过程中拿着产品来回比对，或不停地翻阅产品的相关资料。

（2）客户要求到公司或产品的使用场景实地考察，这个过程说明客户已经对深入合作产生了期待，希望通过考察增强信心。

（3）客户向周围的人问："你们看如何？""怎么样？还可以吧？"这是在寻找认同，希望通过其他人进一步确认决策是否正确。

（4）客户在与我们对话的过程中频频微笑点头，表情十分专注且认真，身体向前倾,这表示客户的认同度高,这时与客户洽谈得越好,客户购买的可能性就越大。

信号3:进程信号

(1)有时客户突然对销售人员表现出友好和客气的姿态,说明他接受了这位销售员以及产品。例如,客户会主动向销售人员介绍自己同行的有关人员,特别是购买的决策人员,如主动介绍"这是我的领导"等。

(2)客户说出表示亲近的话,如"要不要喝杯咖啡?""要喝点什么饮料吗?""留下来吃午饭好吗?""你真是个不错的销售。""你对你的产品真是很熟悉。"

(3)客户主动要求进入洽谈室,或在销售人员要求进入洽谈室时非常痛快地答应。

(4)当销售人员在订单上书写内容、做成交付款等动作时,客户没有明显的拒绝和异议。

在销售过程中,时机是稍纵即逝的。当客户发出购买信号,销售人员如果觉察不到成交信号,那就很可能错过签单的关键时机。因此,销售人员应该具备敏锐的业务眼光,时刻注意观察客户,学会捕捉客户发出的各类成交信号,并根据销售场景的实际情况采取灵活的导购方式和促单技巧。

如果把销售过程比作足球比赛,那么销售人员就是射手,作为一名射手不仅要有敏锐的门前嗅觉,同时还应该具备弹无虚发的破门技能。因为无论你此前表现得多么完美,如果没有抓住临门一脚的机会,比分就不会改变,所有的付出就都会是无用功。但现实的情况是,我们有不少销售人员虽有敏锐的门前嗅觉能把握好成交信号,但往往在临门一脚时留下了遗憾。

美国汽车大王亨利·福特的小学同学向他推销保险,这位同学每次讲完之后就走,然后第二个星期再次找福特。就这样他连续两年每周都过来拜访福特。然而，两年之后，福特再遇到这位同学时便告诉他，自己已经买了保险。

这位同学非常惊讶："买了？和谁买的？"

福特说："昨天一个业务员来推销保险，我和他买了。"

同学继续追问："我们是同学，我都跟你介绍两年了，为什么你不跟我买呢？"

福特又说："因为他一来就问我，福特先生，你认同保险吗？你有保险了吗？今天你要跟我买多少钱的保险？请你签下订单付钱好吗？你跟我谈了两年，每一次跟我介绍拥有保险的好处，你讲得那么好，可是你一直没有信心开口，你没有要求我成交，而那个人来了之后就一直在要求成交。所以，我就从他手里买了。"

这个案例看起来已经有些久远，但今天在现实工作中，像亨利·福特同学这样不敢成交的销售人员其实不在少数，相关数据显示：

63%的人在销售结束时不敢要求成交；

46%的人在销售结束时只要求1次成交，然后就放弃；

24%的人要求2次后还是放弃；

14%的人要求3次后放弃；

12%的人要求4次后放弃。

然而，在销售过程中，60%的交易是在客户拒绝5次之后成交的。所以，大胆地要求成交才是销售成功的关键。那么，为什么大多数人在尝试1次、2次、3次、4次之后就选择放弃了呢？主要还是怕被拒绝。其实，你要知道在一次又一次被拒绝之后，你正在慢慢接近成交，你只有坚定信念，不断尝试成交的方法，你才会成功，否则你的一切努力都是在为竞争对手的销售人员做铺垫而已。

想要成交，不仅要把握好成交信号，同时也要讲究方式方法，就像中国足球一样,从来不缺门前嗅觉极强的球员,但往往是临门一脚令人扼腕。接下来就为大家分享"绝对成交技法十八式"。

绝对成交法第一式:直接成交法

直接成交法是销售人员用简单直白的语言向客户提出成交要求的方法。它去除了不必要的掩饰,直接让客户接收到成交信息,并督促他们做出决策。

值得注意的是,使用这一成交技法一定要尽可能地避免操之过急,并且关键是要得到客户明确的购买信号。

当你提出成交的要求后,就要保持缄默,静待客户的反应,切忌再说任何一句话。因为这时你的一句话很可能会立刻分散客户的注意力,使成交功亏一篑。

直接成交法是一种最简单的成交方法,几乎适用于所有的销售场景,同时它对销售人员的能力要求也不高。不过,使用直接成交法如果能考虑到以下这些情况,效果会更好:

(1)客户已经明确地表现出对产品的兴趣。

(2)客户已经和销售人员之间建立起了较为信任或稳定的关系。

(3)由于沟通时间紧迫,需要提高效率快速推进销售进度、检验沟通效果。

(4)客户暂时没有再提出新的异议。

当直接提出成交要求后,如出现不利的情况,销售人员应该立即采取"减压"的方式来调整,比如:

(1)暂时放弃成交要求。

(2)强调买不买都没关系。

(3)转变沟通内容,比如调整到聊生活、赞美客户等和产品无关的话题上。

案例话术：

"张先生，您放心我们的后续服务一定要让您满意，您看现在我们就把合同签了吧！"

"李总，既然您没有其他意见，那我们现在就去付款吧。"

绝对成交法第二式：假设成交法

假设成交法是销售人员假定客户已经接受销售建议，同意购买，通过提出一些具体的成交问题，直接要求客户购买产品的一种方法。假定成交法的主要优点是可以节省时间，提高销售效率，可以适当地减轻客户的成交压力。这个方法适合和平型、犹豫不决的客户。

在运用假设成交法的过程中，要注意以下三点：

（1）必须善于分析客户，对于那些依赖性强的客户、性格比较随和的客户，以及一些老客户可以采用这种方法。

（2）必须发现成交信号，确信客户有购买意向，才能使用这种方法。

（3）尽量使用自然、温和的语言，创造一个轻松的推销气氛。

案例话术：

"您希望我们的工程师什么时候给您上门安装？"

"您看我们什么时候可以安排给您送货？"

"×××经理，咱们这边发票的抬头是按照您名片上公司的名称来开吗？"

绝对成交法第三式：选择成交法

选择成交法是销售人员为客户提供两种解决问题的方案，供客户选择，引导确认合作的一种方法。运用这种方法，应使客户避开"要还是不要"的问题，而是让客户回答"要 A 还是要 B"的问题。注意，在引导客户成交时，不要提出两个以上的选择,因为选择太多反而令客户无所适从。

运用选择成交法必须注意以下问题:

(1)给客户的选择项不要太多,太多的选择项会让客户思路发散,无从选择。因此,最佳的选择项应该是两个,要让客户择优而选。

(2)不要给客户拒绝的机会,销售人员给客户提出的可选方案中,应该包括所有可选方案中大部分内容,最好是让客户在提供的方案中做一个选择。

(3)如果遇到客户的拒绝,不要和客户争执什么是最优方案,销售人员应该适当暗示一下他所提供的可选方案是最优的。同时,如果确实无法提供客户指明需要的产品,销售人员应该尽可能向客户提供他所知道的产品信息,这样往往能够赢得客户的信任。

案例话术:

"您看您这边是微信支付还是支付宝支付?"

"您是选择做一个疗程的项目,还是选择做我们全年的服务项目呢?"

"您看咱们这边是定 A 方案还是定 B 方案呢?"

绝对成交法第四式:故事成交法

前面给大家讲到解除客户异议时可以用讲故事的策略,在成交阶段也同样可以运用这个策略。美国纽约"成功动机研究"主持人保罗·梅耶在进行大量研究后发现,优秀的销售员都会巧妙地利用人们喜欢听故事的心理去说服客户。讲一些小故事,对销售过程的顺利推进有几个明显的好处:首先,可以活跃一下气氛;其次,可以引起客户的共鸣;最后,故事可以为你的销售带来更强的信赖感。

案例话术:

"吴先生,其实有时候买贵了反而省钱。我有一位朋友结婚的时候舍不得

花钱买家具,后来花了1000元买了张床,没承想这张床架子不牢固,睡在上面只要一翻身就嘎嘎地响,结果用了半年这张床就被扔掉了。最后还要再花2000多元重新买一张,前前后后花了3000多元呢。您说他当初要是直接买个贵点的,反而省钱不是吗?您看现在您是刷卡,还是交现金呢?"

绝对成交法第五式:优惠成交法

优惠成交法是销售人员通过提供优惠的条件来促成交易的方法。它利用了客户在购买商品时喜欢"占便宜"的心理,实行让利销售,促成交易。比如,商业推广中经常使用的"买二送一""买大送小"等。

在使用优惠政策时,销售人员要注意三点:

(1)让客户感觉他是特别的,你的优惠政策只针对他一个人,让客户感觉自己很尊贵。

(2)千万不要随便给予优惠,否则客户会提出更进一步的要求,直到你不能接受的底线。

(3)表现出自己的权限不够,需要向上级请示。比如:"对不起,我的处理权限内,只能给您这个价。"然后,话锋一转,"不过,因为您是我的老客户,我可以向经理请示一下,给您一些额外的优惠,但现在我们这种优惠很难得到,我只能尽力而为。"这样客户的期望值不会太过,即使得不到优惠,他也会认为你已经尽力而为,不会责怪你。

案例话术:

"陈总,这批产品质量不错,您应多订些,超过1000件,我给您打9折。"

"杨先生,我们这一段时间有一个促销活动,如果您现在购买我们的产品,我们可以给您提供免费送货和上门安装的服务,另外还可享3年免费维修。"

绝对成交法第六式：激将成交法

激将成交法是销售人员利用客户的好胜心、自尊心采用语言刺激客户购买、促成成交的方法。

使用激将成交法，可以减少客户的异议，缩短整个成交阶段的时间。合理的激将不仅不会伤害客户的自尊心，还会在购物过程中满足客户的虚荣心。

激将成交法是销售人员促成订单的一种技巧。在销售过程中，销售人员采用这种技巧促成订单，隐含着对客户的"逼迫"。因此，在学习和掌握这种促成订单的技巧时，销售人员还需要注意以下几个问题：

（1）要把准客户的心理。在销售过程中，销售人员要采用激将法，首先要把准客户的心理。只有客户具有较强的自尊心、虚荣心和好胜心，才可能有效地激将客户。否则，将很难起到激将的效果，甚至还有可能把一桩很有希望的生意逼进死胡同。

（2）不要伤害客户的自尊。在销售过程中，客户拥有成交的最后决定权。销售人员为了促成订单，可以采用激将法"逼迫"客户签单，但是必须以不伤害客户的自尊为前提。在销售过程中，销售人员伤害了客户的自尊，往往就容易导致客户不再愿意与销售人员交易，甚至还会因"自尊问题"惹出其他问题。因此，正确使用激将法应该是在不刺激对方自尊的基础上，切中对方的要害来进行激将。

（3）要注意态度自然。激将法是人们比较了解、接触得比较多的常用方法。因此，在使用激将法时也容易被对方看穿。在销售过程中，销售人员想要用激将法促成订单，一定要注意态度和表情自然。否则，就容易让客户看出来是在"激"他，从而产生逆反心理，最终导致无法成交。

案例话术：

"您的同事买的都是我们的经典款，您是他们的领导，我觉得经典款都只能是您的标配,您应该订至尊款。"

"像您这样有主见的人,别人的意见仅供您做参考,我相信不会影响您最终的决策。"

绝对成交法第七式:特殊待遇法

特殊待遇法是销售人员利用客户"特殊人物"心理,来促成客户决策的方法。在销售的过程中,有些客户会认为自己是"特殊人物",要求获得特殊待遇,在与这类客户接触时,销售人员不妨给客户戴一顶高帽,让客户体验一下"自己是最重要的人物"的感觉,以此来推进成交的进程。

案例话术:

"王先生,我看了您的消费记录,您在我们这里累计消费达到5000元了,看得出您很认可我们,相信您以后也还会选择我们,要不您今天充值8000元,我给您免费升级为VIP会员,以后您就可以享受会员折扣价了。"

"李女士,您是我们店里的VIP客户,您要是今天能付款,我给您申请最低8折优惠,你看怎么样?"

绝对成交法第八式:从众成交法

销售人员利用客户的从众心理,促使客户立刻购买的一种成交方法。

社会心理学研究表明,从众行为是一种普遍的社会心理现象。人的行为既是一种个体行为,受个人观念的支配;也是一种社会行为,受社会环境的影响。客户在购买商品时,不仅受自己的购买动机支配,还会以大多数人的行为作为自己行为的参照标准。另外,需要注意的是,如果遇到个性较强、比较有主见的客户,要谨慎使用从众成交法,否则效果会适得其反。

销售过程中使用从众成交法要注意以下五点:

（1）从众成交法中，销售人员在向客户介绍产品和服务时，最好在推销现场向客户出示相关的实物证明，如已成交的合同文本、用户感谢信等，以此来提高客户对产品的信赖和购买兴趣，增强客户购买的信心。

（2）从众成交法中所列举的人物、事迹、经验必须与销售人员所推销的产品和服务相关，这样才能激发客户的从众心理，否则可能会引起相反的效果。

（3）从众成交法中所选择的引导者必须要找知名人物或权威人士，最好是客户所熟知的，如通过名人、明星、专家、教授、官员、领袖等人物做说服宣传，这样可以很好地激发客户的从众心理，从而提高成交率。

（4）销售人员也可以寻找一些具有影响力的重要客户，说服这些重要客户，并与其取得合作，通过这些重要客户，吸引更多的目标客户。

（5）销售人员向客户列举的人物切记不可任意虚构，要讲究职业道德，不可欺骗客户。

案例话术：

"我们这款产品都快要卖断货了，目前就剩最后3件，您需要的话，现在下单，3天内您就可以收到货。"

"孙总，您真是太有眼光了，这套方案是我们现在最热销的方案，你看×××公司也与我们达成合作了。"

绝对成交法第九式：对比成交法

对比成交法是指销售人员列举不同时间、不同前提条件以及不同地点的成交方式或产品，再将其与现在的销售方式或产品对比，突出现在购买的优势，激发客户的购买欲望。

需要注意的是，在选择对比条件时，一定要选择处于劣势的对象，才能对产品的销售起到推进作用，达成销售目的。

鲁迅先生曾经打过一个比方。他说，如果有人建议在一个完好的房子墙壁上多开一个窗户，来增加屋子里面的阳光，可能会有很多人反对。但当这个人站起来，先宣布要将房子的屋顶掀掉，再提出替代方案是在墙壁上开凿一个窗户的方法时，大多数人就会很容易接受多开一个窗户的建议，这就是比较心理起的作用。

在销售过程中，也可以运用这种比较心理来促成成交。当客户在询问产品报价时，销售人员可以先给对方介绍一下同行业中报价较高的同类产品，然后再把自己的产品价格告知对方，同时也可以和自己公司同一类产品不同的报价进行比较。

案例话术：

"郭经理，我们这次公开收费标准是这样的：在本月10号之前交费，并同时有超过5人一起报名的，可以享受8折优惠，即每个人只需1600元。10号之后报名的没有优惠，即每人2000元。今天是8号，您现在报名的话，还可以享受优惠。请问贵公司派几位过来，我马上就给您登记。"

绝对成交法第十式：批准成交法

销售人员与客户确认完问题及顾虑后，通过塑造尊贵感，引导客户签单。

例如，在商务谈判尾声，你可以向客户确认是否还有尚未澄清的问题或顾虑。假如客户表示没有其他的问题，你就把合约拿出来，翻到签名的那一页，在客户签名的地方做一个记号，然后把合约书推过去对他说："某某领导，最后还请你在这里批准一下，我们就可以马上开始着手准备给您发货了。"这时你把你的笔放在合约上做好记号的旁边，微笑，并且挺直腰坐在那里，等待客户的反应。

"批准"一词能够让客户产生被重视感，相对于"签署"而言，不会给客

户带来太大的压力。

案例话术：

"马总，您批准了这个方案，就请在这里签字确认一下。"

"赵经理，这个项目您批准了，我们接下来就可以派专业团队入场为咱们服务啦！"

绝对成交法第十一式：惜失成交法

销售人员利用"怕买不到"的心理，促使客户立即行动。

人对越是得不到、买不到的东西，会有一种越想得到它、买到它的心理，这是人性的弱点。一旦客户意识到购买到这种产品是很难得的，那么，他们会立即采取行动。惜失成交法是抓住客户"得之以喜，失之以苦"的心理，通过给客户施加一定的压力来敦促对方及时作出购买决定。

一般可以从这几方面去做：

（1）限数量，比如可以说"购买数量有限，欲购从速"。

（2）限时间，比如提醒客户说明指定时间内享有优惠。

（3）限服务，比如可以跟客户说明在指定的数量内会享有更好的服务。

（4）限价格，比如跟客户提到这是针对要涨价的商品。

总之，要仔细考虑消费对象、消费心理，再设置最为有效的惜失成交法。当然，这种方法不能滥用、无中生有，否则最终会失去客户。

案例话术：

"夏女士，我们这套软件的优惠方案目前就只针对春节疫情期间，并且全国限量1000家，复工后将恢复原价。您今天要是不定下来的话，下次每个账号您得多花500块钱呢！"

"李总，最近新一轮的原材料涨价就要开始，您现在要是不进货，下次再进货可就不是这个价啦！"

绝对成交法第十二式：拜师成交法

在你费尽口舌、使出各种方法都无效、眼看这笔生意做不成时，不妨转移话题，不再向客户推销，而是请教他自己在销售中存在的问题。人都有"好为人师"的心理，这种谦虚请教的方式，不但很容易满足对方的虚荣心，而且还能消除彼此之间的对抗情绪。

案例话术：

"我很肯定我们的专业团队一定能帮助到您，可惜我的口才太差劲，没办法表达我真正的意思。要是我能说得清楚一点，一定可以帮助到你。能不能请您帮个忙，告诉我，哪里说得不是很明白，让我可以改进？"

"刘总，我们的产品我非常有信心能够帮助到您。我入行时间不长，经验也不多，您是这个行业的专家，企业又做得那么成功，我想向您请教一下，我在哪些方面还需要提升，以便能够更好地服务到像您这样的企业家。"

绝对成交法第十三式：欲擒故纵法

在销售的过程中经常出现这种情况：你越是急切地想将产品卖给客户，客户越是躲着你。这个时候双方往往会形成一种对峙局面，因为在客户的心目中，你越是热情，那你就越不是冲着帮助我解决问题的，而是冲着我的钱，所以，客户不得不戒备。

欲擒故纵法就是针对买卖双方在商务谈判中经常出现的对峙现象，抓住买方的需求心理，先摆出相应的事实条件，表现出"条件不够，不强求成交"的状态，促使对方产生不能成交的惜失心理，从而主动迎合我方条件成交。

很多时候，对那些优柔寡断、犹豫不决的客户，与其勉强让他做出购买的决定，还不如采取欲擒故纵的方法，当我们想尽一切办法想说服这类客户的时候，只会给客户带来更大的压力，而欲擒故纵正好可以避免给客户造成压力，将主动权交给客户，从内心上让客户轻松愉快地应对，促使客户做出有利于成交的决定。

需要注意的是，在销售过程中不应向对方表示出"志在必得"的样子。

案例话术：

某销售人员在推销甲、乙两套房子。他想卖出甲房子，便在与 A 客户交谈时这样说："您看这两套房子怎么样？现在甲房子已经在前两天被 B 客户看中了，虽然还没付定金，但我承诺了他替他留着，因此，你还是看看乙房子吧，其实它也不错。"销售员的话在 A 客户心中留下深刻的印象，使 A 客户产生一种"甲房子已经被人预定，肯定不错"的感觉。当时 A 客户带着几分遗憾走了，走的时候还特别嘱咐销售员代其询问 B 客户是否决定要买，并且承诺随时可以现款支付定金。

第二天，销售员找到 A 客户，告诉他："您真是很幸运，正巧订购甲房子的 B 客户因家人太多，觉得房子有点小，想另找一套更大点的房子。您看您如果要买，可以现在过来。"听到这些，A 客户当即赶到看房现场交完了定金，交易很快达成了。

绝对成交法第十四式：因小失大法

因小失大法就是强调客户不做购买决定是一个很大的错误，有时候即使是一个小错误，也能导致最糟糕的结果。通过这种强化"坏结果"的压力，引导和刺激客户成交。

案例话术：

"崔先生，您看现在新闻上经常报道家具材料质量不合格，引起身体不适，这都是不合格家具材料中的有害物质造成的，有些严重不合格的家具还含有甲醛等致癌物质，我们的家具虽然比其他家的家具要贵一些，但您放心，我们的家具是获得了国家权威环保机构认证的家具。您今天可能因为这套家具，要多花2000多元钱，可您换来的是全家人的健康幸福呀！"

"宋先生，如果您节省对健康的这点投资，要是以后身体不好、生病什么的，你治病花去的钱可是现在的几十倍、几百倍啊！"

绝对成交法第十五式：小点成交法

小点成交法，又被称为次要问题成交法，即销售人员利用成交中的小点来间接地促成交易的方法。我们都知道，避大就小是某一部分人群的共性，他们做事总是犹豫不决，很注重小利益，为此，我们可以利用成交小点的方法来间接促成成交。

一般而言，重大的购买决策问题会产生较强的成交心理压力，而较小的成交问题则会产生较小的成交心理压力。在较大的成交问题面前，客户往往比较慎重敏感，缺乏购买信心，不易做出明确的决策，甚至故意拖延成交时间，迟迟不表态。而在较小的问题面前，客户往往比较具有购买信心，比较果断，比较容易做出明确的决策。

小点成交法主要适用于以下几种情况：

（1）规模比较大的交易。

（2）客户不愿直接涉及的购买决策。

（3）小点在整个购买决定中占有突出地位的时候，即成交决定只依据某一特定小点时。

（4）客户只对交易的某些问题产生了兴趣。

（5）销售人员看准了成交信号，最后的关键在于某一小点，如式样、材质、付款方式等；或者销售人员未发现任何成交信号，需做可能避免冷遇或反感的成交尝试。

（6）成交气氛紧张，客户心理压力过大。

案例话术：

销售人员小李对客户说："钱先生，关于设备的安装和维修问题，我们负责。如果您没有其他问题，我们就这样决定了？"这位销售人员没有直接提示购买决策本身的问题，而是提示设备安装和维修之类的售后服务问题。销售人员在这里用的就是小点成交法，避免直接提示重大的成交问题，直接提示次要的成交问题，先促成小点成交，后假定大点成交。在这种情况下，只要钱先生接受了小点成交条件，销售人员就可以假定客户已决定购买产品，直接假定成交。

销售人员小张对客户说："方总，您完全不必担心交货时间方面的问题，我们保证按照客户的具体要求，及时交货，这个月或者下个月都可以，您看呢？"这位销售人员看准了成交信号，把成交信号转化为小点问题，先就交货时间方面的问题与客户达成协议，再间接地促成交易。

绝对成交法第十六式：步步紧逼法

销售人员通过连续发问，引导客户说出他所担心的问题，最后完成价值确认，促成迅速决策。

很多时候客户之所以会无法立即做出购买决定，最重要的一点就是销售人员没有抓住客户的痛点。所以销售人员在和客户沟通的过程中，要通过各种问题挖掘客户的痛点。销售人员在获取客户的痛点之后，通过连续不断地向客户提问，逐渐放大客户的痛点。让客户产生如果不能立即购买产品，将会造成不利影响的感觉，最后帮助客户坚定购买的决心。

在连续发问的过程中，需要注意的是，当客户提出一系列问题后，销售人员要有针对性地为客户及时解决这些问题。通过这些已有的解决方案打消客户的顾虑，让客户没有借口可用。客户最后有可能被产品、服务或销售人员说服，没有任何疑虑，主动愿意购买产品。也有可能客户所提出的问题都被销售人员提供的方案成功解决之后，客户再也没有可反对的理由了，最终因形势所迫被"逼"成交。

销售人员在向客户推销产品时，要尽可能在与客户第一次接触时就达成交易，尽量不要留给客户太多思考的时间和空间。因为客户一旦脱离掌控有了更多的时间考虑，就会大大增加拒绝成交的可能性。

案例话术：

准客户："我先好好想一想，等我想好了会跟你联系的。"

销售员："先生，我十分认同您购买东西时的慎重态度，我觉得您对产品还是有兴趣的，我想请问您买了产品和没买产品会给您的生活带来哪些改变？"

准客户："我暂时还不需要买，过段时间再说。"

销售员："先生，您刚才也说了如果不买这种产品生活上会有很多不便，那您迟早都是要买的，尽早买还可以早点享受到产品带来的便利，即便推迟买，可最后都是要花钱，期间还要继续忍受生活中的不便，您觉得呢？"

准客户："这个产品买回去，我也不会安装，要是万一买回去不合适那不是浪费吗？"

销售员："先生，买东西确实应该考虑得仔细一点，毕竟是花了钱的，但您确实对我们的产品有需求，买了不会浪费。您担心的这个问题，如果我们能为您提供一个合理的解决方案，您今天是不是就可以定下来呢？"

准客户:"嗯,是的,如果你们能够帮助我解决这个问题,我今天就在你们这儿买。"

绝对成交法第十七式:总结利益法

总结利益法是销售人员将客户关注的产品主要特色、优点和利益,在成交中以一种积极的方式来成功地加以概括总结,以得到客户的认同并最终获取订单的成交方法。

总结利益成交法能够使客户全面了解产品的优点,便于激发客户的购买兴趣,最大限度地吸引客户的注意力,使客户在明确自己既得利益的基础上迅速做出决策。总结利益成交法适用面很广,特别是适合于相对复杂的购买决策,如复杂产品的购买或向中间商推销。

但是采用此法,销售人员必须把握住客户确实的内在需求,有针对性地阐述产品的优点,不要"眉毛胡子一把抓",更不能将客户提出异议的方面作为优点加以阐述,以免遭到客户的再次反对,使总结利益的劝说达不到效果。

案例话术:

在一次推销洽谈中,客户张女士(一位商店的女经理)向销售人员暗示了她对产品的毛利率、交货时间及付款条件感兴趣。以下是他们之间的对话:

销售人员:"张女士,您说过对我们较高的毛利率、快捷的交货时间及付款方式特别偏爱,对吧?"(总结利益并试探成交)

客户:"我想是的。"

销售人员:"随着我们公司营销计划的实施,光顾您商店的客户就会增加,该商品的销售必将推动全商店的销售额超过平常的营业额,我建议您购买……(陈述产品和数量)。下两个月内足够大的市场需求量,必将给您提供预期的

利润，下周初我们就可交货。"（等待客户的回应）

绝对成交法第十八式：预先框式法

销售人员通过提前设计有利于与客户沟通的"框式"，促使合作达成。预先框式法的使用目的，是先解除客户内心的某些抗拒，让客户敞开心扉来听你介绍产品。

预先框式法适用于很多实际销售场合，只要灵活运用，就可以对促进成交起到十分积极的作用。如果对这一成交技巧的使用方法进行逐步细分的话，可以分为以下步骤：

（1）对客户的身份或地位进行积极的预先框式。在使用"预先框式"成交法的过程中，销售人员一般需要首先对客户的身份或地位等进行积极框式，比如预先框式客户是一位成功人士或者是一位具有决策权的人士，这样就可以给客户传递这样的信念：成功人士或具有决策权的人士是不会因为某些外在挑战的存在而感到困扰的。

（2）对客户的决策能力进行积极的预先框式。当销售人员对客户的身份或地位进行了积极的预先框式之后，就需要进一步对客户的决策能力进行积极的预先框式了，这样可以进一步增强客户的购买决心。

（3）对做出购买决策的正确性进行积极的预先框式。当前两步工作顺利完成之后，客户基本上就会以销售人员对其进行的预先框式来定位自己。比如，他们会认为自己就是一位成功人士，或者是一位有权力、有能力的人，并且认为既然自己是这样的人士，那么凭借自己的能力和水平一定可以做出正确的决策。当确信客户具有这样的坚定信念之后，销售人员就需要对做出购买决策的正确性进行积极的预先框式了，这样可以增加客户对购买决定的自信，他们会认为"我现在决定购买是一个非常正确的选择",以及"购买他们公司(指销售人员所代表的公司)的产品应该是一个十分明智的决定"。在这一步,销售人员一定要注意态度、行为和表情的自信与坚定。

案例话术:

对客户身份或地位进行积极的预先框式:"您在这方面一直都走在别人的前面,所以您一定不会像其他人那样因为一点点风吹草动就裹足不前……""您是采购部的经理,而我们的成交额又不高,所以您有足够的权力做出成交决定,其他人最多只是提一些意见,怎么能阻碍您的英明决定呢……"

对客户的决策能力进行积极的预先框式:"您如此认真负责,一定能够做出最明智的决定……""根据您多年的经验和如此高品位的眼光,一定会选择最适合您的产品……"

对做出购买决策的正确性进行积极的预先框式:"与我们这样的大公司合作正是最符合您身份和地位的决定了,不是吗?""我们公司的产品无论从产品质量、价格到客户服务都能满足您高品质的需求,对不对?""现在决定购买正是最好的时机,这样的时机实在是难得一遇的呀!"

F3 感恩回馈（Feedback）
客户不是用来搞定的，客户是用来感动的

1. 从"流量思维"到"超级用户思维"

过去这20年，互联网人口红利爆发，大量的人从线下转到线上，从真实世界转移到网络空间，充分运用"流量思维"，是一个不错的策略。但随着人口红利、流量红利、资本红利的退去，越来越多的企业正在面临着增长的难题。

罗振宇曾经在"时间的朋友"跨年演讲中，有过这样一段阐述：过去是流量伊甸园的时代，线上要流量，线下商店也要流量。但随着流量越来越贵、越来越枯竭，我们必须走出伊甸园，从"狩猎采集时代"到"农耕时代"去。圈多大的地是你的本事，但里面的庄稼就是你吃饭用的东西。他们不是什么点击量，他们是活生生的具体的用户，他们是你的衣食父母，你还胆敢大大咧咧地把他们称作"流量"……2017年，有一个人一直在谈"新物种"这个词，那

就是吴声。但是我觉得,他更有价值的说法是"超级用户思维"。也就是说,因为新物种越来越多,商业的打法出现了一种从流量思维到超级用户思维的转变。

在罗振宇看来,所谓"超级用户思维",就是品牌不光要关心自己有多少用户,更要关心有多少"超级用户",也就是愿意为品牌付费的用户。付费这一行为背后的实质是会员经济,"在企业和消费者之间建立了一种可持续可信任的正式关系"。从过去的"流量思维",到现在的"超级用户思维",不仅仅是企业盈利模式的变化,更是一种商业文化的迭代。

不论这种说法和预测是否正确,但它无疑是个善意的提醒。过去,受互联网的影响,大家都觉得主流的商业打法,应该是流量思维。一个网站需要更多的点击,一个小店也应该开在人流密集的地方。因此,很多企业一直在拼命追逐流量,以为流量是关键,产品卖不了钱、销量上不去是因为流量还不够,渐渐地,很多运营的重点也都聚焦到如何获取流量上。

但一家企业如果只强调"流量思维",一味地想通过各种广告、促销等营销手段不断拉新,拉过来之后就不管不问,接着再去开拓新的客户,而没有和客户产生黏度、留住客户的话,那就算拉来再多的客户,都会像握在手中的沙子一样,慢慢流失掉,这样的企业是很难获得积累性的增长或指数型增长的。

罗振宇在演讲中所提到的"超级用户"其实指的是付费会员,这是增长黑客 AARRR 模型(转化漏斗模型)中"留存(Retention)"之后的"变现(Revenue)"环节,但大家都知道在销售漏斗中,留存是变现的前置条件,只有设法留住客户,客户才会产生付费和续费的行为。

实际上,流量固然重要,不仅是互联网时代,传统商业时代开店迎客也都讲究地段,地段是什么?就是流量,可是再繁华的地段也会有开不下去的店铺。纵使有一天你获取了百万流量,但如果留不住他们,也只是昙花一现。这样的案例我们每天都能看见。

笔者曾经对业绩表现不太好的雅虎公司和 MSN 做过比较深入的研究，我发现这两家公司的内部管理都有一个共同的特征，他们制定的 KPI 指向的都是客户的绝对数量，而不关心老客户的留存率，因而最容易达到这个指标的做法就是吸引新客户加入，而不是留住老客户。

许多公司花费大量的时间和金钱来挖掘新的客户。尽管这很重要，但留住现有客户更加重要。美国《哈佛商业杂志》发表的一篇研究报告指出：多次光顾的客户可比初次登门的人为企业多带来 20%～85% 的利润。这就是"二八法则"：公司 80% 的利润来自 20% 经常光顾的客户。

现代管理学之父德鲁克曾经说过：企业的使命是创造并留住客户。

创造客户所能取得的成就是显而易见的，但当"流量思维"成为过去，互联网时代的下半场已然到来，我们需要来思考的是如何留住客户。

近些年笔者在一些企业做调研时，常常看到这样的情况，有不少企业都以这样或那样的方式（如标语牌）向员工传递一个信息：让客户满意是我们的目标。在笔者看来仅仅围绕追求"客户满意"来开展工作，还不足以留住客户，我们应该努力的方向是实现"客户忠诚"。美国汽车制造业曾经投入大量资金并制定了一系列奖励制度，促使员工提高客户的满意程度，以便于和外国汽车相竞争。现在，美国汽车制造厂的客户满意率超过了 90%，然而只有 30%～40% 的满意客户会再次购买美国汽车。也就是说，虽然客户的满意率在不断提高，但是厂家的市场占有率和利润却在不断下降。由此可见，客户满意仅仅是企业"万里长征"的第一步。

越来越多的研究表明，使客户满意并不必然就会使其成为忠实的回头客，也即客户满意并不必然能够转化成为客户忠诚。很多时候，许多企业没有深刻理解"客户满意"与"客户忠诚"内涵的差异，将两者混淆使用，使得企业的客户关系管理步入了误区而无法留住客户。这也是尽管企业的客户满意程度提高了，但企业的获利能力没有立即获得改善，企业利润没有得到增加的原因。

事实上，这二者之间在概念上有着明显的不同。客户满意是客户需求被满足后的愉悦感，是一种心理活动，是客户体验了产品或服务后的一种态度。客户忠诚是指客户再次或者重复购买相同企业产品或者服务的行为，反映客户未来的购买行动和购买承诺。当然，二者之间虽然概念不同，但也相互关联，我们可以这样来理解客户忠诚的基础来源于持续的客户满意，但满意的客户并不一定是忠诚的客户。

培养忠诚的客户对于企业的发展有着极其重要的意义。客户忠诚能确保企业的长久收益，使企业收入持续增长并获得溢价收益，节省开发成本、交易成本和服务成本，降低经营风险并提高效率，获得良好的口碑效应及客户队伍的壮大，为企业发展带来良性循环，保证了企业的可持续发展。可以说，忠诚客户的数量决定了企业的生存与发展，忠诚的质量即忠诚度的高低，决定着企业竞争能力的强弱。

客户忠诚度如此重要，那么我们该如何来衡量客户的忠诚度呢？一般来讲，客户忠诚度具有以下几个基本特征：

特征1：对价格敏感度较低，周期性重复购买；

特征2：挑选该品牌的时间较短，同时使用多个产品和服务；

特征3：向其他人推荐企业的产品；

特征4：对于竞争对手的吸引视而不见；

特征5：对企业有着良好的信任，能够在服务中容忍企业的一些偶尔失误；

特征6：对该品牌支付的费用与购买其他同类型产品的支付费用相比高出很多。

对照以上六个特征，看看你的客户究竟是对你"满意"，还是对你"忠诚"？如果你的客户在与你接触过程中，表现出来的仅仅是"满意"的态度，而非"忠诚"的行为，接下来我们需要懂得"如何让客户从满意变忠诚"。

2. 七大策略赢得客户忠诚，让客户不止于满意

市场竞争就是企业争夺客户的竞争，创造和留住客户是企业生存和发展的使命。企业在不断建立新的客户关系，不断争取新客户，开辟新市场的同时，还应努力维护已经建立的客户关系，努力留住现有客户，培养忠诚客户。

接下来给大家分享赢得忠诚客户的七大策略：

策略一：努力实现客户满意

客户满意是推动客户忠诚的最重要因素。客户越满意，忠诚的可能性就越大，而且只有持续的满意度才可能提高客户忠诚度。企业应当追求让客户满意，甚至完全满意。

1987年施乐公司在进行客户满意度的评估中发现，不仅满意与再购买意愿相关，而且完全满意的客户的复购率是满意客户的6倍。为了追求客户完全满意，施乐公司承诺在客户购买产品后3年内，如果有任何不满意，公司保证为其更换相同或类似的产品，一切费用由公司承担，这样就确保了相当多的客户愿意持续忠诚于施乐。

策略二：奖励客户的忠诚

我们知道，要想让某人做某事，如果能够让他从做这件事中得到好处，那么，他自然就会积极主动地去做这件事，而用不着别人引导或监督。

同样的道理，企业要想赢得客户的忠诚，就要对忠诚客户进行奖励，奖励的目的就是要让客户从忠诚中受益，从而使客户在利益驱动下强化忠诚。

一般来讲，奖励主要有两种方式，一种是采用重购多购优惠的办法促进客户长期重购多购，另一种是设计奖励忠诚的配套机制，比如特权、优待、机会、荣耀等物质利益以外的利益。

美国西南航空公司最早推出对乘客在积累了一定的里程后可与自己的伴侣一起享受一次免费的国内飞行的奖励计划。这一计划一经推出便大获成功，许多公司纷纷效仿也推出了各种各样的奖励计划，像美洲航空公司、西北航空公司和联合航空公司等都开发了频繁飞行计划，用来奖励忠诚的乘客。忠诚的乘客通过累积的里程数可获得折扣或者免费机票或者头等舱机位。现在国内的航空公司也纷纷推出了自己的"常旅客计划"来奖励忠诚的乘客。

奖励计划并非灵丹妙药，因为，首先，未能享受到奖励计划的客户可能对企业产生不满。其次，客户的预期会越来越高，竞争对手的模仿，都会带来企业成本的提高，有可能会培养虚假忠诚客户。

策略三：增强客户的信任与感情

一系列的客户满意会产生客户信任，长期的客户信任会形成客户忠诚。企业要建立高水平的客户忠诚还必须把焦点放在赢得客户信任上，而不仅是客户满意上，并且要持续不断地增强客户对企业的信任，这样才能获得客户对企业的永久忠诚。

"为客户创造最大的营运价值"是沃尔沃卡车公司始终追求的目标，在每做一笔销售时，沃尔沃工作人员都要为用户量身定做一套"全面物流解决方案"，算运费、算路线、算效率，甚至算到油价起伏对盈利的影响。精诚所至，金石为开，客户当然会将信任的眼光投向沃尔沃卡车，并成为其忠诚的客户，沃尔沃公司得到的回报是节节攀升的盈利。

没有留不住的客户，只有不会留客的商家。建立客户忠诚，说到底就是赢得客户的心。联邦快递的创始人弗莱德·史密斯有一句名言："想称霸市场，首先要让客户的心跟着你走，然后才能让客户的腰包跟着你走。"

因此，企业在与客户建立关系之后，还要努力寻找交易之外的关系，如加强与客户的感情交流和感情投资，这样才能巩固和强化企业与客户的关系，从而提高客户转换购买的精神成本。

MaBelle 钻饰是香港利兴珠宝公司推出的大众钻饰品牌，自1993年成立以来，目前已经在香港开设了46间分店，成了深受时尚人士青睐的钻饰品牌。MaBelle 经常为"VIP俱乐部"会员安排与钻饰无关的各种活动，如母亲节为妈妈们准备了"母亲节 Ichiban 妈咪鲍翅席"，情人节为年轻情侣筹办浪漫的"喜来登酒店情人节晚会"，为职业和兴趣相近的会员安排的"酒店茶点聚餐"，以及节假日为年轻会员安排的"香港本地一日游"。香港的生活节奏非常快，人们的学习工作很紧张，人际交往比较少，这些活动不但给会员提供了难忘的生活体验，而且还帮助他们开拓交际圈，通过俱乐部结识了不少朋友。很多会员参加过一些活动后，不但自己成了 MaBelle 的忠诚客户，而且邀请自己的亲友也加入 MaBelle 的俱乐部。

策略四：建立客户组织

建立客户组织可使企业与客户的关系更加正式化、稳固化，使客户感到自己有价值、受欢迎、被重视，从而使客户产生归属感，因而有利于企业与客户建立超出交易关系之外的情感关系。客户组织还使企业与客户之间由短期关系变成长期关系、由松散关系变成紧密关系、由偶然关系变成必然关系、从而维护现有客户和培养忠诚客户，确保企业有一个基本的忠诚客户群。因此，建立客户组织是巩固和扩大市场占有率、稳定客户队伍的一种行之有效的办法，有利于建立长期稳定的主顾关系。

小米公司在官方网站建立了小米社区，将有共同爱好、共同价值观的粉丝进行聚拢，通过同城会、米粉节等活动形式不断深化社区的活力与磁场，并在小米社区平台引导粉丝进行内容创造，与核心的粉丝用户建立良好的互动关系，通过一系列优惠措施以及尊崇体验带给核心粉丝更高的溢价。小米还通过微信公众平台对粉丝遇到的产品售后问题进行维护，以解决产品设计缺陷可能产生的粉丝流失问题。同时，小米在各大媒体社交工具上都保持零距离贴近顾客，包括小米手机的创始人雷军在内的公司高层管理者每天都会亲自做一系列的客服工作，耐心解答用户的部分提问。总之，小米通过构建稳固的粉丝群，打造集群社区，得到了粉丝的认同与追随。

小米通过小米社区、同城会、米粉节等活动形式，与米粉建立良好的情感互动关系，使米粉有了归属感，感到自己被重视、被尊重，因而提高了对小米的忠诚度。

策略五：提高客户的转换成本

一般来说，如果客户在更换品牌或企业时感到转换成本太高，或客户原来所获得的利益会因为更换品牌或企业而损失，或者将面临新的风险和负担，就可以加强客户的忠诚。

亚马逊网上书店具有基于历史交易数据的客户需求推荐系统及积分系统，客户能够从中获益，如果客户转向另一网上书店，就将损失自己在亚马逊书店中的交易积累和大量交互点击的投入，失去本来可以得到的利益，这样就会使客户选择留下。

策略六：加强业务联系，提高不可替代性

（1）加强业务联系

加强业务联系是指企业渗透到客户的业务中间，双方形成战略联盟与紧密合作的关系。

企业要想办法与客户建立深层的联系，如通过交叉持股或者双方共同成立合资企业、合伙企业或合作企业等形式，建立双方共同的利益纽带，你中有我，我中有你，这样彼此就不容易分开了。

企业在为客户提供物质利益的同时，还可通过向客户提供更多、更宽、更深的服务来建立与客户结构性的联系或者纽带，如为客户提供生产、销售、调研、管理、资金、技术、培训等方面的帮助，为客户提供更多的购买相关产品或服务的机会，这样就可以促进客户忠诚。

宝洁的成功在很大程度上得益于其"助销"理念——帮助经销商开发、管理目标区域市场。宝洁公司提出了"经销商即办事处"的口号，就是要全面支持、管理、指导并掌控经销商。

宝洁每开发一个新的市场，原则上只物色1家经销商（大城市一般2～3家），并派驻1名厂方代表。厂方代表的办公场所一般设在经销商的营业处，他肩负着全面开发、管理该区域市场的重任，其核心职能是管理经销商及经销商下属的销售队伍。

为了提高专营小组的工作效率，一方面，宝洁公司不定期派专业销售培训师前来培训，内容涉及公司理念、产品特点及谈判技巧等各个方面，进行"洗脑式"培训；另一方面，厂方代表必须与专营小组成员一起拜访客户，不断进行实地指导与培训。同时，为了确保厂方代表对专营小组成员的全面控制和管理，专营小组成员的工资、奖金，甚至差旅费和电话费等全部由宝洁公司提供。厂方代表依据销售人员业绩，以及协同拜访和市场抽查结果，确定小组成员的奖金额度。

宝洁公司通过"助销"行动加强了与经销商的关系,也使经销商对宝洁公司更加忠诚。

(2)提高不可替代性

企业通过为客户提供独特的、不可替代的产品或者服务,来创造差异化的价值,以此形成不可替代的优势,而增加客户的依赖性,从而达到增进客户忠诚的目的。

"IBM就是服务",这句话被从国外传到国内,事实上IBM确实具有差异于竞争对手的绝对竞争优势:IBM全球服务部不仅可为客户提供基于软硬件维护和零配件更换的售后服务,更重要的还能提供诸如独立咨询顾问、业务流程与技术流程整合服务、专业系统服务、网络综合布线系统集成、人力培训、运维服务等信息技术和管理咨询服务,满足客户日益复杂和个性化的需求,正是这种服务优势实现了客户对IBM的忠诚。

策略七:加强员工管理

企业通过提升员工的满意度与忠诚度来提升客户的满意度和忠诚度,同时,通过机制设计来避免员工流动造成客户的流失。

(1)通过培养员工的忠诚实现客户的忠诚

a.招聘优秀员工。企业应寻找那些潜质、价值观与企业的制度、战略和文化相一致,工作能力强的员工。

b.培训赋能。企业应赋能员工"以客户为中心""客户价值"为导向的文化理念,并赋能相关专业知识和技能。

c.授权赋能。即企业要赋予员工充分的权利和灵活性,从而使员工感到自己受重视、被信任，进而增强其责任心和使命感，激发其解决问题的创造性和主动性，使每个员工都积极参与到超越客户预期的目标中去，群策群力、同心同德，共同想办法赢得客户忠诚。下个章节将会重点分享如何赋能员工做好客户期望值管理和超预期服务。

d. 建立有效的激励机制。有效的激励可以激发员工的工作热情，挖掘员工的潜力，因此，企业要善于将员工的报酬与其满足客户需求的程度相关联，建立有助于促使员工努力留住客户的奖酬机制。

在华为，即使一个刚入公司的本科生，起薪也比一般企业高，以第一年月薪人民币9000元换算，加上年终奖金，年薪至少人民币15万元起步，比中国台湾领22000台币月薪的应届毕业生高出将近2倍，而且工作2年至3年就具备配股分红资格。华为有"1+1+1"的说法，也就是工资、奖金、分红比例是相同的，随着年资与绩效增长，分红与奖金的比例将会大幅超过工资。所以，华为的员工会把自己当成老板，待得越久，领的股份与分红越多，不会为了追求一两年的短期业绩目标而牺牲掉客户利益，而是会想尽办法服务好客户，让客户愿意长期与之合作，形成一种正向循环。

e. 尊重员工。积极倾听员工的意见，激发员工参与管理，对员工进行即时的激励，能够增强员工的参与感和归属感，另外，赋能员工成长，舍得为员工成长投资，及时解决员工遇到的问题，能够让员工感受到被尊重。

（2）以团队来服务客户

有些客户之所以维持与企业的往来，有一大部分的原因是与之联系的该企业员工的出色表现，如专业、高效、经验丰富以及与他们建立的良好私人关系。因此，如果这个员工离开了这家公司，客户就会怀疑该企业是否仍能满足他们的要求。

为了消除这种疑虑，企业应该向客户展现优秀的团队形象，以团队来服务客户，让客户知道，之所以能享受到良好的服务，是得到服务企业团队努力的结果。这样，即便有某个员工流失，其他员工也可以顺利地接替他的工作，继续为客户提供优质的服务，而不至于导致客户跟着流失。

3. "感恩回馈"赋能营销服务，让品牌值得客户忠诚

《哈佛商业评论》发表的一项研究报告指出：再次光临的客户可带来25%~85%的利润，而吸引他们的主要原因是服务质量，其次是产品，最后才是价格。由此可见，销售工作并不仅仅是一味地开发争取新客户。试想一下，如果你在1个月里失去10个客户，同时又得到另外10个客户，从表面看来你的销售业绩没有受到任何影响，而实际上你的销售成本已经增加了。要知道，你获得1个新客户所消耗的精力远比保持老客户要多得多，而如果你频繁地寻找新客户，然后频繁地失去老客户，如此循环就陷入了"漏斗"现象。

在日常的客户管理过程中，为什么我们总是留不住客户？某咨询公司曾经针对5000家中小企业做过数据调查，在客户离开企业的原因中，有45%的客户认为服务太差，有20%的客户认为没人关心。实际上，认为服务太差的那45%的客户，也可以归纳到没人关心中去。如果我们发自内心地感恩客户，关心客户，努力为客户服务，服务又怎么会差呢？

在赋能营销课上，曾经有学员问笔者："姜老师，我们与客户之间就是商业关系，商家提供产品和服务，客户支付价钱，这是理所应当的事，我们为什么要强调感恩呢？"这是很多销售人员对客户关系的一种认识，这种认识不能

说不对，但我们会发现，带着这种认识的销售人员，在与客户接触的过程中往往功利性会比较强，他们所做的一切都是为了能达成成交，可惜的是结果总事与愿违。

有位哲学家说过，世界上最大的悲剧或不幸，就是一个人大言不惭地说，没有人给我任何东西。对每个人来说，感恩是一份美好感情，是一种健康心态，是一种良知，是一种动力。在销售的过程中，我们应该明白：自己的收入和业绩都是建立在客户认可和信任基础上的。因此，不管是初次接触客户，还是老客户之间的合作，我们应该心存感恩地面对客户，了解客户的问题，化解他们的烦恼。

对初次接触的客户，不管成交与否，我们都应该心存感恩：感恩客户的接待，感恩客户给了我们介绍产品的机会，感恩客户的提问让我们能继续呈现专业。对于成交的客户，我们更应该心存感恩：感恩客户的信任，感恩客户给予机会让我们一展所长。

心存感恩，我们就不会对客户的挑剔产生反感，就会耐心地听完客户的意见，做出合理的解答；心存感恩，我们就能在告别之前，有礼貌地对客户的接待说出感谢的话；心存感恩，客户才会接受我们、喜欢我们，从而与我们达成合作，并乐意介绍身边的朋友购买我们的产品。

感恩对于企业而言，是企业品牌自我升华的一个过程。比如沃尔玛、宝马这样的企业，一直都将感恩回馈客户作为品牌文化的重要组成。以沃尔玛为例，其在世界各地，围绕门店卖场所辐射的社区，会动员工一起为当地社区进行社工志愿等活动，以这些活动来践行感恩回馈社会。又如华为，作为一家世界级的公司，其在多年的发展过程中也一直将感恩回馈作为品牌文化的一部分，重视用户和践行感恩之心。

不久前，华为创始人任正非在华为公司愿景与使命研讨会上表示："华为立志把数字世界带入每个人、每个家庭、每个组织，构建万物互联的智能世界。"这实际上是华为在更高层面传递出的普惠价值和感恩之心。用任正非的话说就是:"把数字世界带入了每个人、每个家庭、每个组织,才有可能实现智能世界;把数字世界带入每个人、每个家庭、每个组织,本身就是以客户为中心,让服务更优秀。"

那么,企业如何将感恩回馈融入企业营销活动之中,打造值得客户保持忠诚的品牌呢?接下来我们来看看华为是如何通过践行"感恩回馈"来服务客户的。

2018年1月11日,华为消费者业务CEO余承东通过自己的微博发布了一张海报。在海报中,余承东代表华为消费者业务向所有支持华为的朋友表示了感恩之心,并正式宣布将于2018年1月15日开启华为感恩回馈季活动。

从海报中可以看到,此次主题为"感恩一路有你"的"1.15感恩回馈季"活动将从1月15日持续到2月11日,这个时间跨度,可以说是在岁末年初华为带给用户的一份跨年大礼了。而且这个活动的规模不小,是"万店同庆、亿万回馈",并且匹配有"购华为产品,单台最高优惠千元"的优惠政策。

值得注意的是,华为的感恩回馈季相对于其他只做价格促销的品牌而言,进行得更彻底,回馈的力度和范围更大。譬如,在此次感恩回馈季中,华为就联动电商平台、线下终端、客户经营、售后服务等诸多模块共同发力客户回馈活动,为用户提供诸如产品以旧换新、为消费者教授手机使用技巧等内容,这种全方位的感恩回馈,可以说体现了华为对消费者的十足诚意。

值得一提的是,出于提升用户体验的目的,2017年下半年开始,华为还开启了"服务下沉计划",计划到2019年使华为服务中心达到1000家,重点覆盖省会城市和县区,百强县达到100%的覆盖。另外,为感恩广大消费者对华为品牌的支持,华为推出了服务品牌日活动,即每月第一周的周六、周日,为消费者提供免费保养贴膜、保外免人工费维修、开展消费者讲堂给用户科普

Part3 落地篇 插上"工业化"腾飞翅膀，打造人才复制"流水线"

手机使用知识和技巧等贴心服务。从2018年3月起，将服务体验日活动进行全面升级，由每月2天变为每月3天。即每月第一周的周五、周六、周日继续"真情让利，感恩回馈"，为更多消费者提供真诚服务。可以说，通过这样的举措，华为实现了无死角的服务覆盖，与感恩回馈季形成了呼应。换言之，华为的感恩回馈季并非一时的活动，而是有长远的眼光去运作的。而且，在感恩回馈季的背后，是由华为的整体高效和深入细节的服务来保障的。

我曾经在华为客户服务中心亲历过华为服务让我感动的一幕。当时我陪同事去华为客户服务中心做手机检修，在此期间，服务中心来了两位老人，两位老人刚走进客户服务中心，工作人员就热情地向两位老人问好，并咨询需要什么帮助。在老人说明来意之后，热心的工作人员一边受理老人的手机，一边向老人介绍："因为今天刚好是服务品牌日，我们店正在做活动，涉及保外维修的一律减免手工费。"随后，工作人员在确认有维修组件的情况下，特意告知老人1小时后即可到取机区取机。

在维修的过程中，工作人员还热心地为老人倒了杯水，并且还有维修工程师和老人沟通维修的报价。这一切，都被我真真切切地看在眼里，不由得也感觉心里暖暖的，有种油然而生的亲切感。老人也不断感叹"服务真好"！

最后老人的手机维修费用仅仅花费了几元钱，并且店内的工作人员还免费为老人的手机做了清洁消毒、贴膜保养。不得不说，华为的服务简直太贴心了。

后来我与华为工作人员沟通时才了解到，这是华为客户服务中心每个月定期举行的"用心服务，不忘初心，真情让利，感恩回馈"服务品牌日活动。当时我在了解了华为品牌服务日的回馈活动之后，我第一时间就告知了身边使用华为手机的朋友，让他们也同样享受到了贴心的服务体验。

正所谓拳拳感恩心，以客户为中心的华为，带给业界的是更多的思考。

为什么是华为？为什么华为的客户忠诚度行业第一？这些问题的背后，实际上是华为不停歇地在 TOC 维度以客户为中心的践行和布局，最终成就伟大民族企业，成为世界品牌的关键原因之一。

说实在的，这样做短期来看无法带来直接的收益，但在客户的心理账户中却是令其感动的积分，这些积分最终都会化作一个个的赞和订单为企业投票。

因此，从长远发展来看，我们应该像华为一样，将客户导向和感恩回馈落实到营销服务的每个环节之中，只有如此才能成为值得客户忠诚的品牌。

4. 客户关系管理四步法，让"头回客"变成"回头客"

研究表明，将产品销售给潜在客户和目标客户的成功率为 6%，销售给新客户的成功率为 15%，销售给重复购买客户和老客户的成功率为 50%。可见，对重复购买客户和老客户的维护意义重大。

如果销售人员在初次成交之后抱着"做一锤子买卖"的心态——没有充分利用第一次成交的机会与客户建立良好的客情关系，客户复购的可能性就会大大地降低。要想把"头回客"变成"回头客"，销售人员不仅要处理好与客户成交之前的关系，更应建立与客户成交之后的关系。

因此，企业应该建立起以客户价值为导向的客户关系管理体系，赋能销售人员实施长效的客情维护与管理，以此促进客户忠诚度和复购率的提升。当然，做好客户关系管理不仅有利于促进老客户复购，还能够降低新客户开发的成本，使企业拥有相对稳定的客户群体和客户关系。此外，好的客户关系，能使客户对企业好感，能让客户在这种好感中降低对产品价格或服务价格的敏感度，使企业能够获得较高的利润。

那么，我们该如何建立客户关系管理体系，赋能团队做好客情维护呢？接下来给大家分享客户关系管理四步法：

第一步：客户资料建档

销售人员在开展销售工作过程中，一定要做好客户盘点和资源建设工作，这样才能掌握客户信息，从而抓住客户需求，与客户建立牢固的合作关系。

销售人员要想拿下订单，客户资料建档，收集客户信息是第一步。如果没有信息，将不知道向谁身上使力、为什么使力、使多少力。因此，销售人员要去了解客户的经营规模、经济实力、付款速度等重要信息，以此来保证对客户有一个正确、全面的认识。

除了要对客户有初步了解，销售人员还要进一步对收集到的客户信息进行梳理，根据每个客户为企业创造的价值多少，来筛选出企业的重点客户，并对重点客户实施重点管理。

收集客户的信息有许多方法，通常每种方法的使用范围也是有所不同的。销售人员在选择收集客户信息的方法的时候，应该从被调研的客户类型入手，进行合理的选择。在完成客户信息调研工作之后，销售人员需要根据收集的客户信息制作汇总表，并且对其内容进行分析，从中了解当前客户的基本状况，并对其做出科学的判断：哪些是优质客户，哪些是无效客户。通过分析判断，就可以准确地定位有发展潜力的客户资源，同时也可以有选择性地放弃一些价值很小的客户，减少企业的客户维护成本。

除了进行客户定位、完善客户信息之外，销售人员还需要完善客户数据库。也就是说，销售人员要将收集到的客户信息编制到客户数据库中。这样，企业的客户资源才会愈加完善，并且客户的信息越多，将来可能达成合作的机会就越大。

要全面收集客户信息，对客户进行深入分析，并且有针对性地管理客户，才能建立有价值的客户清单,然而,这个过程不是一蹴而就的,需要持续、漫长、深入地挖掘。销售人员要善于收集客户信息,聚集更多的重要信息,完善客户资源数据库,构筑信息网,以便于根据客户信息,制订有效的销售方案。

第二步:客户分级管理

对客户信息进行分类管理一般从整理客户资料入手,也就是说在分类管理客户信息之前,首先要对客户进行分类。

最广泛最实用的分类方式是按照客户的意向来分类,一般分为潜在客户、意向客户和成交客户三大类。也有公司依据等级来划分客户类别,一般将客户分为 A 类客户、B 类客户和 C 类客户。按照这种等级划分区别客户的时候,每个公司都有一套明确的、可量化的标准来评判客户的级别。在有必要的时候,会针对不同级别的客户,采用不同的记录方式来跟进。

营销人员按照一定的划分方式将客户区分开来之后,还需要使用一些客户管理工具将客户信息进行分类管理,用工具来记录客户的重要信息,并根据记录保持一定频率的跟进行为。

常用的分类管理工具包括外贸管理软件、Excel 表格、邮件收发器等。使用这类工具可以首先依据客户的类别,将重要的信息添加到联系记录,方便以后的查询。当潜在客户想要购买某项产品提出了合作需求,企业就能够将其转化为意向客户,如果再次跟客户发生接触,管理工具就会提示新增意向,这样一来,客户的重要度就被区分出来了。

销售人员使用分类管理工具对客户信息进行分类管理,能够快速地区分出客户的重要度,销售人员也能够借助这些信息对客户进行差异化的服务,合理利用自己的时间精力,高效省力地服务客户。

第三步:建立"工业化"体系,赋能营销服务

改革开放初期,受整个发展环境的影响,很多企业采取的是粗放型经济

发展方式。但是随着越来越多的企业走出国门，中国企业过于粗放的服务弊端逐渐显现出来，很多企业都在谋求转型，并且追求精细化运作。

华为当时也遇到过这样的问题，所以任正非才不仅要求员工在服务中时刻都要以客户满意度为标准，还要在服务的过程中体现专业化的服务水准。为此，华为建立了工业化的营销服务体系，赋能员工严格按照标准流程去执行。

一次，杭州某电信局局长前往华为总部考察，华为组织客户接待。接到通知后，华为杭州办事处秘书会先填好客户接待的电子流程，再由办事处会计申请销售人员出差备用金。之后，办事处客户工程部接待人员会打电话确认电子流程中的行程安排。

当行程安排传到华为总部后，总部会安排好司机、接待人员去机场接机，并安排住宿。然后系统部职员打电话与销售人员确认接待事宜及注意事项，并且安排公司接待领导。

当客户一行到达深圳后，华为会派一名公司经理宴请客户。随后前往公司总部参观，当客户出现在公司时，公司总台会在电子屏幕打出欢迎客户的字幕。然后，另一名公司经理会在公司会议室和产品展示厅向客户介绍华为的产品规划。讲解完后，共有3名展厅人员分别负责为客户讲解移动产品、传输产品、宽带产品。

之后，由生产部人员带领客户参观位于深圳的华为某工厂。参观完后，在会议室，人力资源部副总为客户介绍华为企业文化，财务部副总介绍华为的财务管理。最后，由公司副总设宴为客户送行，并由客户工程部安排车辆去游玩等。

华为正是通过这样一套"工业化"的赋能营销服务体系，不仅使很多工作都能快速和精确地得以执行，客户满意度大大提高，同时还让很多头回客都变成持续合作的回头客。

一两次高水准专业化的服务能够收获客户的满意，持续高水准专业化并超预期的服务能赢得客户的忠诚。要想持续高水准专业化地为客户创造超预期的价值，我们要学习华为建立"工业化"的营销服务体系，将各项服务标准和流程梳理出来，赋能员工去执行。

通常来讲，营销服务的标准流程主要有五项，以上华为接待客户的案例属于销售服务过程管理的标准流程，除去这一项，值得我们关注的还有客户信息管理流程、合同及物流管理流程、应收账款管理流程、客户投诉与问题客户服务流程，接下来逐一和大家分享：

（1）销售服务过程管理流程：制定销售服务过程管理流程首先要把销售服务的过程划分成几个重要阶段，并且把每个阶段销售人员的职责、任务、控制节点、汇报须知等一一明确，让销售人员明确知道流程的每个阶段应该如何维护好客户关系。

（2）客户信息管理流程：有助于对客户信息进行有效把控与管理，避免管理层对客户信息更新和动态变化的失察失控。客户接触初期需要登记汇报哪些重要信息，客户中哪些重要变化需要进行信息汇报和更新，来自客户的服务需求信息该如何评估申报，这些都需要规范化、流程化。只有这样，在客户维护的过程中才能细分客户类别，提供更有针对性的服务方案，创造超预期的价值。

（3）合同及物流管理流程：当合同涉及物流配送，如涉及收发货、涉及后台的整个备货和准备工作时，这个流程尤为重要。把这一流程界定清楚，不仅能够很好地服务客户，公司内部的运行效率也会提高。

（4）应收账款管理流程：也叫信用管理流程，它针对的是应收账款问题，其重要性不亚于销售服务过程流程。如何对客户信用进行分级，如何根据客户不同信用级别设置不同的账期和额度，对不同信用级别客户催款的时间、方式、步骤等，都需要进行规范化流程设计。

（5）客户投诉与问题客户服务流程：由于串货、价格、断货、服务等各方面原因导致的客户投诉不满,以及客户提出的各类额外要求甚至不合理要求,销售人员如何处理、如何应对、如何汇报,也需要规范化、流程化,以便销售人员能够在捍卫公司规则与化解客户冲突的过程中能够有的放矢地开展工作。

为了赋能销售人员更好地执行,我们还需要把以下五大事项落实到"标准流程",通过"标准流程"来实现有效管理:

(1)**实操性经验**:销售管理者要把销售过程中积累的服务经验转化为标准流程,赋能团队成员,特别是新成员快速掌握和学习,从"经验传递"转变为"流程复制"。

(2)**关键性问题**:那些对团队整体业绩表现产生举足轻重影响的事项和问题,绝对不允许产生差错和偏差,那就需要销售管理者把这些事项变成标准流程来赋能销售人员的行为。

(3)**复杂性任务**:对于那些过程复杂、容易产生误解和紊乱的任务,销售管理者需要给出细致规范的流程,以确保不同销售人员有相同的理解、相同的行为和相同的结果。

(4)**重复性错误**:面对在销售团队中很多经常性发生的错误和问题时,与其一次次批评和纠正,还不如制定标准流程加以约束甚至惩戒。

(5)**协作性职责**:由不同岗位和职级共同完成的任务和事项,特别容易产生推诿扯皮和矛盾冲突,严重影响整体计划的执行和推进,因此也需要通过设计"标准流程"来厘清责任,规范行为。

第四步:做好客情维护

蒋来是一名培训顾问,曾经在所属企业创造了连续18个月销售冠军的纪录,在他晋级销售总监的就职仪式上,蒋来分享了他成为销售冠军的核心秘诀:"不要试图搞定客户,要用心感动客户;做销售不懂维护,就是在自绝财路。"在蒋来看来,他之所以能够做到业绩续增长不断档,并非掌握了什么总是能够搞定客户的套路技巧，而是他持续用心的维护感动了客户。为了让大家理解和重视做好客情维护的重要性，蒋来给大家分享了他曾经通过客情维护成交大客户的一个案例。

某集团是零售行业领导品牌，蒋来通过一次商务活动偶然间接触到了这家企业的决策人胡总，起初客户并没有与他合作的意向。蒋来虽然有些受挫，但是并没有放弃这名客户，而是抱着感恩回馈之心继续对客户进行维护。

蒋来在维护期间主要做了这样的一些事：

每天清晨都会给胡总发一条天气短信，为胡总提供"每日关怀"服务；

每周一、三、五定时给胡总发一些有价值的管理箴言金句；

甚至蒋来还细心地记下了胡总的车牌号，胡总的车限行当天的一早就会给胡总发去提醒；

……

就这样，蒋来坚持发了大半年的短信，胡总从来没有回复过任何消息。他虽然有些失望，但依然坚持给客户发关怀短信。直到一次意外，蒋来丢失了自己的手机，他才暂停了跟胡总的短信联系。

蒋来非常着急，马上买了新手机并装上了新的电话卡，但是中间耽误了三天时间，他接连三天都没有给客户发短信。到了第四天清晨，胡总又收到了一条天气短信，却发现是一个陌生的号码。胡总马上联系了蒋来的旧号码，想询问他为什么没再发短信，却发现对方处于关机状态。实际上，在没收到短信的两天里，胡总心里隐隐有些失落，蒋来坚持每天每周给他发的关怀短信已经感动了他，突然消失的关心让他有些不安。于是胡总找秘书上网找到了蒋来所在企业的官方电话，通过他提供的联系方式找到了蒋来，这才发现蒋来的手机已经丢失了，新的关怀短信也是蒋来发的。

最后，蒋来成功邀约了胡总，双方见面后相谈甚欢，在蒋来的专业介绍下，胡总同意了与蒋来的合作，蒋来持续感恩回馈的客情维护行动也终于得到了回报。

成交之后,蒋来一如既往地对胡总进行维护,逢年过节也时常去拜访胡总,而胡总也把蒋来当成了贴心朋友,自己在经营管理上的烦恼困惑也毫无保留地跟蒋来分享,同时对蒋来推荐的产品方案可以说是"来者不拒"地采购,另外胡总还把身边有相同需求的朋友介绍给了蒋来。

良好的客情关系,是做好销售业绩的润滑剂,能够为销售的开展做好铺垫。要想让头回客变成回头客,要想让回头客为你转介绍更多的潜在客户,做好客情维护是销售工作中必不可缺的一环。

那么,如何做好客情维护呢?

(1)长期周期性的客情维护

长期周期性的客情维护是指有规律的、长期的客户联系,主要包括以下两种:

a.周期性的远程联络。利用微信、QQ、短信、邮件等通信工具保持与客户的接触,比如,可以在节假日及时给客户发一些关怀、祝福与问候的短信,也可以每周定期给客户发送一些跟专业相关的有价值的知识短讯。这样不仅能增进与客户之间良好关系,同时还可以起到提醒客户"有需求请找我"的效果。

b.周期性的见面拜访。邀约拜访如果只是为了客情关系的维护,那就尽可能地不要让客户感觉你有太强的目的性,在邀约时要设法减轻客户的压力感。通常可以用某种理由来描述此次拜访的原因,比如:刚从老家回来,带了些特产,顺便带过来与您一起分享;要去哪里,路过这边,顺便拜访,等等。另外,"有礼走遍天下",拜访时最好能带些小礼物。送礼也有讲究,面对首次购买的客户,建议选择性价比高且好看的礼物;面对多次购买的客户,送的礼物要以实用为主;面对重要的客户,要送有仪式感的礼物,让客户记忆犹新。比如说客户生日当天,一大早送他生日蛋糕。

（2）重大事件客情维护

不管在哪个地区，或者是哪个客户，都会有一些特殊的事件发生，比如新冠疫情期间，给客户发一些如何防疫的关心短信、给客户送去一些口罩；再比如客户公司搬迁，专程登门祝贺，给客户送去花篮等。

（3）客户个人的客情维护

在对客户而言比较重要的日子送上关心，客户会因此而感动。比如客户的生日、客户家人的生日等。

5. 客户期望值管理六大原则，让超越客户预期落地

伴随着互联网时代的到来，市场变得越来越透明，竞争越来越激烈，客户的期望值也变得越来越高。企业如果只是向客户提供无差别的产品或服务，已经难以满足客户的需求。因此，我们需要重新建立对客户体验的认识，重新定义对客户价值的理解，只有站在客户的角度来思考问题，才能超越客户的想象，给客户带来惊喜。也只有如此，服务才不是简单的承诺，而是创造性的承诺，是用心和创意带给客户的超值体验。

简单来讲，做好客户关系管理不能仅仅是赋能员工按照标准流程去执行，还要来思考如何赋能员工超越客户预期的创造价值。

笔者在为企业提供管理咨询和培训服务的过程中，常发现这样的情况：很多企业在推广自己的产品与服务理念时，经常会提到"超越客户预期，创造极致体验"等类似的口号，但实际的情况是"口号高大上，落地跟不上"。

要想创造超越客户预期的价值，首先需要搞清楚一个问题：如何管理客户的期望值？做好客户期望值的管理关键在于企业需要给客户提供一个合理的期望，

促使企业与客户之间形成一个利益的共同体，缩小彼此间在利益预期上的鸿沟，从而促成双赢的合作。接下来给大家分享，做好客户期望值管理的六大原则：

（1）通过各种渠道了解客户的合理期望

不同层次的客户群体，对产品与服务的期望存在不同程度上的空间差异。在客户的期望中有些是合理的，企业也能够迅速满足客户的要求；有些期望虽然也是合理的，但对企业来说却很难在短期内满足客户。因此，这就需要企业通过各种渠道来了解客户的合理期望值，根据不同客户群体的期望值快速做出反应。能够即刻满足的，应当及时给予客户相应的服务承诺；不能立即满足的，应向客户做出合理的解释，请求得到客户的理解。

（2）客观地呈现产品与服务

一些企业为了扩大销售，营造良好的企业形象，常常喜欢夸大自己的产品、技术、资金、人力资源、生产、研发的实力，借此提高自己的身价。尤其是在一些产品的推广活动中，更是夸大产品的能效，人为地制造客户的高期望值。这种接近欺骗的手段，在一定程度上伤害了客户的信任度，虚假地拉高了客户的期望值。

当客户购买了公司的产品后，如果发现没有购买到自己期望的产品，尤其是当客户的这种期望企业已经承诺可以达成时，客户往往会把一切责任都归咎于企业本身。此时，客户的满意度会大幅度下降，企业的品牌信誉就会受到影响。为此，销售人员最好在订单签订前如实描述产品性能，设定合适的客户期望值，以减少客户误解、客户投诉等麻烦，避免危机公关、客户流失等风险。

（3）控制客户期望值

影响客户期望值的因素包括：企业的广告宣传、口碑、客户价值观、客户背景、竞争环境、媒体信息、客户年龄、之前对该公司的体验、之前对其他公司的体验。每一种因素的变化都会导致客户期望值的变化。这种信息源的多样性，导致了客户期望值的不确定性。优秀的销售人员通常能通过销售推介、日常交流等方式适当地为客户调整期望值,达到双方认可的水平,从而达成"双赢"。

在控制客户期望值时,要征得客户的谅解与支持,将彼此的关系调整到双方都能够接受的程度。当客户由于期望值偏差提出过高的要求时,销售人员要主动为客户进行分析,例如:产品本身已经具备的功能、附加功能会增加额外成本、影响其他功能等。如果客户决意购买某种产品或服务,销售人员一定要进行有效沟通,坦诚告知客户哪些期望能够得到满足、哪些期望不能得到满足。

(4)适当降低客户的期望值

在销售的过程中,如果想要超越客户期望,必要的时候,我们需要采取恰当的措施来降低客户的期望值。为什么要这样做呢?来看这样一个案例:

小李初入职,负责公司客户管理。他年轻,干劲十足,又是刚进公司,凡事都想着尽可能让客户满意。

因此,客户提什么要求他都一口承诺,客户半夜问起方案,他也是吭哧吭哧熬通宵去完成,第二天一早就给客户发了过去。有的需求明显有点不合理,但想着让客户满意,他还是千方百计协调资源最后把事办成。

可这样的有求必应并没有得到客户的感激,在一次实在没有办法满足客户需求时,客户投诉到领导那里。领导了解了前因后果后,安抚了顾客情绪,解决了问题,最后对小李说,你好好学学小张,他那边就从来没出啥问题。

学小张?小李很不理解。小张就坐他旁边,经常听见他在给客户电话里说:"某总呀,真不好意思,您那件事按照公司的规定真不能办,您也别着急,我再向领导争取争取。有回音我给您打电话哈。"撂下电话,小张啥也没干,过了两小时又给客户拨了回去:"某总,唉,给领导说了半天,领导也没批。不过我好说歹说,为您争取到了另一个优惠……"每每遇到这种情况,小李对小张都很不屑,什么好说歹说,那个优惠明明就在他自己权责范围内,根本不用向领导请示。

那么,小李到底做错了什么呢?我们先来看图3-2。

这是2016年广东省高考作文漫画,这幅漫画曾在网上引起热议,小孩考试分数由100降到了98分,挨了一巴掌,而另一个小孩上次55分,这次61分,反而得到了奖励。为什么会这样呢?这是由人的本性所决定。人天生厌恶损失,而对可能得到的收益过于乐观。对于经常得100分的某些孩子父母来说,期望值就是100分,即使结果离100分只差一分,也是莫大的失望;而对于一直考55分的孩子父母来说,考到61分,也是历史性的进步,毕竟及格了,而且还有可能变得更好,自然喜出望外。

图3-2 2016年广东省高考作文漫画

事实上,这样的情况,在营销过程中也是一样的道理。

以小李的事情为例,小李对于客户的需求总是有求必应,无形中提高了客户的期望值,在客户心里,小李就是万能的,没有搞不定的事、不能解决的问题,并且把这当作理所当然。"期望越大,失望越大",一旦结果与现实有差距,客户就会觉得小李没有尽心尽力。

相对而言,小张就聪明很多,他总是有意识地在前期降低客户的预期,等到最后的结果超出预期时,客户自然喜出望外,并把这视作小张给自己的面子。久而久之,小张做出的结果总是比预期要好,自然赢得了客户的信任,即使偶尔出点什么差错,客户也不会太介意。

在销售的过程中切忌高开低走，管理他人的预期尤为重要。

做好客户期望值管理，我们要把握这样一个公式：满意度 = 结果 / 预期，也就是说，首先要控制对方的预期，甚至刻意降低它，让分母变小，其次以业内最高的标准要求自己，让结果超乎对方想象。

（5）及时反馈客户的个性化需求，并合理提出建议

完全标准化的产品或服务难以满足多数客户的期望。销售人员若了解到一些客户的个性化需求信息，应及时将信息反馈给企业，并提出合理化的建议，以便企业在产品与服务设计时，尽可能满足客户需求。一般来讲，老客户比较熟悉企业的构思和做法，沟通起来相对简单。对一些新成交的客户，销售人员一定要细致交流，以便有效地设定或调整客户期望值。

在与客户确定产品与服务的提供方案时，要对模糊的或有歧义的地方进行确认，不要给以后的工作留下隐患。如果对部分内容或细节有所顾忌或无法确认，一定要指出来。一个产品或服务项目的进行是环环相扣的，如果因为理解上不一致使服务跟不上或断了一个环节，则可能全盘皆输，所以对于备选方案的各个方面都要界定清楚，不能心存侥幸。如果销售人员答应了不应该答应的事，或者答应了无法做到的事，会对长期客户关系的建立带来挑战。

（6）积极创造能够兑现的服务承诺

如果我们提供的服务承诺太低，则无法满足客户的期望和需求；服务承诺过高，则会导致企业难以实现利润的增长。因此，我们必须要在两者之间寻求一个平衡点。要想提高客户满意度，建立客户忠诚度，企业就应该在自己力所能及的范围内，为客户积极创造能够兑现的服务承诺，以此满足客户的需求。

6. 超越客户预期四大策略，让品牌有口皆碑

企业如果仅仅是通过满足客户的基本期望来与客户保持良好的合作关系，显然是远远不够的。企业要想与客户保持良好的合作关系，建立自己的核心竞争优势，就必须要超越客户的预期，为客户提供意想不到的增值服务。只有做到"承诺的比兑现的更好"，才能创造令客户惊喜的体验，也才能让企业的品牌实现有口皆碑的效果。

那么，我们如何来做到超越客户的预期呢？接下来给大家分享超越客户预期的四大策略：

策略一：带给客户超预期的价值体验

对企业来说，应该如何在价值方面超越客户的预期呢？严格地说，所谓"价值"，是指与价格相对应的产品或服务的质量。在目前的市场中，很多企业为了提高品牌知名度，抢占市场资源，纷纷采取促销、价格战等策略，以提高客户对品牌和产品的认可。

但是，低价策略不是唯一有效的营销手段，而且这种策略也是不可持续的。事实上，最佳的方法是通过服务提高客户的感知价值，如服务流程是否完善、服务环境是否舒适、产品包装是否精致，以及客服人员的礼仪是否规范等。当然，还有很重要的一点是企业的品牌形象，这关乎客户对企业的信任程度。因此，要想在产品价值上超越客户的期望，我们需要提供一种强有力的、基于客户感知价值的服务，给客户带来额外的惊喜。

在这几年休闲零食升级的巨大"风口"中，知名炒货品牌"某记"郁闷

地羡慕着一个个同行新秀的崛起,而自己却止步不前。

山核桃、开心果、瓜子……这些最适合在秋天的桂花树下吃的坚果,就是传统炒货品牌"某记"一直传承的"江南味道",而"粒大、颗粒饱满"也为"某记"贴上了高品质的品牌标签。

坚果是过去几年休闲零食升级中最重要、最具发展潜力的子品类之一。但这次行业升级红利的风口,"某记"并没有如愿搭上快车,业务收入始终徘徊不前。

"某记"也在努力尝试创新,但和大部分企业一样,采用的是没有跳出大众思维框架的同质化套路,而且并未起到太大的效果:

——电商价格战中所推出的部分产品的品质、口感实在让人大跌眼镜,完全不是印象里的那个优质品牌。电商盈利不多,对线下反而造成了巨大冲击。

——尝试连锁经营,服务依然是20年前的陈旧老套、单一死板。甚至针对企业级大客户推出的购物券,仍要客户自己上门提货。而随着单店等各种成本的增加,连锁经营没有很好的出路,最终无奈中止。

——探索微商和直销相结合推出的混合坚果独立新品牌,产品吃起来不错,不过价格也很高。微商、直销的转型并没有给消费者带来更多的实惠与惊喜体验,新品牌基本宣告失败。

这种种情景,也正是中国无数企业转型升级的缩影。

另一家零食新秀在看似传统的炒货行业里是这样破局的:

货未收到,一条温馨短信先发过来:

"主人,您在××家订购的森林食品,×小箱已穿戴整齐,快马加鞭向您狂奔而来了哦。耐心等下哟,满意记得给5分哦,嘻嘻。"

收到包裹后,客户这样评价:

"觉得好惊喜啊,包裹里赠送了开箱小工具、福袋和贴纸。福袋里面是纸巾、袋子和卡贴!太贴心,太用心了。"

这家零食企业通过持续用心发现客户消费体验的可改进点,针对消费者的客服沟通、购买消费过程、开箱及使用体验进行了不下 42 处的创新改进,每次收货总让客户有意外的小惊喜。

通过不断超越客户预期,这家零食企业成了业内坚果销量领先的品牌,年销售额从 0 到 60 亿元仅用了 5 年。

只有超越客户预期的努力才会被客户认可,才是真正地为客户创造价值。

这家零食企业的成功在于不断超越客户的预期,而"某记"遭遇瓶颈的原因也正是在于未能有效地满足客户水涨船高的预期。

策略二:带给客户超预期的信息服务体验

给客户提供更丰富的、更有价值的信息,也是超越客户期望的一种有效途径。例如,某基金管理顾问公司会定期向客户提供最新的、最重要的财经资讯,每周的基金净值变化等,这就是通过向客户提供信息来超越客户期望的典型案例。又如,一些酒店和餐厅会及时向顾客提供关于美食节、优惠套餐等活动信息,让客户享受到实惠和满意的服务。

策略三:带给客户超预期的快捷响应体验

客户下了订单以后,他们都希望能尽快看到产品或服务。无论是怎样的客户,他们都有一个共同的心理,那就是希望商家在提供服务时有快捷的响应。即使客户在一个很悠闲的环境中用餐时,他们也非常注重即时服务。因此,对于企业和销售人员来说,提供快捷、周到的服务也是超越客户预期的重要体现。

"晚上10点多才下单,第二天上午10点就收到货了,京东就是快。"这是很多客户体验到的京东自营服务。

京东自营不只是下单送货快,客户退换货时取件也很快。退货时只要经过网上客服提交,京东会迅速联系客户,并免费完成上门揽收、打包,"一站式"的退货服务打消了用户购买的顾虑。而这是在电子商务平台上消费者最怕遇到的"烦心事"。

针对竞争对手的"多"和"省",京东自营通过自营物流及仓储服务主打"快"与"好",超越了客户预期的服务,创造了"买真货,上京东"这个可与竞争对手PK的差异点,成为支撑京东战略的关键点。

策略四:带给客户超预期的个性化服务体验

每家公司或服务机构都会向客户提供个性化的服务,以期能够满足并超越客户的期望。企业的个性化服务主要是通过销售人员或服务人员体现出来的,因而这就要求相关工作人员在待人接物方面,注意自己的言行举止,在客户面前表现出良好的礼仪修养,这也是企业向客户传递品牌形象的重要体现。只有为客户提供个性化的服务,客户才会感受到被重视,才能为客户创造差异化的价值,才能让超预期成为企业的口碑。

海底捞的服务型营销,已几乎是无人不知,其优质的服务常常被戏称为"地球人无法阻止海底捞了"。来这里消费的食客,总能得到超预期的客户体验。正因如此,海底捞吸引了大量的回头客。对食客来说,在这里能够享受到的不仅有美食,还有心理上的极度满足。

海底捞始终秉承"服务至上,顾客至上"的理念,以创新作为发展核心,改变传统的标准化、单一化服务模式,提倡个性化的特色服务。海底捞通过个性化的服务，不仅给海底捞带来了大量的回头客，同时也令海底捞成为餐饮界口口相传的知名品牌。

接下来以笔者在海底捞的亲身体验，来给大家分享几个让我特别有感触的就餐环节的服务。

环节一：排队等候时的服务

排队等候这件事看似简单、普通，却能更好地体现出海底捞所追求的最佳用户体验。海底捞在就餐区外开辟了100多平方米的空间，专门用于让顾客坐着等候；在等待的过程中，顾客可以享用免费的饮料和瓜果；顾客想上网的话，旁边至少有8台电脑可供使用；假如顾客带着孩子，孩子可以在儿童专区玩耍，顾客也可以将孩子托付给工作人员；在等待的过程中，工作人员可以免费为顾客的手机消毒，女性顾客甚至可以做美甲。以至于网上传说，海底捞附近的美甲店都关闭了，因为顾客们都到海底捞去做免费的美甲了。

环节二：入座就餐时的服务

在顾客就餐的过程中，海底捞持续不断地为顾客提供极致的服务。服务员会在顾客坐到餐桌前时主动递上围裙；会用塑料薄膜将顾客的手机套起来；会顺便给顾客递上一块眼镜布；会将免费水果端到顾客面前；无须顾客说话，饮料喝到一半时就会有服务员及时为顾客续上；菜品可以点半份，如果菜点得太多，服务员会小声提醒不够再点；如果顾客当天生日，不仅会有免费果盘送上，还会有几个服务员为顾客唱生日快乐歌……

环节三：进餐结束后的服务

在海底捞，进餐结束并不意味着极致服务的终点。在顾客离开的时候，工作人员有时会送上爆米花之类的小礼物；会递给顾客用于免费停车的单据；电梯口的工作人员会按住电梯按钮，礼貌地请顾客进入电梯……

有些人觉得，海底捞的价格太贵，味道也很一般。为什么仍有如此多的消费者宁愿排队等一两个小时，也要进店亲自体验一番？其中的奥秘着实值得好好探究一番。实际上，中国的火锅店有很多，好吃的火锅也不止一家，消费者之所以对海底捞情有独钟，其实只是为了目睹与享受一回传说中的顶级服务。对于海底捞的超预期服务，有消费者这样说："来海底捞等座位，会免费给我擦皮鞋，给我媳妇做美甲，什么都有；服务态度也格外细心、耐心，令我们的用餐感受非常好。"

正是海底捞这一系列超预期的服务，让消费者产生了深深的满足感；反过来，这种满足感又促使消费者带着更多的亲戚、朋友到海底捞进行消费。在不断的互相促进和积累中，海底捞的声望越来越高，口碑越来越好。不得不说，海底捞如今取得的成就，与其坚持的超预期服务体验有着密不可分的关系。

7. 完美服务弥补六步法，让"摇头客"也能变成"回头客"

再好的服务都会有缺陷和问题，也就一定会有客户投诉。客户会来投诉，表明客户在意企业，希望企业能够改进服务、解决问题。当客户对企业冷漠时，就会毫无抱怨和投诉。对企业来说，不能让客户变得冷漠，而要提倡让客户抱怨、让客户大胆投诉。

因为积极倾听客户的投诉,能够帮助企业认清工作中存在的问题,使企业赢得更多忠诚的客户,所以正确处理投诉是大有裨益的。正确处理投诉,可以改进服务,可以赢得忠诚的回头客。反之,如果投诉处理不当,则会引发投诉事件的升级,导致客户摇摇头不愿再选择你。

美国沃顿商学院曾做过一个关于客户投诉情况的调查统计。这项调查分别统计了争议焦点在100美元以下和100美元以上时客户的投诉情况和回头率。如图3-3所示。

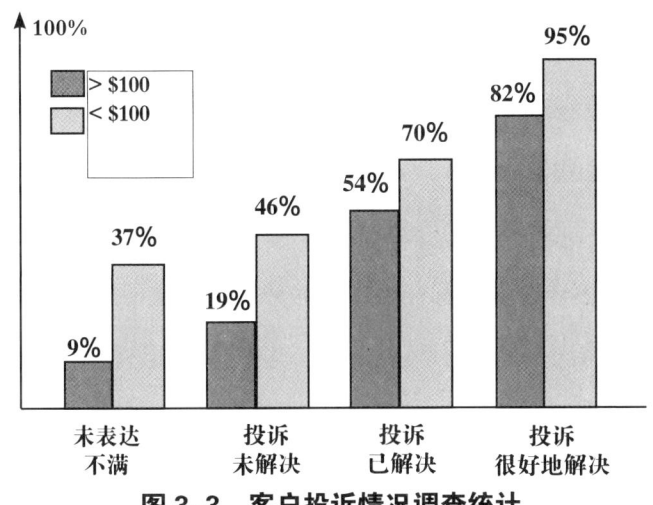

图3-3 客户投诉情况调查统计

这项调查表明了投诉的两个重要价值:投诉客户的回头率高于未表达不满的客户;投诉处理得越好,客户回头率也越高。

那么,我们该怎样赋能销售人员来处理客户的投诉呢?接下来,给大家介绍"完美服务弥补"的六步法。首先来了解一下什么是完美服务弥补。

完美的服务弥补,是为了抚慰客户不满的心情,重新提升客户对企业的信任和忠诚度。我们来看这张"客户投诉的处理结果对其影响"图(图3-4),也可以理解为"完美服务弥补与情绪关系示意图",这张图主要反映了投诉的解决与否和解决的方式对客户的情绪和信任度带来的直接影响。

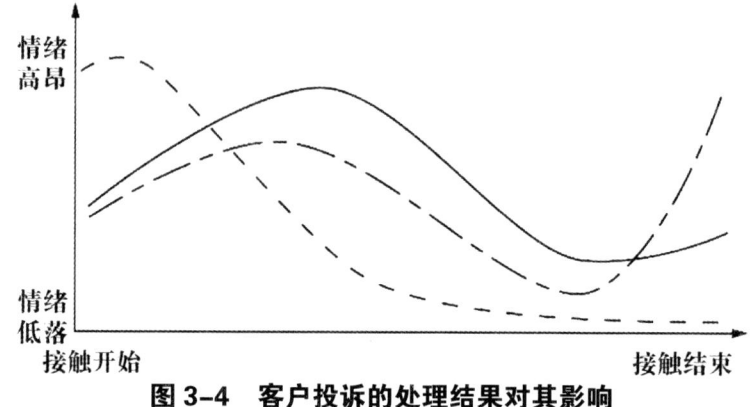

图3-4 客户投诉的处理结果对其影响

图3-4中，大家可以看到，纵坐标是客户的情绪线，横坐标是我们与客户的接触过程。图中有3条线，分别为虚线、实线和长短线，这3条线反映了当投诉发生时我们采取不同的处理方式所导致的客户情绪变化。

虚线反映了客户在投诉没有得到良好处理的情况下的情绪变化：刚开始买产品时，因为得到了很多的承诺和保证，客户预期很高。但随着和企业接触的继续，客户情绪越来越低落，特别是当服务出现问题时，企业却没有办法给予弥补，结果使客户的情绪跌到谷底，与企业的接触也随之画上了句号。

实线则反映了客户在投诉得到一般处理和弥补情况下的情绪变化：开始时与虚线相似，但不同的是，当企业的服务出现缺漏等问题而使客户情绪迅速下跌时，如果企业及时地给予了弥补，纠正了错误，那么客户的情绪会稍稍地回升，但是已回不到原先的高度，因为客户不能确定同样的缺漏是否还会发生。这样，客户的满意度和信心度都远不如前了。

长短线反映了客户在其投诉得到一般处理和完美弥补情况下的情绪变化：当服务出现缺漏等问题而使客户情绪迅速下跌时，企业及时地给予了弥补，纠正了错误，使客户的情绪稍稍回升，不同的是企业在改正错误的同时，如果给予客户一定的附加利益，以提升客户的忠诚度，慢慢地，客户忠诚度就会提高，甚至超过原先的水平。

基于对"完美服务弥补"的理解，我们该如何在实战中赋能销售人员来具体应用呢？在这里笔者总结了六步法及具体的案例话术，分享给大家：

"完美服务弥补"第一步：感受

当客户不满时，情绪往往比较激动。销售人员首先应该感同身受地理解客户，通过言语或行动表达自己的共鸣，以抚平客户的情绪。有时，很小的行动也可以抚慰客户不平的情绪。

例如：

送上一杯水，说一些将心比心的话："我非常理解您现在的心情，您先坐下来，咱们不着急，慢慢说。"

"我理解您为什么如此生气，给您带来的困扰我感同身受，这件事情我一定竭尽全力为您解决。"

"完美服务弥补"第二步：道歉

在服务业，道歉不是一个法律术语，而是一个基本礼节。道歉代表自己主动承担责任，因此可以赢得客户的宽容和理解。道歉要注意和客户互换立场，以此来表示自己的同感。

例如：

"非常抱歉，这是我们的责任，如果我遇到这样的麻烦我也会很生气，感谢您对我们的信任，让我们有机会改进。"

"对不起，这是我们的问题，我和您的立场是一致，感谢您第一时间给我们反馈，让我们有了弥补的机会。"

"完美服务弥补"第三步：解决

解决要讲究速度，立即行动，尽量争取在客户还没有达到不良情绪的顶峰前将问题解决。

例如：

"您放心我一定会第一时间为您妥善办理。"

"我现在就为您处理，我保证您的问题一定会在第一时间得到解决。"

"完美服务弥补"第四步：调查

调查要以解决问题为目的，而不以明确对错为目的。通过调查，归纳和确认客户的需求。

整个调查过程都必须以封闭式问题来确认客户的需求，尽量不要问开放性问题，要慢慢用封闭式问题来挖掘客户的内在想法，寻找不满的原因和解决的方法，只有到最后才可以用一个开放式问题结尾。

例如：

"您刚才说的是这个问题是吗？如果这个问题得到解决的话您希望是A方案还是B方案？那您看看还有什么可以补充的吗？"

"您的问题我听明白了，我复述一下，您看看对不对，可以吗？您希望我们采取×××的方式给您解决是吗？如果这个问题解决了，您还有其他问题吗？"

"完美服务弥补"第五步：加分

加分就是给客户进行象征性的补偿。弥补重在攻心，以此达到双方情绪新的平衡点。然后通过加分打破这个平衡，给客户一些惊喜，使客户慢慢恢复对企业的忠诚。

例如：

"实在抱歉，我查了一下，确实是我们的物流出现了问题，我们今天一定确保送到您的手上，我保证下次一定不会再有这样的情况发生。为了向您表示我们诚挚的歉意，我向公司申请，下次您拿货给您在这次价格的基础上再降5个点。"

"真的要向您好好说一声对不起，是我们售后跟进服务做得不够好，让您没能正确地使用，我已经向公司申请给您换一个新的，今天就可以带走。另外，我们领导说了，为了感谢您对我们的信任，这是500元的新品代金券，以后我们推出的任何新产品您都可以拿来抵扣消费。"

"完美服务弥补"第六步：预防

当客户遇到同样的问题时，如果看到是另一个服务人员来接待，一般会非常恼火，因为其他服务人员根本就不了解他原来的情况。所以员工每次处理完客户的投诉意见时，为避免同样过失的发生，必须给客户留下个人的沟通方式，提供直线的沟通管道。

例如：

"这是我的手机号，也是我的微信号，以后遇到任何情况您都可以直接找我，不需要再打客服热线电话。"

"您以后再有什么问题，直接找我就行，我来协调我们的售后及相关工作人员为您处理。"

8. 客户转介绍八步法，让"回头客"变成"带头客"

在营销过程中，老客户是非常重要的一种资源。要想让资源实现更大的效用，一方面我们需要通过对新客户进行维护，来实现复购；另一方面我们需要对老客户进行开发，来实现更多潜在资源的拓展。如果把客户复购看作业绩增长的"左膀"，那么，客户转介绍就是"右臂"。

那么，如何对老客户进行开发呢？客户转介绍，就是一种非常有效的营销方式。

为什么说客户转介绍是非常有效的营销方式呢？因为客户使用你推荐的产品和服务后，效果好价值高，他就会非常满意，然后，他们就会向自己的亲朋好友介绍你的产品和服务。由于是熟人介绍，他们彼此比较信任，因此受拒绝的可能性就比较小，同时，签单率高，签单周期短。这样你就有时间为客户提供更加有价值的深度服务，你的客户就会越来越忠诚，自然你的销售业绩也就会越来越好。

可以说，客户转介绍是销售人员最好用的拓展优质客户的方式，客户转介绍做得好，"回头客"也能变成你的"带头客"，为你带来更多的新客户。

那么，我们该如何让"回头客"成为我们的"带头客"，给我们转介绍客户呢？首先，要把握好客户转介绍的时机。其次，要掌握实现客户转介绍的有效方法。接下来，给大家分享一下：

客户转介绍的三个最佳时机：

（1）客户购买产品和服务时，这个时候代表客户已经相信你并认可你提供的产品和服务。

（2）客户使用你的产品和服务后有效果，向你表达感谢，这个时候代表客户已经完成了价值的确认。

（3）你的客情关系做得不错，关系升华为朋友，客户开始发生二次购买，这个时候代表客户逐渐从满意向忠诚转变。

当以上三个时机任意一个出现时，我们就需要采用有效的步骤和方法引导客户转介绍，引导客户转介绍有八个步骤。

第一步：引起重视，引导正面回应

想要老客户为你转介绍，首先要引起老客户的重视，同时，引导对方对产品和服务给予正面的回应，以此来增强老客户的信心。千万不要在请求转介绍的时候显得太随意，比如"我们的产品和服务还可以吧？您能不能给我们介绍一些客户"。如果这样问，对方可能就会觉得你只是随口一说，这样是很难引起他重视的。

一般来讲，在发出转介绍的正式请求时，最好先用5～10分钟的时间为转介绍做好铺垫，跟对方做一些有利于转介绍的沟通。

案例话术：

"×××总，有一件事情我想请您帮个忙，我们公司内部现在正在进行客服成功案例PK。您能不能对我分享一下，您在接受我们的产品和服务过程中，您觉得最满意的是哪方面？"

这么问，一方面既能吸引对方的注意力，另一方面还能增强客户的价值认同感。如果客户购买了你推荐的产品，或正在使用产品，他对你的服务也很满意，他一定会积极地配合你。

但是，需要注意的是，不要让这段热身陈述的时间变得太长，或一直绕圈无法进入主题。切记，你的任务是请求客户帮助你转介绍客户，而不是让他给你的服务质量提意见。

第二步：请求对方协助，并认真记录

当客户对你的产品和服务做出了正向的反馈以后，接下来可以根据客户反馈，来进行引导。引导的时候要给客户提供一个与他有关的客户范围，引导客户向你进行转介绍。

案例话术：

"×××总，感谢您对我的称赞，能给您带来帮助是我的荣幸，像您这样的成功人士，周围一定有不少的朋友，我相信我们产品也同样能帮助到他们，您看您能否给我介绍像您这样有同样需求的朋友？您说一下，我来记录。"

当你发出请求后，一定要有引导性的动作，比如点头、微笑、记录等，这样能够向客户传递你的信心，同时把客户带入立即行动的状态，而不是犹豫要不要给你转介绍。

第三步：引导客户继续介绍

当客户给你转介绍第一个客户以后，可以继续引导客户想想是否还有其他的潜在客户可以介绍给你。询问的语气要温和、轻松，不要紧迫地等待客户的答复，问完后，你可以身体后靠，放松及保持沉默，耐心地等待客户的回答。

案例话术：

"×××总，谢谢您的信任，您再看看是否还有其他朋友也有这方面的需求,再给我介绍两三个?"

若客户说:"今天就先这样,回头我想想。"或说:"你先服务好我刚才给你介绍的这个客户,其他的以后再说。"你只需告诉他:"×××总,没关系,回头您再想想,等您想起来后,可随时告诉我。"

第四步:询问转介绍客户的背景信息

当转介绍人为你提供准客户名单时,一定要认真地将这些信息记录下来,而且,还要进一步询问准客户的背景信息。

案例话术:

"×××总,为了能够更好地帮助到您的朋友,您看您能不能把他的情况给我介绍一下?"

第五步:请客户亲自打电话介绍

在客户给你介绍完准客户的情况以后,要进一步把握机会,请求客户亲自给准客户打个电话,表明你们之间的关系,最好还能把你们之间的合作情况简要地给准客户介绍一下。这样的话,准客户在接到你的电话时,相对来讲信任感就会强很多,未来你与准客户的接触沟通,效率也会更高。

案例话术:

"×××总,您朋友的情况,我已经大致了解了,我还想请您帮个忙,麻烦您给您朋友通个电话或打个招呼,把咱们合作的情况简单地介绍一下,这样未来我跟您朋友联系时候,才不会显得太唐突,您说呢?"

第六步：在电话中赞美对方，邀约见面

当你第一次与转介绍客户联系时，首先要在电话中赞美对方，赞美时可从老客户给你介绍的背景信息中去挖掘，通过赞美拉近距离。其次，发起拜访邀约，确定见面的时间和地点。这里需要注意的是，由于双方还没有建立信赖感，第一次通话切勿直接推销产品，时间不宜过长。

案例话术：

"×××经理，您好，很开心和您通电话，我是×××总的朋友，他给我介绍的您，说您是行业里的资深专家，在团队的领导管理上特别有一手，在企业信息化管理上非常有前瞻思想。我们现在正巧在×××总的公司，帮助他导入信息化系统，您看您什么时候方便，我过来拜访一下您，跟您学习请教一下？"

第七步：向介绍人反馈你的接触情况

在你与转介绍客户接触之后，一定要打电话给介绍人反馈你的进度，并加以感谢。同时，可以趁机把你在跟进过程遇到的问题，反馈给介绍人，虚心地向他请教。

案例话术：

"×××总，我昨天去拜访了×××经理，跟她聊得非常开心，如您所说，她真的是一个很优秀的经理人，很有思想。另外，她让我给您带个好。×××总，今天过来拜访您，我还想给您请教个问题，我在接触×××经理的过程中，她给我提到，她一直都非常想要推进公司信息化管理的建设，但似乎高层不太重视，得不到支持，像她这样的情况，您觉得我接下来应该怎么做才能够帮助到她呢？是给他们先申请安排一次培训会好呢，还是促成双方领导面谈一次好呢？我特别想听听您的建议。"

第八步：不能够成交的客户同样要求转介绍

在转介绍的过程中，除了成交的客户以外，还有一个很重要的部分，那就是不能够成交的客户，怎么要求做转介绍呢？前提条件是，你在跟客户交流的过程当中，你们双方的关系是很融洽的，双方的沟通交往是很顺畅的，你们之间已经成为朋友。只是因为一些特殊的原因，他确实暂时不能向你购买。这样的客户你同样可以要求他转介绍，值得注意的是，你的要求一定不能是强求，注意把握好尺度，不要引起客户的不悦。

案例话术：

"×××总，看得出来您对我们还是很认可的，咱们暂时没能合作我很理解您。我有个小小的请求，您看看您身边有没有朋友，他们在这个阶段正好需要这个产品的呢？"

这样就能够让不成交的客户也帮你转介绍，从而最大限度地拓展客户。重点是，比你完全陌生地去拜访客户效率高很多。

在运用客户转介绍八步法的过程中，有五点要注意：

（1）做好客情维护，为客户提供超预期的服务，只有客户收获了美好的体验，他才会愿意给你介绍。

（2）多向客户传递产品和服务的价值，这样客户在转介绍时分享出去的价值也会更多，成功率也会高很多。

（3）对客户进行分级管理，拟订客户服务计划，设计客户转介绍的感恩回馈机制，让客户从转介绍中获利。这是吸引更多客户转介绍的好方法。

（4）不以客户消费多少论大小，消费低的客户也可能是其圈层的影响力人物。

（5）不管客户有没有给你转介绍客户，销售人员都应该真心诚意地表达自己的感谢之情。对于热情帮助你做转介绍的客户，不仅要口头表达感谢，还应该用赠送小礼物的形式感恩回馈客户。在此要提醒大家的是，礼物一定要有创意、新意，但不要过于贵重，另外一定要附上你的感谢卡，谢谢对方为你创造的机会，并且提醒对方你十分看重他们的转介绍。这样有可能将他们培养成影响力中心，从而不断地帮你做转介绍。

F4 分享与共享（Fun Share）
分享彼此成长智慧，共享你我成功方法

1. 分享与共享，让知识管理赋能组织创新发展

Google 成立于 1998 年 9 月 4 日，由拉里·佩奇和谢尔盖·布林共同创建，发展至今已经走过了 21 年的成长历程。据报道，截至 2020 年 1 月 16 日，Google 市值首次突破万亿美元大关，自 2004 年上市至今，Google 的市值增长超 40 倍，而开创了搜索门户模式的竞争对手雅虎，近些年市值却一路下滑，在搜索引擎和搜索营销业务被 Google 远远甩在了身后。

从最早推出的搜索引擎，到 Gmail、Google Maps、Chrome 浏览器、Android 系统……Google 推出的产品与服务改变了无数人的生活方式，而这一切成就的背后都离不开 Google 开放分享的文化氛围，以及共享的知识管理平台。

Google 是一家主张知识分享和共享的公司，为了打造一个百花齐放的创新氛围，Google 鼓励每一个员工在平台上分享自己的想法和智慧，共享工作

过程中的知识和经验。Google 前董事长兼前首席执行官埃里克·施密特的经典语录中有这么一句话："创新并非源于早晨醒来之时的灵光一现，而是产生在平时跟别人的分享交流过程之中。"

为了营造一个有利于创新的工作氛围，创造轻松愉快的工作环境，Google 提供桌上足球、台球桌、排球场、小型健身游泳池等各种娱乐设施，在室外还设有很多舒服的座椅，员工可以一边沐浴阳光，一边交流分享工作过程中遇到的问题。

每周五 Google 的所有员工会集合在一起，共同分享公司公告、业务介绍，解决各种问题。通过这种方式，管理层能够密切接触并及时了解知识型员工的想法，员工也能对管理层的想法有所了解。Google 对组织内的信息分发进行了极大的扩展，并重点弥补了少数严重疏漏。在这种非正式的活动中，员工有大量的时间增加彼此的非正式沟通的频率，在这些活动中，不仅增加了彼此的信任，同时，还可以促进知识的分享和共享。

此外，为了方便员工之间的知识分享和共享，Google 还开发了各种工具。最常见的就是为所有项目和任务而建内部网页组成的网络。这些网页都被索引并按照需求向项目参与者开放。此外，Google 还对其他信息管理工具的用户进行了扩展，其中一些将最终以产品的形式对外推出。比如，Gmail 成功的原因之一就是它曾在公司内部测试数月之久。电子邮件主要用于组织信息传递，所以 Gmail 被不断改进，直至满足最大需求的消费者——知识型员工的需要。

在 Google 工作，每天都能接收到很多的邮件，甚至有时邮件的数量多到超出人能处理的范围。为什么会有这么多邮件呢？当然，其中很多都是写给收件人的，也有很多是抄送给他们的。在谷歌公司，同一个部门或是项目组的人，只要不是特别私人的东西，原则上大家都会分享共享所有信息。"只有一部分人掌握信息，不让其他人知道"，以垄断信息来确保自己的优越性，这种陈旧思维方式及行为模式在Google是不会出现的。在Google看来，实时而广泛地分享共享信息能够提升工作速度。通过把握项目整体的方向和部分的动向，明确自己在整体中所起的作用，能更好地完成工作。每个成员也能实时掌握其他成员所想之事和正在进行的工作，这样一来，大家就能够从不同的立场和角度出发，及时给出恰当的建议或帮助。而一个人闷着解决问题，苦苦思考，不知不觉一天、两天甚至一周就过去了。如果及时和周围的人说出自己正在烦恼的问题，以及自己还未能完成的课题，就有可能在他人的帮助下快速解决这个问题，或是得到一些恰当的建议，由此推动整个工作的进展。比起垄断信息，信息的分享共享更能让大家共同受益。

当前，在互联网经济的影响下，原有的市场环境被颠覆，传统的生产、消费也随之改变，在前所未有的巨变中，任何想要持续创新和成长的公司都需要一个像Google这样开放分享的文化环境，建立共享的知识管理平台，赋能员工加速成长，只有如此，才能实现企业与员工的双赢发展。

众所周知，互联网技术催生了共享经济，但是，并不为大多数人所知的是，成功的企业、优秀的组织早已经开始构建知识管理平台：IBM通过建立分享和信任的文化，培养员工知识共享的习惯；麦肯锡的资深管理者会说服专业人员和他们的同事分享知识和经验，以帮助员工提升人际网络；惠普建立了共享平台，让遍布全球、拥有个别特殊专业知识的员工能在需要的时候迅速被找到；而台积电的每一个新人，在入职后都会被指派有一个资深员工来进行传帮带。

成功的企业已经用事实告诉我们，通过知识管理，不仅有助于企业的创新发展，还对企业的持续发展有着诸多重要的意义，接下来我们看一下：

（1）增强企业获取知识的有效性

要提高企业知识获取的有效性，员工间应该加强互相间的知识分享，尤其是在隐性知识的生产和转移方面更是如此。隐性知识是企业保持持续竞争优势的主要来源，而隐性知识是与个人的观念、洞察力和经验联系在一起的，无法直接通过语言、文字等形式来表达，因此，企业应该通过知识管理，赋能组织成员在工作的过程中积极地分享，通过分享获得隐性知识。

（2）防止知识流失

根据 Delphi 咨询机构的调查报告，仅有 12% 的企业内部信息和知识在需要时很容易被人们获取；46% 的信息则以纸张和电子文件的形式存在，虽然在理论上它们很容易被分享，但事实上，由于各种原因这些信息难以实现真正交流共享；剩余 42% 的信息则存在于员工们的大脑之中。

这一事实说明，一旦那些既有专业知识，又有一定工作经验，同时还能独当一面的专业人才离开了公司，他们很可能会带走大量的企业商业机密甚至客户资源，给企业发展带来严重的损失。因此，企业应该在内部建立知识管理平台，鼓励员工将自己的知识和宝贵的经验与他人分享，并在企业的平台中共享出来，如此一来，就可以降低知识的独占性给企业带来的经营风险。

（3）促进知识资源的有效配置

知识只有被人掌握才能发挥其价值，谁掌握了知识谁就决定了知识所发挥的作用和使用的方向。在企业经营中，工作、员工和知识常常处于不匹配的状态，通过建立知识管理系统不仅可以实现知识的重新组合，同时，还可以通过重新配置知识资源，提高员工的工作效率。

员工的经验与创新能力是企业最大的竞争财富，但是，如果企业没有构建知识管理系统，个别员工的经验就永远都是属于他自己，并不会沉淀为企业的财富。尤其是在员工的流动性越来越大的环境下，企业不能依赖于个别员工的能力，而应该将每一个员工的知识经验，通过分享与共享的方式变成企业的知识经验，然后形成系统化的标准流程，赋能组织成员掌握有效的工作经验和正确的工作方法。

（4）提高企业的核心竞争力

企业在日常运营中积累了大量的知识，这些知识是企业发展的基础，知识的存储量越大，企业的竞争优势就越强。

但是，这些知识有的以隐性的方式为某个或某些员工独自掌握，有的以显性的方式分散在企业内部环境中的某个角落。如果不对这些知识进行分享，就不能为整个组织使用，知识的价值也将得不到充分的发挥。知识是企业发展的强力推进器，产品和服务创新是企业赢得竞争优势的关键，知识分享会加快创新的出现，是创新的重要前提。

因此，企业在发展的过程中，要想获得更长久的生命力，就需要做好知识管理，激发优秀员工，将其掌握的知识经验分享给全体员工，再使全体员工的知识经验共享于公司平台，最后形成公司整体的核心竞争能力。

2. "分享与共享"六大落地措施，让知识管理不再是空谈

学习型组织之父彼得·圣吉曾经说过：企业实质上是一个学习型组织，企业的知识是通过员工之间的交流分享和相互学习产生的，这种学习是使他人获得有效行动力的过程。员工相互交流分享和组合已有知识的效果将超过个人知识的简单叠加，在此过程中不仅知识的价值能得到增值，企业也能从中获得创新的知识。

可以说在组织中激发组织成员分享与共享，既是做好知识管理的核心关键，也是为员工成长赋能的最佳途径。

博克曼实验室是一家以知识管理闻名于美国化学工业界的企业。在20世

纪90年代全球经济并不景气的大背景下，博克曼实验室的净利润仍能保持持续的增长，博克曼实验室是如何做到的呢？那是因为博克曼实验室采用了科学的知识管理模式。

在转向知识管理之前，博克曼实验室是传统的管理模式，从传统管理模式转向知识管理模式它经历了三个阶段：

第一阶段：思考转型期

1978年，鲍伯·博克曼成为公司总裁，他上任的第一件事是将原有生产导向的做法转变为客户导向的经营方式。因此，迅速解决客户的问题成为当时的首要目标。

博克曼首先派大批研究人员到全球分公司搜集企业最佳的案例，用于给公司内的主管级专家分享。这些知识优势也会透过内部的文件，层层下传到前线的业务人员。这种做法的缺点不久便慢慢浮现：

首先，这种知识传递的做法成本太高。其次，业务人员需要将客户的问题层层上传至专家，专家回复后再层层传回给业务人员。这样的沟通方式不仅费时费力，而且最后的答复品质也容易受到影响。此外，由于相同的问题很多，专家经常需要一而再、再而三地回答类似的问题。

为了节省成本并提升服务效率，博克曼于是创建了一个数据库来存储最佳解决方案，并通过电子邮件让所有的主管来分享彼此的经验。然而，系统构建6个月后，主管们大多只通过电子邮件发送"你今天好吗""这个周末你有什么打算"等信息。了解到这一情况后，博克曼决定将数据库开放给前线的业务人员，并鼓励销售人员将本身的工作经验撰写成个案分享出来。如果个案被公司选入数据库，销售人员将可以获得100美元的奖励。

第二阶段：导入知识管理

20世纪80年代，博克曼的销售人员增加了3倍多，企业业务范围也扩展到法国、日本、西班牙、新加坡、意大利等地。随着业务的不断扩大，博克曼开始要求销售人员立即回复客户的问题。但是，回复客户的程序很慢，销售人员常常不知道专家何时会收到问题，而且在文件的传递过程中，问题与解决方案往往被扭曲。所以，博克曼认为解决的最好方式就是让专家和问题询问者直接互动，于是，他开始构想一个能够搜集、分享员工知识与经验的系统。

1992年，直接隶属鲍伯·博克曼的"知识转移部门"正式成立。此外，提供技术问题解答的研发信息中心正式改名为"知识资源中心"。这两个部门一起负责知识共享系统的设计、管理以及维护。"知识转移部门"首先利用30天时间，将公司原有的数据库系统放至CompuServ的网络上，并发给每个销售人员一个笔记本型计算机和调制解调器。博克曼付给CompuServ每人每月7500美元的网络存取费用，让公司内1200名员工都拥有一个自己的账号，使用CompuServ提供的服务，销售人员可以直接与总部人员联络。在这个平台下，知识转移部门构建了一个知识管理系统并命名为K'Netix。

这个系统主要分为两个部分：一部分是一个由系统编纂的数据库，另一部分是数个根据主要业务范围而设立的讨论区。在这些讨论区内，每个员工都可以发表意见，询问问题以及要求协助。其中，最受重视的是技术讨论区，其下包括20个附属讨论区。此外，附属讨论区也设有客户服务讨论区，针对公司重要客户的需要及问题来进行知识分享。

每个讨论区中均设有一个知识工程师来负责管理讨论区的信息交流，这些知识工程师的任务是确保讨论区的问题在24小时内被回复，否则他们就要联络适当的专家来回复这些问题。此外，每个讨论区至少要指派两个专家或讨论区经理来回复问题。当一个讨论的议题结束后，知识工程师和讨论区经理共同决定要将哪些讨论放到公司的数据库中，并且拟定出关键词和撰写摘要，以便日后的查询。

第三阶段：建立亲密的客户关系

1996年，随着市场环境的改变，博克曼的一些大客户开始缩小供货商的选择范围。在这一背景下，鲍伯·博克曼将策略重点转向"如何与客户建立亲密的关系"。

为了建立与客户的亲密关系，鲍伯·博克曼期望所有员工都能主动参与客户服务的过程，因此信息系统的运用也随之调整。比如，销售人员与客户洽谈一笔重要的订单之前，他可以实现透过K'Netix系统内的"客户信息中心"了解这个客户可能的需求。在他与客户洽谈的时候，一位化学技师问了一个高难度的专业问题，这名销售人员一边镇定自若地为客户提供一些相关信息，一边赶紧通过笔记本向K'Netix系统发出求救信息。博克曼的"知识转移部门"在看到这个紧急信息时，立刻将问题发布给各个讨论区的知识工程师。有一组员工用关键词来查询现有知识库，看是否有现成的解决答案。另外一组员工则立刻联络专家回答这个问题。与此同时，讨论区的员工看到这个问题后也都提出自己的解决方案。

几分钟之后，来自知识库、专家以及世界各地的博克曼员工都提供了自己的解答。知识工程师将这些解答意见汇整成一个系统的演示文稿，包括问题的解答以及各种情况下的建议，20分钟后，销售人员接收到这些回复信息，并马上解答了客户的问题。在这个知识管理系统下，博克曼成功取得了客户的信任并塑造出其专业的形象。

从博克曼实验室案例中，大家不难看出，博克曼实验室之所以能够实现持续增长，关键就在于博克曼成功地导入了知识管理，不过在这里要提醒大家的是，引入知识管理并非只是构建一个信息系统，它其实是一个组织管理变革的过程。在这个过程中，知识的分享与共享对于知识管理的落地尤为重要，可以说分享与共享是知识管理的核心。

然而，知识的分享与共享不是轻易能实现的，因为人们往往乐于获取他人的知识，却不愿向他人提供自己所拥有的知识，这种现象，事实上造成了知识分享与共享的障碍，导致了企业员工的知识难以分享与共享。由此产生了知识"分享与共享"的悖论：一方面知识分享与共享有利于知识管理，能增加企业的创新能力，为组织创造更大的效益与价值；而另一方面知识分享与共享又会与员工的个人利益存在冲突，导致在现实生活中员工之间不愿意分享知识或者知识共享不充分。这是一个难以解决的悖论，因此，知识分享与共享成了知识管理中的难题。

我们该如何来解决这个问题呢？接下来就给大家分享让"分享与共享"落地的六大措施。

措施一：入口控制

在人员招聘中，要重视考察应聘人员的价值观与企业文化的契合度。知识"分享与共享"是企业文化的重要组成部分，把好招聘入口关是企业"分享与共享"文化是否能够得到落地的关键，如果招聘进来的员工在价值观上与企业文化存在很大冲突，那么这样的员工就很难融入组织，也很难与组织成员在工作中积极地分享与共享。此外，在人员招聘上，还应尽量降低企业员工知识基础的差异性，如果差异性较大，那就很难形成有效的分享与共享。因此，企业在人员招聘时应该明确职位要求，并依据职位知识技能要求设定考察与招聘标准，确保招聘的新员工具备完成职责所需的基础知识与技能，或至少能在合理的时期内通过学习胜任其工作。

措施二：文化建设

知识管理是需要全员参与的一项工作。要想企业的员工能够主动地分享工作中的经验成果，积极地参与交流互动和知识创新，企业首先需要把"分享与共享"的精神放在企业文化建设的显要位置上，其次要设计相应的机制，保障"分享与共享"的落地。

比如，在神州英才，开放分享就是神州英才六大核心价值观中的一条。为了更好地践行分享文化，在员工的整个职业发展过程中都贯穿着分享的理念。

神州英才的所有新员工在进行入职培训的时候，都会受到公司高层亲自讲授的神州英才企业文化培训，高层领导向新员工们讲述文化体系的内涵，强调分享文化的重要性与意义。同时，每位新员工人手一本《英才群英榜》，里面记录着大量的神州英才优秀员工分享的个人成长故事，在新员工训练营中通过案例分享，使新员工快速地融入和理解分享文化的内涵。新员工在转正仪式上要进行述职，内容包含自己对神州英才文化的理解和在试用期过程中对开放分享价值观的行为实践，并将这个内容作为转正评价的指标之一。

在员工日常工作中，一直以来神州英才都奉行"凡是成交必有分享，凡是分享必有成长"的原则，每天还会拿出半小时举行跟实际业务相关的员工成长分享会，通过成长分享会的召开给每个员工提供了一个自我展现和共享知识的平台。（下一节将会详细讲解如何召开成长分享会）

另外，神州英才的所有员工都有导师，导师制是终身制的，即在员工发展的每个阶段，都有高层或者更资深的员工作为导师，进行知识经验的分享和文化的传播，层层传递神州英才的分享文化。

措施三：技术支持

加强知识管理的基础设施建设，建立健全知识分享与共享的信息网络是知识共享的物质平台。有效的知识分享与共享必须依靠信息技术的支持，技术在知识分享与共享中的最大价值，在于它能扩展知识传播的时空范围与速度，具体表现在以下几方面：

（1）企业可以通过开发和应用知识管理系统，建立知识共享的信息网络，使知识的获取、转化与共享最大化，促进知识在企业内的广泛交流。

（2）通过搭建交流的技术平台，不仅可以让组织内部成员有自由的交流

空间,还可以让组织成员在网上与业内外人士自由交流思想、观点与工作经验等,使组织的知识得以共享和增长。

(3)对知识进行分类整理,使之标准化和简明化,建立知识库,从而使知识的使用变得更加方便。

(4)通过视频技术,使分处不同地域的人面对面交流,消除空间距离造成的障碍等。

措施四:组织设计

首先,要建立赋能型的组织层级结构。在互联网经济时代,传统的等级式管理结构已经满足不了快速变化的市场需求,面对以消费者为中心的平权化时代,取而代之的是一种高度扁平化的、网络状式的、互通互达的新型组织结构:在信息网络平台的支持下,管理的中间层次会减少,管理幅度会增大。未来成功的公司将是那些组织层次较少、管理幅度更大的公司,如果想要更好地为员工赋能,让企业获得长足的发展,就要将等级式的组织结构转变为扁平化组织结构。这种组织结构由于管理层次少,信息传递速度快,有利于知识的交流,避免知识的流失与信息的失真,有利于激发员工的主动性与创造性,能为员工及时正确地获取所需要的知识提供有力的组织保障。

此外,应设立知识管理部门,建立知识主管制度,将知识共享纳入组织管理的整体框架。知识管理者不能仅是一个专家角色,同时更应该是战略管理者的角色,应做到:了解组织及其内在的知识需求;建立和造就一个能促进学习、沉淀和共享的环境;监督知识库内容,保证使之与组织的战略相一致;保证知识库的正常运行;促进知识集成、知识创造和知识共享等。知识管理部门建立的意义在于:促进组织内知识的分享与交流,把知识与知识、知识与活动、知识与人连接起来,运用集体智慧和创新能力打造竞争优势。

措施五:激励机制设计

在企业中,要想让员工毫无保留地将自己所有的知识分享给其他员工,不能寄希望于员工道德楷模般的无私奉献,而是应该建立起与公司战略相一致、与员工预期利益相关的激励机制,让奉献者得到合理的回报。企业在设计激励机制的过程中,要遵循如下一些原则:

(1)建立合理的利益分配机制,使贡献与回报对应。根据员工的知识共享效果与贡献,予以相应的奖励,使员工看到知识分享所带来的收益大于独自占有知识所获得利益,这样他们自然会愿意参与知识分享。

(2)建立多元化的激励机制,做到评价和补偿机制相结合。一方面,企业根据知识提供者的贡献提供合理的报酬,这种报酬是多元化的,可以是物质的,如奖金、股权等,也可以是精神的,如职位的提升、通报奖励、知识署名权等;另一方面,要有公平有效的考核评价机制与信用体系,使知识提供者的贡献得到正确的评价与体现。

措施六:角色转变

需要注意的是,任何一项管理举措的推进,任何一套管理系统的落地,最终都需要人来完成,因此组织成员的角色转变非常重要,特别是领导者的角色转变尤为重要。

领导者要从控制型领导者转变为赋能型领导,在落地的过程领导者要亲自推动和带动组织成员积极地分享,因为领导者本身的开放程度和对分享的推崇,直接决定着团队的开放程度与分享水平。

同时领导者要有意识地组织员工将工作过程中的优秀成功方法和失败的经验教训,即时分享出来,并沉淀为可执行的标准流程。

另外,在执行的过程中,领导者对于做得好的员工要加以推崇,树立标杆,让参与"分享与共享"的优秀成员获得业绩之外的成就感,让分享与共享成为组织成员的习惯。

3. "成长分享会"四步法，赋能组织成员从线性成长变成指数级成长

英国著名剧作家萧伯纳曾经说过："你有一个苹果，我有一个苹果，我们彼此交换，每人还是一个苹果；你有一种思想，我有一种思想，我们彼此交换，每人可拥有两种思想。"这就是知识分享的好处，知识分享的过程是一个双赢的过程，我们不仅能够将知识分享给别人，也能够通过知识的交流互动，实现自我认知体系的巩固完善和升级迭代。

在 Arthur Andersen Business Consultant（安达信商业顾问）提出的知识管理概念中，将知识管理用公式定义为：$KM=(P+K)^s$。其中，KM 表示知识管理（Knowledge Management）；P 指人员（people）；符号"+"是指以通信技术协助知识管理的建构；K 是知识（knowledge）；最后，以 s（share）分享为次方。公式说明了人员、知识和信息技术在知识管理中的重要性，知识分享在知识管理的成效上尤其发挥着重要作用。当 s=0 时，KM 只会等于 1。由此可见，知识的分享可使知识管理产生指数级成长的效果，促使其效能充分地发挥。

对企业来说，如果组织中的每个人每次获取订单的经验和知识都可以转化为更多人获取订单的能力，为公司业务的改进发挥价值，那知识的力量将会成倍数地被放大。分享，就是这样的转化器、放大器，它能让经验得以传承，让成功得以复制，让组织成员从线性成长变成指数级成长。

接下来给大家分享赋能组织成员指数级成长的一套有效模式——成长分享会四步法。不过在此之前，我们需要先了解什么是成长分享会。

成长分享会，是通过组织会议让员工来分享成长心得，来实现员工相互赋能成长的一种方式。比如，如果员工从客户端拿回了订单，或是开展业务的过程中取得了优秀的阶段性成果，就在内部及时地组织员工成长分享会，邀请该员工来和大家分享，分享的内容除了有其取得的成绩和喜悦之情外，还要分享取得成绩背后的知识、经验、感悟、工具、方法、流程等。

通过成长分享会，不仅能够让分享者加速巩固自己所掌握知识方法，还能够赋能其他组织成员获得解决同类问题的答案，另外，分享交流的过程也是一个复盘的过程，这个过程能够有助于激发群体智慧，让大家一起来推演可能存在的最佳解决方案。从组织的角度来讲，成长分享会有利于员工知识的流动，智慧的碰撞，增进组织成员间的相互了解、相互信任，促成团队达成共识，互助协同。

成长分享会对赋能员工成长如此重要，那么，该如何开好成长分享会呢？接下来，给大家介绍成长分享会四步法：

第一步：确定主题方向

每次成长分享会要定一个主题，主题可以围绕两个方向：

（1）成长心得类分享

比如：员工转正时可以以"成为×××公司人的90天"为题，分享试用期期间个人的成长感悟、心得；员工晋升时可以以"我的×××进阶之路"为题，分享职级晋升的心路历程；某一事件"我的名字叫×××公司"，分享在工作遇到某一问题发生时，是如何践行公司文化价值观并最终取得成功的……

（2）业务技能类分享

比如：技术创新分享会、营销方法分享会、财务管理分享会、人力资源管理分享会……

这些成长分享会可以在公司层面用制度固化下来，可以是定期必开的成长分享会；也可以是临时关于某一问题的成长分享会，会议形式、内容不限，但是，一定要确定一个主题方向。

第二步：指定主持人

主持人可以是召集人，也可以是部门领导。但是，这个人的角色非常重要，因为他至少要发挥好两个职能：控制时间、控制主题。

成长分享会是要有价值、有效率的，所以不能讲了半天都是对其他员工没价值的内容，开这样的会，既不能跑题，也不能没完没了。这种情况一旦发生，主持人要做好控制，适时打断。具体方法有以下几种：

（1）明确时限。就是在每个人分享时，强调每个人的分享时间。比如：接下来，我们给每个人3分钟的时间，分享一下今天课程最深刻的一点体会。这样给大家一个时限概念，减少超时情况的发生。

（2）即时提醒。快到时间了，主持人要即时提醒："还有1分钟。"

（3）"好！"就是用口语化的"好"来提醒发言者"时间差不多了，好了，可以停了"。如果他还停不下来，你可以加重"好"的语气，如果还不停，你还可以加快"好"的频率，比如变成较重语气的"好！好！好！"这招百试不厌，不妨一试。

（4）鼓掌。当这位非常投入的员工讲到某一精彩处，马上鼓掌，你一鼓掌，其他员工也会鼓掌，而在掌声刚落下的时候，作为主持人的你要马上把话接过去，往下说你想说的就可以了。比如："刚才×××的分享非常有价值，接下来我们请下一位分享。"

（5）直接终止。直接告诉他：你的时间到了，有请下一位×××分享。这种方式比较简单粗暴，说的时候语气语调尽量要温和一些，以免打击分享者的积极性。

第三步：邀请嘉宾

在组织成长分享会前，可以根据分享的主题方向来考虑要邀请哪一类型的嘉宾。如果主题方向跟公司文化价值观相关，并且要对某一员工的先进事迹进行表彰推崇，这个时候可以考虑邀请公司的高层领导者出席，高层领导者出席可以视情况来决定是否发言，如若发言，原则上以肯定鼓励为主，时间不宜过长，以免喧宾夺主，引起员工反感。如果主题方向跟业务技能相关，这项业务技能要大力推广，这个时候可以考虑邀请相关部门领导出席，相关部门领导出席主要是给予专业上的支持，要来考量员工分享的经验和方法中哪些是要沉淀固化的、哪些是要优化迭代的。总之，在邀请嘉宾时，邀请来的嘉宾只要能为员工赋能，为员工成长带来价值，都可以邀请。

第四步：做好总结

在会议即将结束的时候，一定要有一个人来总结一下今天会议的主要内容，这个负责总结的人，一般既可以是部门的领导，也可以是主持人。

要做会议总结主要是因为在会议过程中，有些人的分享并不一定非常专业、到位，可能很多该表达的东西没有呈现出来，这时总结人可以针对分享的内容来做进一步的升华，让大家的收获最大化。

在此要提醒大家的是，一定要指定专人做好记录，并在会后发出来方便大家收藏和应用。

F5 一定要成功（Forced to Success）
员工能成才，企业才成功

1. "导师制落地"四步法，打造企业内部人才"造血"机制

"企"无人则止，企业的发展壮大需要依靠人才，其各类经营问题的解决依靠的也是人才。人才好比企业的血液，企业要解决"贫血"的问题，就得大量补充血液。补血的方式有两种：一种是进行外部输血，一种是进行内部造血。外部"输血"就是不断招聘、引进人才。内部"造血"就是建立一套"造血"机制，不断培养和输出优秀的人才。

企业要想保持长久的生命力，在接受输血的同时，还应该尝试打造自己的造血功能——建立一套好的人才复制机制。只有解决了企业的人才问题，才能激活企业的发展动能，实现企业的持续发展。

华为创始人任正非曾经说过："什么都可以缺，人才不能缺；什么都可以不争，但是人才不能不争。"为了更好地吸引人才、培养人才，多年来华为一

直坚持"导师制"管理的模式。在华为大学的墙上有一句宣传语:"用最优秀的人培养更优秀的人 Great leaders lead leaders。"这是华为一直奉行的人才培养理念,也是华为人才"倍"出的主要原因之一。

1987年,刚刚成立的华为正式迈入通信行业。然而,此时中国通信市场被国际巨头分割,正处在所谓"七国八制"的局面中。任正非认为,一支队伍要有战斗力,就必须要有抱负和进取心,因此,他很早就提出,华为要做到在通信行业三分天下有其一的目标。但是,在通信行业,华为的竞争对手几乎都已经是世界级企业,华为要靠什么激励员工一起奋斗完成这个目标呢?

当时,任正非希望通过遵循现代企业治理规则,实施干部能上能下、末位淘汰等一系列管理制度。既让员工努力工作,又让他们平静面对末位淘汰的结果,而这显然不是一件容易的事。最后,为了解决这一问题,任正非想到要为员工寻找"思想导师"。

之后,任正非叫来了华为前党委书记陈珠芳,委托她请来了一批退休的科技人员。在任正非看来,这些专家具有极高的使命感和责任感,有不屈不挠的顽强意志和艰苦奋斗的人生经历,可以传授给年轻干部,帮助他们成长。这便是华为的第一批思想导师。

在此之后,这种通过导师传递企业文化、企业价值观,同时帮助员工解决问题的导师制在研发部门取得了巨大成功,任正非也决定将这一制度进一步推广。如今,华为已经建立了一套有效的导师制度,能够帮助新员工尽快适应华为。部门领导为每一位新员工指派一位资深员工为其导师,为他们答疑解惑,在工作生活等方面进行帮助和指导,包括对公司周围居住环境的介绍及帮助他们克服刚接手工作时可能出现的困难等。

在新员工进入华为的前3个月里，导师要对新员工的绩效负责，新员工的绩效也会影响到导师本人的工作绩效。除了针对新员工所开展的导师制度外，在每个部门，华为都配有一支资深的教授专家团队，为员工提供顾问支持；团队成员大多是来自各所名牌大学的教授，以及一些研发中心退休的老专家。他们会在员工的工作或生活遇到问题时，利用自己丰富的工作和生活经验，向员工提出富有成效的建议，以及接受进一步的咨询。

华为的导师制不仅赋能新员工获得了快速的成长，同时也为老员工创造了提升领导力和施展才华的新舞台，也正是导师制的推行，使得华为良将如潮，为华为驰骋全球通信行业打下了坚实的基础。

除了华为这样的国内优秀企业在推行导师制，在国外像Facebook这样重视人才培养的优秀公司也在推行导师制。Facebook的导师制实践也非常值得我们学习及借鉴。基于Facebook的企业文化及行业性质，Facebook希望在员工融入企业、熟悉企业的过程中，能提升业务干系人的认识以及促进良好关系的建立，理解Facebook的企业文化及技术要求，以及自己能找到自己的兴趣小组，有选择地进入某一个工作项目，在自己认可的工作领域的项目上发挥价值。

Facebook的导师制采用标准的结构化的落地实施流程，共分为7个步骤，分别为：导师见面会、工作安排、提供培训、1对1辅导、每周评估与导师碰头会、指导新人参与实际项目、最后一次面谈。通过这7个步骤，Facebook有效加速了新人的成长，以及提升了新人的留存率，而且还不需要花费太高的培训成本，这就是扎克伯格最自豪的"新兵营"项目的精华所在。

目前，无论是国内还是国外，导师制已然成了优秀企业人才培养的标配。导师制之所以如此受推崇，是因为导师制是一种成本较低且见效较快的人才复制机制，是企业赋能人才成长、助力企业战略实施的有效工具。它有助于缩短新员工的成熟期，增强新员工的组织认同感和归属感，培养复合型人才，共享和传递企业中的隐性知识，创建学习型组织，提升企业核心竞争力。

通过以上案例，我们已经能够清晰地了解企业建立导师制的重要性了，那么，导师制在企业要如何来落地呢？接下来给大家具体分享。

在具体落地层面，导师制首先需要明确应用的场景，一般来讲应用场景主要包括以下两个方面：

（1）新员工的培养阶段，由一个在相关业务领域其知识、经验和技能方面都比较突出的人，辅导新员工的成长，帮助其顺利转正。

（2）储备干部培养阶段，由一个资深的管理者对标杆型的员工进行辅导，帮助其晋升为一个合格的管理者。

在这两个场景中，实施辅导的人就是"导师（Mentor）"，而被辅导的人就是"徒弟（Mentee）"，导师可以是徒弟的直属上级，也可以不是。导师制就是保障这两者有效互动的机制，导师需要指导徒弟有效梳理其成长目标，辅导其技能提升，关注其心态发展，以及跟踪评估其成长绩效。

其次，根据应用场景构建系统。这套系统主要包含四大核心步骤：

核心步骤一：明确导师及徒弟的角色和职责

（1）导师的角色和职责

导师的角色主要是直言不讳的朋友、倾听者、问题解决顾问、职业发展顾问、人际关系顾问、教练。

基于这些角色，导师的职责主要有：

a.向徒弟传递知识、技能、经验，提升徒弟独自胜任岗位的能力，帮助徒弟建立自信，并培养其独立思考及创造的能力。

b.明确担任导师的责任和内容，能够以开放、坦诚的方式与徒弟进行沟通并及时予以反馈。

c. 协助徒弟制订学习提升计划并做必要修正。

d. 运用有效的辅导方式快速提升徒弟的能力水平。

e. 提供必要的辅导与反馈，辅导频次可以根据具体情况确定，最少每月一次。

f. 评估徒弟的进步情况并定期与徒弟讨论心得与进度。

（2）徒弟的角色和职责

徒弟的角色主要是学习者、规划者、实践者。

基于以上角色，徒弟的职责主要有：

a. 配合导师，履行学习计划，对于在计划中不明确的事宜，主动和导师进行沟通，接受导师的辅导。

b. 清楚地了解自己的成长目标，在实现目标的过程中，要主动地和导师沟通，确保完成目标任务的方向没有走偏，并规划好自己的成长路径。

c. 在互动实践中配合并回应导师目标及需求，接受反馈并进行反馈跟踪。

核心步骤二：内部导师选拔和评估确定

在明确了核心学员后，我们就能有针对性地确定项目目标，以及导师的选拔标准。关于导师的选拔标准，针对新员工的导师和针对储备干部的标准是不一样的，接下来详细说明。

（1）新员工（主管级以下）的导师选拔标准：

a. 认同企业文化，有能力对培养对象进行思想引导，善于听取意见，并能为他人解决问题。

b. 熟悉公司的各项规章制度、工作及业务流程，乐于分享自己的工作经验与工作技能。

c. 职级为主管及经理级员工，在本公司工作 1 年以上，无不良记录。如是部门骨干,则其工作经验时长限制可以放宽。

(2)储备干部的导师选拔标准:

a.认同企业文化,有能力对培养对象进行思想引导,善于听取意见,并能为他人解决思想问题,有较强的管理技巧。

b.职级为经理及以上级别员工,在本公司工作2年以上,无不良记录,表现优良,乐于分享自己的工作经验与工作技能。

c.熟悉公司的各项规章制度、工作流程与业务流程,具有良好的团队管理能力、组织能力与协调能力。

经过选拔评估的导师,在和学员进行配对的时候,建议加入性格测评的环节。因为建立师徒关系的双方会有非常多的相处和沟通,因此性格上的共同点有助于师徒关系的融洽。

导师的选拔及师徒配对环节完成后,双方需要签订正式的"导师辅导协议"作为项目开启的正式约定,同时,也可以设计"拜师"的环节以增加仪式感。

核心步骤三:制定有效的辅导流程

导师制项目正式开启后,师徒双方的辅导需要采取正式的、有计划的执行方式,这样才能保证每次的辅导都有目标、有产出,被辅导的徒弟能够有收获、有提升。因此,每一次的辅导工作,建议按照以下的流程进行:

(1)建立师徒关系:以自由双向选择为主,人力资源部门协调为辅,导师与辅导对象结对完成之后,人力资源部门进行公示并备案。

(2)确认辅导时间:由导师与徒弟预约并确认辅导时间。

(3)在整体辅导流程开始前,首先由徒弟填写个人发展规划,做好成长目标设定。然后在每次辅导前由徒弟填写对本次辅导沟通的期望和困惑,并在正式辅导开始前提交给导师。

（4）辅导过程实施：导师根据沟通期望和工作困惑，完成针对性的辅导。导师要负责向徒弟阐述个人职业发展的路径和岗位要求，在企业文化、专业知识、能力提升、组织架构、工作流程等方面进行定期辅导和交流，随时解答徒弟在工作中遇到的各种问题。

（5）辅导结束：导师填写辅导点评并签字，确认辅导结束；徒弟填写辅导后的收获和总结，并填写后续行动承诺；下次辅导开始前，导师向徒弟询问后续行动承诺完成情况。

辅导的有效性会直接影响到被辅导者成长绩效的表现，因此基于上述流程，导师在辅导的过程中，目标的确定、行动的跟踪、心态的支持是重中之重。

核心步骤四：建立有效的评估及奖励机制

任何项目的实施，都需要运用有效的评估工具来检验效果，以及作为后续项目优化的依据。对于导师制的实施情况评估，需要分三方面进行：导师的考核与激励、徒弟的绩效考核、项目360度满意度评估。

关于项目360度满意度评估，是最常见的评估方式，因此这里不展开阐述。关于导师和徒弟的考核评估，接下来我以"新员工成长导师制"为例，展开给大家分享：

（1）新员工试用期考核成绩标准

上级主管与上上级负责人评分平均数为N，如表3-4所示。

（2）导师连带责任及淘汰机制

a. 在带徒期间内，若新员工出现重大工作失误，导师承担连带责任，具体责任惩罚措施视事件严重程度而定。

表3-4 新员工试用期考核成绩标准

100 ≥ N ≥ 98	优秀
98 > N ≥ 92	良好
92 > N ≥ 80	合格
80 > N ≥ 60	一般
60 > N	不合格

b. 主管级以上人员带徒弟工作出现两次考核不合格，影响其奖金发放和晋升。

c. 辅导期间，导师不履行辅导职责或行为粗暴，并被投诉3次以上，一经查实，予以淘汰。

d. 导师本人连续2个月绩效考核较差，予以淘汰。

（3）导师的激励

当新员工通过试用期考核后，根据考核结果对师徒双方进行奖励，奖励可以是直接发放奖金的方式，发放标准参考下表3-5所示。

表3-5 新员工试用期结束，师徒双方奖励标准

考评维度	考评结果		奖金	
			师傅	徒弟
考核	优秀	A1	800元/人	200元/人
考核	良好	A2	500元/人	150元/人
考核	合格	A3	300元/人	100元/人
考核	一般	A4	100元/人	0元/人
考核	不合格	A5	-100元/人	延长学习期

除了直接发放奖金的奖励方式外,其他奖励方式也可参考:

优秀导师奖:每年按照10%的比例评选优秀导师,授予证书和奖金。

伯乐奖:辅导期满后,徒弟绩效优异或成绩突出的,为导师追加现金奖励。

荣誉:同等业绩下,带徒弟多且优秀的导师优先给予提拔。

2. 工业化赋能训练,四阶打造人才流水线

同样是做一件事情,为什么有些人看起来天赋异禀,而有些人看起来却似乎天生愚钝。从竞技体育、音乐表演,到科学界、医学界和商业领域,似乎总有些人能表现得非同凡响。难道他们真的有与生俱来的超凡能力,真的就是我们所说的天才吗?

20世纪90年代,心理学家K.安德斯·埃里克森曾对顶尖水平的音乐人才进行了研究。研究得出的结论是:根本不存在"与生俱来"的天才——不存在花比别人少的时间能达到比别人高的成就;不存在"劳苦命"——不存在一个人的努力程度非常高但是却无法比别人优秀的情况。

该研究结果表明:一旦一个演奏者进入了顶级音乐学校,唯一能使他出人头地的方法就是:刻苦练习。而且研究者们还研究出了练习时长的临界变量为10000个小时。

莫扎特的《第9号钢琴协奏曲》是在20世纪创作的,那是他开始作曲的第10个年头;国际象棋大师鲍比·菲舍尔花了9年时间才拿到冠军;甲壳虫乐队在成名之前,演出了1200场……这些优秀的人在成功之前几乎都花了10000个小时以上的努力。

当然这里所说的 10000 个小时法则，并非指随便练习 10000 个小时就可以成功，例如，每天练习"1+1"这样的数学题，并不会让你成为数学天才。真正意义上的练习，是有目的、有方向、有方法的刻意练习。

用《挪威的森林》里永泽的一句话来说就是：忙碌跟努力是不一样的，努力是有目标的自觉奋斗，而忙碌则是毫无目的地被人拖着走。

其实，在销售领域，那些看似能力超群的销售"天才"，也并非天赋过人，而是通过后天的刻意训练才能成为的。大家想想看，如果是天生的，为何顶尖的销售人才都集中在那些公司呢？为何代表这些公司的销售人员，都具备一流的专业销售才能呢？没有别的原因，只因为他们有一套好的销售训练方法，只因为这些公司懂得如何训练出专业的销售人员。

很多知名企业都因其优秀的销售人才和实力，在业界中享有盛名，他们也正是凭着销售人才的专业销售能力在竞争激烈的市场环境中，创造了竞争上的优势。这些优秀的销售人才是如何产生的呢？

无独有偶的是，他们都坚信优秀的销售人员是训练出来的。因此，他们从不吝惜投入金钱与时间去训练销售人员们，并投入庞大的资金设立自己的训练机构，以及开发各阶段的业务训练教材。每位销售人员从踏入公司开始起，就要不断地接受训练。在阿里巴巴，新人入职后在杭州要进行为期 30 天的集训，严格的竞争机制使得新人的训练经历成了高强度的学习过程。而华为的新人需要经过长达半年、6 个阶段的魔鬼训练，细致到每月、每周甚至每天，以时间的维度进行细分训练。每个阶段新人要做什么、如何评估、如何指导都有精细化安排。

一位训练主管曾说："我们最喜欢训练那些刚步入社会的新鲜人，他们像一张白纸，可塑性高，在基础销售训练的课程中，每一位参加训练的销售人员，虽然每个人领悟得快慢有别，但是经过多次反复的练习之后，每位销售人员都能够达到我们期望的标准。你能够感受到他们进步神速，有如一些刚学步的幼儿，你看着他们跌跌撞撞，但不久他们每一个都能在你面前表演出走路的样子。"

日本丰田有句非常自信的广告词，相信大家并不陌生，那就是"车到山前必有路，有路就有丰田车"。丰田为何如此自信？在很多人看来，那是因为丰田汽车的质优价廉，在笔者看来，除此之外，是因为丰田拥有一支专业的销售队伍和强大的销售人才训练体系。丰田销售人员入职后都要经过1年的训练，才能成为正式的销售人员。新人进入公司后的前4个月由机械部门训练，这样销售人员可以对汽车的构造有一个更透彻的了解；接下来的2个月开始接受销售训练；经过训练后，新进的销售人员会实际分配到各个分公司、营业部，由分公司营业所的资深销售人员带领做实战训练。在丰田公司，只要销售人员不是极端胆怯或者没有一点毅力，都可以被训练为优秀的销售人才。

无论是在我们本土成长起来的企业，还是国外的知名企业，通过去了解他们，就知道不是上天特别厚爱才让他们拥有了优秀的销售人员，而是他们训练出了优秀的销售人员。因此，不要怀疑销售训练的价值，重要的是，我们要建立科学有效的训练体系。

我们该如何建立一套适用于销售人才培养的工业化训练体系呢？接下来先给大家分享两个集中反映了很多企业在销售人才培养和训练上常出现的问题的案例：

案例1：

ABC公司的销售总监大牛特别重视销售人员的培养和训练，在他的新人培养计划中，所有新销售人员自入职之日起，都要在度假村酒店集中封闭4周接受系统训练。

在这4周的培训中，ABC公司几乎把整个营销管理MBA课程全部引进，销售人员除了接受产品知识、公司文化、客户知识、竞争知识等系统学习外，还需要深入学习销售谈判、客户心理学、营销战略、营销分析、客户关系管理、客户服务等方面的知识技能。用大牛的话来说，ABC 要用 4 周的时间完成销售人员 4 年学习的周期。

有了这样大量的投入、封闭式的训练、精英式的培养，按道理，ABC 公司的团队应该精英荟萃，人才辈出。但结果却让大牛伤心不已，4 周的封闭学习与训练让销售人员走出训练营后反而觉得迷茫混乱，抓不到重点。销售人员普遍反映有用的没有学透，没用的学了很多。

从这个案例中，大家不难看出大牛的做法反映了部分销售管理者"急于求成"的团队训练思维和心态，他们希望在最短的时间内把能传授的技巧、知识和经验全部复制到新人身上，从而让这些销售新人快速上手，迅速做到独当一面。

殊不知销售人员的训练与辅导，必须和他们在特定阶段的工作实践和实际体验相结合，没有实际的体验，再加上不能马上学以致用的训练，不仅不能产生深刻的启发和改变，更会造成思维的混乱和"营养过剩"。

案例 2：

EFG 公司的销售总监阿诺有句名言，他认为销售人员不用去教，应该"以战代训"。他信奉"使我痛苦者，必使我强大"，主张让销售人员自己多经历、多体验，多摸爬滚打。他觉得销售人员被客户骂得多了，被打击多了，自然会成长起来。

而他采用的训练方式就是"以老带新"，让新销售人员跟着老销售人员跑上几个星期，然后就单独去拜访客户与开拓市场。

但是 EFG 公司的销售人员在阿诺的这种培养模式下，除了两三个和他关系好的业务骨干之外，团队其他成员的流动率极其频繁，基本就是几个月换一大批。被骂的那些销售人员根本没有从所谓的"骂"中学习到有用的知识技能并得到成长,反而心生去意。而跟着老销售人员跑市场的新销售人员,每天只看到他们的"老前辈"和客户拉拉家常、聊聊天,根本体验不到他们即将碰到的销售难题和障碍,也学习不到他们真正需要的销售技能。

和大牛在团队培养中填鸭式的"营养过剩"相比,阿诺的做法体现了另一个极端,即"营养不良"。缺乏规范而系统的训练与指导,销售人员即便可以靠自己的努力去摸索和总结来实现成长,但其成长周期将会大大延长,新人培养的不合格率将大大提高。"以老带新"是一种可以选择的新人训练模式,但处于什么成长阶段的销售人员更适合接受"以老带新"的训练方式,"以老带新"该如何做才能变得更加有效,这些都需要销售管理者精心设计与实施。

作为销售团队的管理者,应该清晰地认识到销售人员在不同的成长阶段有不同的学习和培养需求,只有对销售人员的成长过程划分不同阶段,根据不同阶段的特点来设计有针对性的训练内容和训练方式,才能确保销售训练与辅导做到恰到好处和层层推进。也只有如此,才能打造好企业的销售人才流水线,把过去靠经验和直觉的"农业化"销售人才训练体系升级为靠流程和标准的"工业化"销售人才训练体系。

通常情况下,销售人员进入团队后,如果按照成长阶段来进行划分,大致可以划分为4个阶段,这4个阶段销售人员的心理特征和表现都有所不同。销售管理者要根据不同阶段的特点来采取不同的赋能训练方式,接下来给大家逐一分享:

第一阶段:启蒙化阶段

销售人员的心理特征和表现:

a. 启蒙化阶段是销售人员成长的第一阶梯,销售人员刚刚入职。

b. 启蒙化阶段根据行业不同，该阶段的时长一般短则两三周，长则两三个月。

c. 在启蒙化阶段，销售人员刚加入团队不久，没有业绩及指标的压力。

d. 在启蒙化阶段，销售人员对新事物接受度高，抗拒性小，比较愿意融入团队。

e. 销售人员没有挫折感，充满信心，学习欲望强烈。

在该阶段，销售管理者应采取的赋能训练方式是入职塑模。

新销售人员进入团队后，入职培训至关重要，需要在其学习欲望和学习动力最佳阶段"一次塑模成功"。入职培训除了培训企业文化价值观、规章制度等内容之外，最重要的是三大专业知识的训练，即产品知识、竞争知识和客户知识。这三大知识的训练务必求实战，对这三大知识训练效果的检查，务必要从"知道"升级到"说道"，即能说会道。

第二阶段：标准化阶段

销售人员的心理特征和表现：

a. 标准化阶段是销售人员成长的第二阶梯，在这个阶段销售人员分配了目标和任务，需要独立拜访客户和承担销售压力。

b. 在标准化阶段，销售人员通常会产生挫折感和压力，因此特别需要有一套成熟的销售流程和标准方法帮助其应对全新的销售环境和挑战。

c. 在标准化阶段，以标准化的销售流程和方法为基础的实战感悟和成长是最快速的，也是最事半功倍的。

d. 在标准化阶段，缺乏销售基本功和标准动作训练的销售人员将经历漫长而迷茫的成长周期。

在该阶段，销售管理者应采取的赋能训练方式是专项训练。

标准化阶段是销售人员独立开拓市场和拜访客户的阶段，在这个阶段销售标准流程及策略动作的训练尤为关键,这是销售人员迅速成长的基础,能对其销售和成交能力的形成起到保驾护航的作用。围绕标准流程及策略动作的赋能训练,大家可以根据前面分享的"F1接触、F2投资、F3感恩"三大专题的内容来展开训练。

第三阶段:共性化阶段

销售人员的心理特征和表现:

a. 共性化阶段是销售人员成长的第三阶梯,这个阶段销售人员能把标准销售动作活学活用,基本掌握了与客户交往的全部关键点和核心技能。

b. 在共性化阶段,销售人员一般都能应对和应付来自客户的常见问题和挑战。

c. 在共性化阶段,短期内来自市场环境变化,来自竞争对手的行动变化,来自客户需求变化以及来自其他方面的挑战和问题会超越销售人员已有的经验,产生很多具有共性的新问题和新难题。

d. 在共性化阶段,具有共性的销售难题和困境如果不能集中解决,则会对整个销售团队产生很大的负面影响和心理打击,挫折感和失落感会弥漫开来。

在该阶段,销售管理者应采取的赋能训练方式是集训分享。

销售人员掌握了销售基本功和标准动作后,对于特定阶段出现的新问题和新变化还是会产生困惑,这些困惑具有很大的共性。这时候销售管理者需要把有相同问题的销售团队成员召集在一起,通过集训分享的方式,组织大家汇总难题,分析对策,制订解决方案。在这个阶段,销售管理者要激发组织成员"F4分享与共享",推进知识管理系统的迭代创新,通过知识管理系统来赋能团队训练。

第四阶段:个性化阶段

销售人员的心理特征和表现:

a. 个性化阶段是销售人员成长的第四阶梯，销售人员已日渐成熟，基本可以独当一面。

b. 在个性化阶段，销售人员基本能在不需要上司指导的情况下良好地解决常见的销售难题。

c. 在个性化阶段，销售人员只有在遇到极其特殊或紧急的个性化问题时，才需要销售管理者提供支持和辅导。

在该阶段，销售管理者应采取的赋能训练方式是协同拜访。

销售人员即使能做到独当一面，也会在工作中遇到些不是很常见的个性化难题，而且这些难题销售管理者很难在不了解实际情况的前提下三言两语得到解决，必须通过协同销售人员拜访客户，当场倾听和分析后才能给出建议和意见。

在这个阶段，公司高层领导者可以根据"F5一定要成功"原则重点推进导师制的执行，赋能训练具有相同价值观且业务过硬的资深销售成为导师，否则团队规模一大，销售管理者难免就会面临分身乏术的情况。

3."赋能式激励"四大法则，让员工从"要我干"变成"我要干"

在为企业提供咨询服务时，经常有老板会发出这样的抱怨："现在的员工真是太难管啦！要么工作不给力，得过且过地混日子，要么骑驴找马，总想着跳槽。您看我给员工的工资待遇也不错，但为什么员工还是不好好干活呢？"

在回答这个问题之前，我们先来看看美国著名经济学家弗朗西斯说过的一段话："你可以买到一个人的时间，你可以雇到一个人到指定的工作岗位工作，你可以买到按时或按日计算的技术操作，但你买不到热情，买不到创造力，买不到全身心的投入，你不得不设法争取这些。"

是的，想要员工满怀激情、积极主动地投入工作，依靠金钱是远远不够的，你还需要运用正确的方式方法激励员工，引爆员工的工作激情，激发员工的创造性，让员工乐于工作、享受工作。正所谓，低效率靠管理，高效率靠激励。所以，管理企业，不能单纯依靠金钱来调动员工的积极性，而是应该从员工的情感需求和内在驱动力入手，激发员工工作的主动性，让员工从"要我干"转变为"我要干"，从而提升团队的工作绩效。当管理者掌握了激励员工的方法之后，往往就能收获意想不到的惊喜。

接下来，给大家分享销售团队赋能式激励的四大方法，分别是 PK 竞赛激励法、荣誉激励法、即时激励法和标杆激励法。

方法一：PK 竞赛激励法

PK 竞赛激励法，是指通过组织开展 PK 竞赛活动，以增加员工不甘落后的压力感和奋发向上的竞争心的激励方法。

PK 竞赛激励法在推行的过程中，如果应用得当，往往能产生超乎想象的激励效果，其主要驱动力来自三大效应：

a. 长短效应

销售管理者往往用年度销售目标来激励和约束销售人员的行为，但一年期限就如漫长的马拉松，逐渐会让人失去冲劲和热情。而阶段性的竞赛和 PK，就如同马拉松般把一年目标分解成多个紧张刺激的百米短跑，后者所产生的压力和动力是前者无法比拟的。

b. 游戏效应

销售管理者总认为激励销售人员靠的是报酬和奖励，但为什么有些没有报酬的事情也会有人乐此不疲？为什么像打游戏这样的没有经济回报甚至要自掏腰包买装备的事情能让这么多人沉迷其中？原因就是年轻人喜欢游戏中 PK 获胜赢得竞争的氛围。如果销售团队通过竞赛和 PK 也能营造游戏般的刺激效应和竞赛氛围，销售人员不仅不会觉得累和辛苦，而且还可能会感到很过瘾。

c. 竞争效应

销售管理者要清楚地认识到，有些年轻人，如果家庭条件还不错，对于通过销售来努力获得经济回报这件事情是没有特别大的兴趣和动力的。业绩差一点钱赚得少一些，他们也能接受和自我满足。这些年轻人最需要最看重的是什么呢？答案是自尊和面子，自己和自己比(即实际的结果和目标比)他们可能无所谓，但自己和别人比，如果输了，他们却会非常在意。

要组织开展好PK竞赛活动，有四个关键环节要设计好：

a. 指标设计

销售竞赛的目标设计反映了每次竞赛的导向，并非每次都要以销售额为衡量标准。如果是为了鼓励全体销售人员都投入新客户开发的工作中，特别是为了激励那些求稳求安逸的老销售人员，那么，新客户开发量也可以作为竞赛指标。如果是新老销售人员同时参加的销售竞赛，为了显示公平，那么，目标完成率和销售增长率也可以作为竞赛指标。

b. 对手设计

销售竞赛可以是个人之间的PK，反映的是个人的努力、能力和业绩表现。销售竞赛也可以是团队之间的PK，通过争夺集体荣誉而激发销售人员的斗志。销售竞赛还可以同时包含团队PK和个人PK。

c. 主题设计

销售指标和目标往往是冷冰冰的数字，无法对销售人员产生形象化的刺激和PK氛围营造。有效的销售竞赛一定要主题化、形象化、氛围化和游戏化。一个朗朗上口、生动形象的主题以及配套的口号，能快速营造氛围，产生联想，让销售人员热血沸腾。

d. 奖励设计

销售竞赛最后的胜者往往会获得奖励，奖励可以是金钱，可以是其他更吸引人的形式和载体，例如出国旅游、汽车、外派学习等。这些可视化的奖励比看不到的经济回报更具吸引力和震撼性，而且这些奖励可以图像化，在宣传推广竞赛时不断展示和强化。

PK 竞赛激励法案例分享：

在神州英才，业务团队每年都有一个大 PK，这个 PK 是围绕"五虎将"荣誉的 PK，为的是激发整个团队创造更好的年度业绩。同时，神州英才还有以月为单位的"福布斯榜"排名 PK，以周和日为单位的"结果之星" PK。PK 的过程中，既有员工个人之间的 PK，也有团队之间的 PK。此外，神州英才还设置了以项目周期、文化活动、业务技能为单元的各种 PK。可以说，在神州英才，PK 竞赛无处不在。

方法二：荣誉激励法

荣誉激励法，是指通过引导销售人员追求和捍卫某种"荣誉"来激发其持续的斗志和动力。

通过激发销售人员的荣誉感从而产生激励效应，可以从两个层面展开，分别是以激发自尊为目标的个体荣誉和以激发责任为目标的集体荣誉。具体实施方法如下：

（1）以激发自尊为目标的个体荣誉

分类奖项：设置各项最佳奖项，多角度多层次地覆盖在不同方面表现出色的销售人员。

特别资格：通过某种行业性或者专业性会员、成员资格来激发销售人员的士气和激情。

荣耀体验：通过给予销售人员某种普通人无法获得的尊荣体验和享受来激发斗志。

命名认可：通过以某项绩效指标最佳表现者的姓名来命名这项指标，来激发内在驱动力。

（2）以激发责任为目标的集体荣誉

团体荣誉：通过横向竞争以争取某项荣誉或者纵向追求某个具有使命感的愿景和目标，来激发销售人员的责任意识和动力。

家庭荣誉：以激发为家人争光的责任感和让家人幸福的使命感来驱动销售人员保持士气和工作热情。

特殊责任：赋予激励对象某项使命和责任，让对方感受到自己在团队任务完成中的重要性和价值感，激发其责任感。

荣誉激励法案例分享：

在NBA赛场上，满身伤痕的老将为什么还在继续拼搏？金钱已经不是他们前进的动力，荣誉才是他们心中的奋斗目标。

NBA是一个极其善于用荣誉来激励优秀球员的联盟，"名人堂"就是一个极好的激励手段。每个加入NBA打球的球员心中都有想进"名人堂"的热切期盼和动力源泉。NBA还设置了各项细分指标的历史排名，包括得分、盖帽、抢断、三分球等，很多球员都努力拼搏以希望在某项指标的历史排名中获得一席之地。NBA的荣誉激励至少可以给销售管理者两大启发：第一是设置各类细分指标进行奖励，可以是最佳销售额、最佳目标完成率、最快进步、最佳客户维护或者最佳新客户开发等。这些细分指标可以对不同销售人员的优秀行为和贡献进行多角度的奖励和鼓励。倘若仅仅以销售额为衡量标准，那些与最佳无缘的销售人员就彻底失去了动力。第二是设置某项特别荣誉资格，只有取得足够好的业绩的人才能享有这种特别资格，例如"名人堂"就是一种资格激励。

方法三：即时激励法

即时激励法，是指通过对员工的行为或阶段性成果即时作出肯定或者否定的回应，从而激发员工工作的成就感，强化员工工作能力的积极行为。即时激励是激励的一种表现形式，强调激励的"即时"性。"即时"，就是事情发生的第一时间给予反馈。现代心理学研究表明：即时激励的有效度为80%，延后激励的有效度仅为7%。

即时激励的主要方式，不仅包括金钱和物质，更注重的是精神层面。即时激励对人行为的促进，比薪酬的影响来得直接和迅速。薪酬体现的是社会公平，即时激励体现的是企业文化。薪酬满足的是公平感，即时激励满足的是成就感。

即时激励在推行的过程中，要把握两大要点：

（1）体现战略意图

你想要什么，你就奖励什么。你马上想要什么，你就立刻奖励什么。即时激励不能随意而为，要与公司战略相关，通过即时激励，要让员工感受到其积极行为或阶段成果给公司带来的影响，并从中获得成就感。只有这样，员工才会以更积极的行为和创造更好的结果去支持公司战略的达成。

（2）摆明是非态度

领导者在应用即时激励时，要详细地说明那些代表公司价值观和原则的行为，重要的是，要让员工看到公司在鼓励什么、反对什么。要建立黑白分明的是非界限，并让所有的员工形成集体记忆，从而使大家的行为向公司鼓励的方向发展。

即时激励法案例分享：

为了激发员工持续创新，海尔推行"即时激励"的政策，当员工的建议被采纳后，奖金会立马发放到位。

海尔集团董事局主席张瑞敏，曾讲过一个开年终总结会的例子，他说："如果下午开年会，那么中午就一定要把奖金发了，这样，下午的年会，才开得有效果。"

有一次，电子事业部员工周鹏提出了一项合理化建议，能使彩电生产效率每小时提高10台，所以建议被采用后的当天下午，他就拿到了奖金。

还有一次，洗衣机事业部检验员王永红，有3项创新合理化建议被采纳，就立马得到了洗衣机事业部3次即时激励。

另外，为了发挥激励的最大作用，海尔会把这些新采纳的合理化建议，在信息网上进行发布和推广；内刊《海尔人》也会随时刊登员工合理化建议和即时激励获奖情况。

有了这种即时激励政策，海尔的每位员工都把工作中遇到的问题当成自己的事情，竭尽全力去解决。

比如，一位海尔员工就曾这样说道："以前，奖金是到月底随工资一起发放，没感觉到有多兴奋，而现在，工作受到认可时，当天就可以拿到奖金，这让我很有成就感！所以，现在的每一天工作中，如果发现问题没被解决，就好像是没有吃饭，心里会一直记着。我已经习惯了遇到一个问题，就想马上去解决一个问题。"

方法四：标杆激励法

标杆激励法，是指管理者对在实现目标的过程中做法先进、成绩突出的个人或集体，加以肯定和表扬，并要求大家向其学习，从而激发团体成员积极性的方法。

在管理销售团队的过程中不能忽视标杆的力量,要想在管理的过程中顺利地将销售人员的潜力激发出来,就必须要树立一个标杆。标杆可以起到的作用是很明显的,他们的存在可以产生感染、激励、号召、启迪、警醒等功能。与空洞的口号和教条式的语言不同,标杆人物是一个个鲜活生动的"案例",这些人的言行和所营造出的光环效应,往往能够激励人心、催人奋进。

在培育标杆员工时,企业应做好以下三个方面的工作。

(1)管理者要善于发现和挖掘榜样员工。榜样员工在成长的初期,通常没有什么特别突出的成绩,但他们的价值取向往往是进步的,是与企业倡导的价值观保持一致的。管理者要善于通过员工的言行了解他们的心理状态,及时发现具有员工楷模特征的"原型"。

(2)管理者要注意培养榜样员工。发现具有员工楷模特征的"原型"后,管理者要为这种员工成长为榜样员工创造必要的条件,开阔他们的视野,增长他们的知识,扩展他们的活动领域,为他们提供更多参与文化活动的机会,以便增强他们对企业环境的适应能力,让他们更深刻地了解企业的文化价值体系。

(3)管理者要着力造就榜样员工。通过对榜样员工的言行给予必要的指导,让榜样员工在经营管理活动或文化活动中担任一定的实际角色或象征性角色,让他们得到必要的锻炼。当榜样员工基本定型后,企业管理者应该认真总结他们的经验,积极开展宣传活动,提高他们的知名度和感染力,最终使之成为绝大多数员工认同的榜样,发挥其应有的激励作用。

企业管理者在寻找标杆员工时需要注意哪些方面呢?

首先,根据企业需求,树立不同层次的榜样员工。

每一家企业中都有各种各样的员工,他们拥有不同的背景,成长道路也不尽相同。企业管理者在树立榜样员工时,应该善于树立不同层次和不同类型的榜样。只有这样,不同类型的员工才能准确找到最适合自己学习的榜样,榜样员工的激励效果才会更为显著。

其次,树立的榜样员工一定要真实。

企业管理者在树立榜样员工时,不能胡乱虚构、不能任意拔高、不能一好百好。如果其他员工知道"榜样"是不真实的、是虚构的,这比没有榜样要坏得多。因为真相一旦被戳穿,员工就会有逆反心理,从而消极怠工,对企业管理者所说的一切都持怀疑态度。

再次,不能神化榜样员工。

企业在树立、宣传榜样员工时并非越完美越好,而应本着能够为大多数员工所接受并乐意仿效的原则来进行。

最后,企业要合理引导员工正确对待榜样员工。

企业在号召员工们学习榜样时,要注意合理引导,让他们正确对待榜样员工,学其长,避其短,不能求全责备。既要防止员工们机械式地"死"学,又要防止因榜样员工身上出现的某些不足而全盘否定。

标杆激励法案例分享:

麦当劳公司每年都要在最繁忙的季节进行全明星大赛。

首先每个店要选出自己店中岗位的第一名,麦当劳员工的工作站大约分成十几个,在这些工作站中挑选出其中的10个,每个店的第一名将参加区域比赛,区域中的第一名再参加公司的比赛。整个比赛都是严格按照麦当劳每个岗位的工作程序来评定的,公司中最资深的管理层成员作为裁判,代表整个公司站在前景的角度对参赛的员工来进行评估。

竞赛期间,员工们都是早到晚走,积极训练,因为如果能够通过全明星大赛脱颖而出，那么他的个人成长将会有一个基本的保障，也将为他今后职业的发展奠定基础。

到了发奖的那一天，公司中最重量级的人物都要参加颁奖大会，所有的店长都期盼奇迹能出现在自己的店中。很多员工在得到这个奖励后，都非常激动，其实奖金也就相当于一个月的工资，但由此而获得的荣誉在他们心中是非比寻常的。

当然，举行这样的比赛需要把程序化、标准化的工作做在前面，也就是说，这个岗位要有可以衡量的程序和标准，才能进行竞赛。

评价与体验

姜桐老师通过对营销本质的洞察,在《赋能营销》一书中提出的战略原点论,为我们企业顺利度过变革期,实现高速发展提供了巨大的帮助。同时,团队通过对《赋能营销》的学习,掌握了成交客户并实现复购的工具方法,通过实践应用,公司新产品、新业务的发展皆取得了实质性的增长。

——李江　中科大洋执行总裁

我个人是业务出身,从售前、售后、运营到做公司总经理,在业务上特别依赖个别能人,这个问题已经困扰我许久,这也是和姜桐老师结缘的原因所在。第一次听到"营销工业化"就很好奇,营销如何能工业化呢?业绩真的可以持续倍增?能人可以批量复制吗?带着这些疑问,于是我带着团队参加了姜老师的课程,企业也与姜老师的营销工业化项目进行深度合作。姜老师的《赋能营销》,让我们建立起客户运营思维、完成了产品整合、实现了多个工具落地、重新制定了销售成交SOP,同时当季度业绩实现了同比增长200%。一年过去了,团队从人员成长到业绩增长都很不错。工业化思维运用于营销,让企业真正做到了复制能人,不再依赖能人,赋能营销是企业在营收长胜过程的必经之路。

——罗毅伟　湖南好搜总经理

公司经历了13年的发展,正处于管理升级突破的节点关口,如何告别靠经验的时代，建立起真正能支撑公司竞争力和可以复制的营销体系，最终实现企业持续的发展，是这几年公司一直在不断摸索和寻求突破的方向。姜桐老师的《赋能营销》打开了我们团队的认知边界，企业持续发展的两大原点：对外创造客户价值，对内关注员工成长，营销的本质是创造独特的客户价值。正是有了姜桐老师赋能营销理念的指导，我们的团队在深挖独特客户价值和员工成长方面不断地精益求精，公司也最终实现了业绩翻倍的目标。

——田茂程　海旺达董事长

德鲁克说，企业存在的唯一目的就是创造客户，企业的两项基本职能就是营销和创新。创新就是将基本要素（产品、技术、市场、资源和组织）的重新组合，所以创新的前提是要拆解基本要素。故要做营销创新和赋能，首先要拆解营销的最小单元。姜桐老师的《赋能营销》让我们企业找到了营销创新和赋能的方向，企业的营销队伍重新焕发了创造活力，促进了公司新的战略发展的高效推进。

——刘兆志　明月海藻总裁

以往企业想要业绩增长，总在产品、销售策略和销售能人招聘等方向发力，以至于出现过分依赖业绩"能人""能人"少业绩少、"能人"走业务跑的现象，企业长期处于艰难经营中，业绩增长也有瓶颈。在姜桐老师《赋能营销》一书的指导下，我们建立了一套人才复制体系，摆脱了对能人的依赖，摆脱了企业发展的瓶颈。

——张意龙　一特股份董事长

在市场营销中，我们经常去思考营销战略、战术、销售技巧、销售组织

评价与体验

管理,希望公司出现英雄式的销售"能人",但现实却是难以突破。

姜桐老师的赋能营销理念,为企业提供了破局的新方向,其新在于站在公司战略层面去理解营销,回归营销的本质,为客户创造价值,从这个基本点出发去思考营销的工业化复制。姜桐老师不仅讲述了他的营销工业化模式,更重要的是,能够给出建立这个模式的科学方法。我们积极实践书中所授的方法,变革公司的营销工作,不到一年时间,公司的营销局面就有了魔幻般的变化,取得了长足进步。

——李勇　国研自动化总经理

经过13年的耕耘,飞美地板坚持"以人为本,以家为核心,产品为王,服务至上",这和姜桐老师《赋能营销》一书中"企业战略的原点——对外创造客户价值,对内赋能员工成长"的理论不谋而合!深度合作以来,飞美地板全员学习了《赋能营销》《赋能执行力》。姜桐老师书中的理论启迪和实操工具让飞美地板团队受益匪浅,激发团队为客户创造价值的智慧和潜能,助力飞美的行业领军地位再上一个台阶!

——鲁杰　飞美地板总经理

作为一家医药企业,公司发展一直依赖于能人,因此也处处受限,时常觉得没可用之人。姜桐老师提出的"赋能营销工业化"观点独树一帜,"5F"方法落地实操,帮助我们企业建立了一套"能人复制系统"和"赋能人才成长的体系",摆脱了对"能人"的依赖,从根本上打破了企业增长的瓶颈。

——刘云涛　民康百草总经理

姜桐老师的赋能营销工业化理念讲出了营销的道术合一,以科学发展和原点思维为道,让我们紧紧把握住客户价值与员工成长,从而对营销有了战略性的定义，指出了中国企业营销向科特勒价值驱动的营销 3.0 迈进的方向。而姜桐老师讲的营销之术更进一步围绕营销之道，讲透企业业绩倍增公式。5F 的工业化体系不仅贯通以道御术，同时使人领悟以术悟道。理论与实践结合，战略与执行结合，是一套致广大而尽精微的营销体系。期待姜桐老师的《赋能营销》能够更广泛地传播，为中国成长型企业的正规化、持续化、国际化再添新助力。

——屈光　驰业科技总经理

在企业快速发展过程中，如何实现团队核心能力的复制传承，如何让业绩更上一层楼，是困扰我们很久的问题。姜桐老师的《赋能营销》从探索企业持续发展的角度，对内为员工成长赋能，让"能人文化"变成"人能机制"；对外为客户创造价值，让天下没有难做的营销。战略原点思维让我们更加坚定"以人为本"的价值观，让我们不仅要关注客户端的感知，更要关注人才的复制。非常感谢姜桐老师，让我们在思维和认知上有了很大的突破，让我们深刻意识到要保持企业业绩的持续增长，就不能再靠感觉、靠经验、靠能人，要构建不战而胜的营销体系，要构建可传承的人才复制体系，让企业发展、员工成长、客户价值，三位一体，同频共振，才能实现业绩的突破和持续发展！

——梁军海　中嘉和信总经理

没有流程和规范，只依赖能人的企业注定没有未来。《赋能营销》中姜桐老师通过丰富的案例告诉我们，普通的企业也可以变伟大。通过学习，我们建立了营销体系的标准流程，根据这套流程体系对员工进行训练，大部分的人都脱颖而出，业绩出现质的跃升。术业有专攻，学会外包思维，聚焦于核心竞争力打磨的企业才会有未来。

——何伟光　博纳领航总经理

评价与体验

在管理上正值迷茫期,恰好结识了姜桐老师,这也是我初次接触系统管理。之后的学习,对我有很好的指导作用。姜桐老师在《赋能营销》中提道:营销是公司战略行为,而非简单的市场推销行为。满足用户需求是营销的起点,是企业盈利的起点,是企业生存发展的起点。满足用户需求是本,企业盈利是末;服务客户初心是本,营销技巧、营销套路是末!抓住根本,不成功都难;只重视末,必难行远!

——李阳　伯远生物总经理

在日益激烈的市场竞争中,企业如何谋求发展壮大,一直是我们困扰的问题。姜桐老师的《赋能营销》帮助我们回归到营销的本质,让我们企业找到了前进的方向。在姜桐老师的赋能营销理念的指导下,我们将企业打造成了赋能型组织,通过青干班、网络购课、线下学习等各种方式打造出了自己的人才队伍,公司年营业额实现了"破亿"的目标,并向更高的目标发起了冲击。

——王力　聚亿源总经理

团队从散漫到体系化发展,需要一套完整的营销体系去为企业的发展保驾护航。姜桐老师从客户细分、面对客户的心态、四问了解客户需求、四述介绍产品并塑造价值,再到最后促成交易,都有一套标准的流程方法,此外这个过程需要有良好的公司文化和执行力才能够支撑完成,在姜桐老师的《赋能营销》里我找到了答案。

——韩珍　万嘉集运大连公司总经理

每一次学习都是带着问题而来,也总能找到答案。经营管理就是要站在科学的角度规划公司持续发展的战略,而这里的科学其实就是解决可持续性和可复制性。关于如何解决企业持续盈利和发展，姜桐老师给出了答案，即回归企业战略原点，对外创造客户价值，对内赋能员工成长。我们企业正是依据这份"答案"，给予员工成长的沃土，实现了全国独立运营的事业部遍地开花的发展盛况，使企业向更快、更高、更远的目标进军。

——郭欣杪　翔宇航空团委书记

面对市场不确定因素以及团队解决问题的能力不足，过往我总让员工自己"悟"，但他们悟性不一，以至于团队能力参差不齐。在《赋能营销》中我找到了方法，通过共同学习，在达成共识的基础上才能进行团队的改造，才能实现能人"能力"的批量化复制。同时，姜老师提到的"4C 战略赋能营销"，也帮助我们建立起了持续的竞争优势。

——尹影　汉宁恒丰 - 药聚多分公司经理

正在跟进的 8000 万级项目遇到瓶颈，已进入成交阶段，客户迟迟不能下定决心签合同，而我又不知如何推进。正在迷茫、焦虑、纠结的时候，恰有机会学习了姜老师的"赋能营销·攻心四问"，将项目进行完整的梳理和分析，通过姜老师的"赋能"和我自己的"心问"，最终赢得客户信任，顺利签下合同。

——谷玉娟　春天医药 BD 副总监

"员工成长才是企业持续发展的根本。"人才是吸引来的，不是招聘来的，没有良好的成长机制和发展通道，人才是留不住的。姜桐老师的"5F"和"工业化复制"的方法，帮助我们企业建立了一套人才复制系统，让销售人员的能力得到了很好的提升，为业绩增长打下了扎实的基础。

——董丽丽　元康福瑞副总经理

评价与体验

企业想要发展，打破业绩增长的瓶颈，其销售人员必须要摆脱对感觉和经验的依赖，摆脱对能人的崇拜，掌握正确的营销方法。在姜桐老师的《赋能营销》中，营销的事前、事中、事后都有对应的工具方法，通过 SOP 的沉淀，帮助我们打造了一套标准业务流程体系。之后又通过书中提到的 F4、F5，帮助我们解决了人才成长和人才复制的问题。"5F"营销方法，让我们从游击队变成了正规军，团队实现了高速成长，业绩也得以突破。

——姜彬　衡星计量销售总监

企业从创业期到发展期的成长历程，团队没有激情、执行力差、方案不能落地，几乎是每个成长期企业的必经阶段。学习了《赋能营销》，贯穿之前学习的赋能执行力、企业文化等系列课程，更加深刻地理解了姜桐老师所言"业绩的背后是团队""团队的背后是文化"等理念，用科学方法帮助企业建立人才培养体系，通过沉淀、分享、导师制、工业化赋能训练，打造出一套不依赖能人的组织体系，实现了企业的可持续增长。

——于娜　将太无二区域经理

医院的核心是服务让患者满意，而当医院以连锁形式开展时，体现文化落地的往往取决于各家医院的管理者个人风格。姜桐老师的《赋能营销》，指导我们将文化理念进行拆解，融进医患接触服务的链条中，实现环环有结果，满意可复制，把爱眼医院"用爱与责任守护光明"的服务理念真切地传递给患者，让患者可以在每一家爱眼都感受到医疗的人性温暖！

——曹一帅　爱眼医院策划运营总监

通过姜桐老师赋能营销的指导，公司自上而下都形成了共识，通过营销工业化体系的打造，按照老师的方法落地实践，在销售过程中使用销售漏斗、

四人心态、攻心四问、攻心四述、客户关系管理四步法等方法，我们的业绩目标超额完成达30%，这是我以前不敢想象的。

——崔东艳　三强家具外贸部总经理

随着公司的发展，遇到了增长的瓶颈，我们一直在思考如何用一种全新的模式对传统的营销/销售方式进行升级。在姜桐老师的《赋能营销》里，我找到了方向，这样的营销理念和销售方法让人耳目一新，如果说雷军的营销是天马行空的想象力，吴晓波的"大败局"是振聋发聩的深刻自省，姜桐老师的"赋能营销"理论则是环环相扣的兵法，从接触到成交，从成交到客户关系维护，都给出了实用的战法。

——崔巍　健道生物副总经理

跟着姜桐老师，总能取到真经，每一次的学习都能得到一些思路和具体问题的解决方法。"人才的工业化复制"方法很好地解决了"新员工摸索老员工走过的老路还犯同样的错误"的问题。如何打造人才培养体系，如何批量复制营销人才，如何从有效接触客户到实现客户成交，姜老师的《赋能营销》给了我们公司很大的指导。

——尉晋刚　乐客VR销售总监

基本上90%的企业都会遇到如何管理营销人员的问题，能人不好管，人才难培养，是制约企业发展的关键因素。彼得·特鲁克曾将企业问题总结为两种类型：一种是经常性事件，另一种是突发的黑天鹅事件。针对经常让老板头疼的营销问题，姜桐老师创新性地建立了一整套营销赋能系统，形成了完备的应对机制和标准的处理办法。能人不用靠运气碰，更无须花血本挖墙脚，把偶然的成功变成必然的成功，将不确定的因素变得可掌控，实现了人才的复制。

在姜桐老师赋能营销课程的指导下,公司业绩顺利完成目标并创历史新高,再也不用为营销人才而发愁。

——陈学生　康圣环球医学特检集团营销总监

组织团队学习姜桐老师的《赋能营销》后,我们针对过去的工作进行了复盘,并总结沉淀了与具体业务结合的方法和工具。通过营销标准流程的沉淀和人才复制体系的搭建,效果很明显。即便是在2020年整体市场行情下行的情况下,我们也仅用了不到半年的时间就完成了全年业绩目标,这套体系为我们提供很大的帮助。

——韩萍　天津华源企管科科长

逆水行舟,不进则退。即便是像"海河乳业"这样行驶了60年的大船,面对信息化、网络化和诸多不确定的冲击,不引进新的管理理念和销售方式,则危矣。所谓"朝闻道,夕死可矣",能认清一个道理,找到一条大道,对于一家企业尤为重要。姜桐老师的《赋能营销》如醍醐灌顶,不断冲击着我们陈旧的品牌意识和销售理念,帮助我们不断升级迭代。

——薛焱　海河乳业行销支持部经理